Rudolf Karl Fritz von Caemmerer
Die Entwicklung der strategischen Wissenschaft im 19. Jahrhundert

Aus Fraktur übertragen

Caemmerer, Rudolf Karl Fritz von: **Die Entwicklung der strategischen Wissenschaft im 19. Jahrhundert.**
Hamburg, SEVERUS Verlag 2010.

ISBN: 978-3-942382-67-0
Druck: SEVERUS Verlag, Hamburg, 2010

Bibliografische Information der Deutschen Nationalbibliothek:
Die Deutsche Nationalbibliothek verzeichnet diese Publikation in der Deutschen Nationalbibliografie; detaillierte bibliografische Daten sind im Internet über http://dnb.d-nb.de abrufbar.

Die digitale Ausgabe (eBook-Ausgabe) dieses Titels trägt die ISBN 978-3-942382-68-7und kann über den Handel oder den Verlag bezogen werden.

© **SEVERUS Verlag**
http://www.severus-verlag.de, Hamburg 2010
Printed in Germany
Alle Rechte vorbehalten.

Der SEVERUS Verlag übernimmt keine juristische Verantwortung oder irgendeine Haftung für evtl. fehlerhafte Angaben und deren Folgen.

Inhaltsverzeichnis

Vorwort 7
I. Heinrich von Bülow 12
II. Die neue Taktik der Franzosen 19
III. Jomini 31
IV. Erzherzog Karl 51
V. Clausewitz 62
VI. Willisen 103
VII. Die Technik des 19. Jahrhunderts 122
VIII. Moltke im Gegensatz zu Napoleon 136
IX Verschiedene neue Lehrschriften 165
X. Der Ausbau der Moltkeschen Lehre durch Schlichting 184
Schlußwort 201

Vorwort

Der Gegenstand dieses Buches ist Theorie des Krieges. Nach meiner Anschauung dürfte es aus dieser Ursache einigen Anspruch auf Anteil bei einem dreifachen Leserkreise haben.

Zunächst hoffe ich auf das gütige Interesse solcher älteren Offiziere, die sich schon häufiger mit theoretischen Dingen beschäftigt haben. Ich gestatte mir darauf aufmerksam zu machen, daß meine Arbeit die erste Gesamtübersicht über den Entwicklungsgang der strategischen Wissenschaft im vergangenen Jahrhundert liefert, daß sie außerdem aber auch den für Gegenwart und nächste Zukunft gebotenen strategischen Standpunkt wissenschaftlich zu begründen sucht. Für die Bedeutung eines solchen Unternehmens berufe ich mich auf das Wort von Clausewitz: „Es ist überhaupt nichts so wichtig im Leben, als genau den Standpunkt zu ermitteln, aus welchem die Dinge aufgefaßt und beurteilt werden müssen, und dann an diesem festzuhalten; denn nur von einem Standpunkte aus können wir die Masse der Erscheinungen in ihrer Einheit auffassen und nur die Einheit des Standpunktes kann uns vor Widersprüchen sichern.[1]

Alsdann wende ich mich an die jungen Kameraden des Heeres, denen sich das weite Gebiet der Kriegskunst erst zum geringeren Teile erschlossen hat. Auch wer vorläufig noch keine Aussicht hat, die Feldherrnkunst praktisch auszuüben, wer zunächst nur darauf ausgeht, in kriegsgeschichtlichen Studien seinen Geist für die mancherlei Aufgaben vorzubilden, die unser schöner Beruf ihm bringen kann, der kann der Theorie nicht entraten. Es ist eine falsche Behauptung, wenn von Zeit zu Zeit die Unfruchtbarkeit und Schädlichkeit der Theorie verkündet wird. In den urältesten Zeiten des Menschengeschlechts mag das Handeln ohne theoretische Vorbildung am Platze gewesen sein. Seitdem es Kultur gibt, geht die Schulung der Gedanken den Taten voraus, und es ändert daran nichts, wenn zuweilen auch Männer, die zum praktischen Handeln berufen sind, sich keine Rechenschaft darüber geben können, aus welchem Geiste ihre eigenen Gedanken eigentlich stammen. Gefährlich ist nicht die Theorie an sich, sondern das schematische System, das den Geist in spani-

---

[1] Vom Kriege, B. 8, K. 6 B.

sche Stiefel einschnürt, statt ihn freier und kräftiger zu machen. Ganz gewiß kann es auch unter klugen und hochgebildeten Männern Zweifel darüber geben, wo die Grenze zwischen der berechtigten Theorie und dem unberechtigten schematischen System liegt. Wer aber Clausewitz als den eigentlichen Lehrmeister und Führer auf seinen theoretischen Wegen annimmt, der wird sicherlich niemals in schweren Irrtum geraten.

Mein Buch befaßt sich im Grunde nur mit den eigentlich leitenden Gedanken auf dem Gebiete der Strategie im 19. Jahrhundert, es berührt wohl eine große Zahl von strategischen Gegenständen, ist aber kein Lehrbuch der Strategie. Es fehlen ihm die erschöpfenden Abhandlungen über Marsch, Gefecht und Ruhe, über Aufklärung und Sicherung, über Verpflegung, Eisenbahnbetrieb und Transportwesen, über Festungen, über Verwertung von Flußlinien und Gebirgen und dergleichen mehr. Auf das Alles bin ich nicht eingegangen, um die Leitmotive deutlicher hervortreten zu lassen.

Endlich rechne ich auf solche Leser, die den Soldatenrock nicht tragen, die aber entweder mit Rücksicht auf ihre Berufsaufgaben oder aus reiner Neigung zur Wissenschaft sich auf dem allerdramatischsten Gebiet des Völkerverkehrs, auf dem Gebiet des Krieges näher umschauen wollen. Ihnen darf ich hier sagen, daß ich mich bemüht habe, leicht verständlich zu sein. Es ist jeder nicht unbedingt nötige Begriff, jeder irgendwie entbehrliche technische Ausdruck sorgfältig vermieden und an militärischen Vorkenntnissen nicht mehr vorausgesetzt, als was die Ableistung der gesetzlichen Dienstpflicht zum Gemeingute aller Gebildeten macht.

Meine Arbeit war ihrem Abschluß nahe, als die Schrift der Kriegsgeschichtlichen Abteilung I des großen Generalstabs über den „Schlachterfolg" erschien. Indem sie einen Überblick über die operative Anlage einer Reihe von Entscheidungsschlachten gibt, verfolgt sie einen ganz bestimmten Zweck. Sie bekämpft nämlich diejenige wissenschaftliche Anschauung, welche in der Strategie Moltkes einen grundsätzlichen Unterschied gegenüber der Strategie Napoleons erkennt. Da ich nun diese letztere Anschauung auch in dem hier vorliegenden Buche vertrete, so will ich eine allgemeine Bemerkung gleich vorausschicken.

Bekanntlich hat Moltkes Anlage des Krieges gegen Österreich seiner Zeit von vielen und zum Teil sehr beachtenswerten Stellen her eine recht absprechende Beurteilung erfahren, und es war ursprünglich eine durchaus feststehende Sache, daß sie dem Napoleonischen Vorbilde nicht entsprach. Die Ansichten gingen im wesentlichen nur darin auseinander, daß ein Teil der Kritiker dem preußischen Strategen wenigstens mildernde Umstände für sein nicht einwandfreies Verfahren gewährte, während andere ihn in aller Form verurteilten. Selbst aus den Reihen des preußischen Generalstabes heraus kamen zwei Äußerungen in diesem Sinne. Scherff erklärte in einem taktisch strategischen Lehrbuche, „daß für die Handhabung der Massen für den endlichen Operationszweck, für den strategisch-taktischen Sieg in der Schlacht der große Korse das bis jetzt noch unerreichte Vorbild sei und bleiben müsse," und Yorck v. Wartenburg ließ bei Schilderung von Napoleons Feldherrntum und in anderen Schriften deutlich erkennen, daß Moltke nach seiner Ansicht nicht unerheblich hinter Napoleon zurückstehe.

Das war der Stand der Dinge, als General Colmar v. d. Goltz ein Werk über Kriegführung erscheinen ließ. Er hob das Charakteristische in der Verfahrungsweise Napoleons und Moltkes deutlich hervor und erklärte die beiden verschiedenen Methoden für gleichberechtigt, für je nach den Umständen anwendbar auch in jetziger Zeit. Nach einer später erfolgten Erläuterung ging er dabei von dem Gesichtspunkte aus, daß beispielsweise türkische Truppenführer noch nicht dasjenige Maß von taktischer Schulung und Bildung, von sachlich zuverlässiger Selbsttätigkeit besitzen, welches für die Moltkesche Operationsmethode eine unbedingte Voraussetzung ist.

Ehe diese Erläuterung gegeben war, nahm General v. Schlichting die Frage auf und vertrat die Überzeugung, daß in heutiger Zeit nur die eine, die Moltkesche Grundanschauung maßgebend sein dürfe, weil die große Bewegungsfreiheit und Selbständigkeit, die bei uns den Unterführern gelassen wird, eine Übereinstimmung des Denkens in den wesentlichsten Punkten, eine gleichmäßige Schulung der Geister durchaus verlange. Über diese Forderung hat sich ein lebhafter literarischer Streit erhoben, der jetzt mehrere Jahre hindurch währt.

Das neue Werk der Kriegsgeschichtlichen Abteilung I will uns nun beide Feldherren völlig frei zeigen von jedem Methodismus, von jeder bestimmteren Vorliebe für die eine oder andere Verfahrungsweise, für diese oder jene strategische Regel.

In meinen nachfolgenden Ausführungen soll in Bezug auf Moltke die Berechtigung der entgegengesetzten Anschauung ganz ausdrücklich bewiesen werden. In Bezug auf Napoleon muß ich mich dagegen, wenn ich nicht seine sämtlichen Kriegstaten durchsprechen will, auf die Erklärung beschränken, daß die neue Auffassung seiner kriegerischen Persönlichkeit durchaus nicht ohne Widerspruch hingenommen zu werden braucht. Sie steht nicht nur im allerentschiedensten Gegensatz zu der Meinung, die Napoleons Kampfgenosse Jomini, und ihm folgend die ganze französische Schule bis auf den heutigen Tag, ferner Willisen, Rüstow, Leer und andere gehabt haben; sie verträgt sich auch nicht mit der Meinung von Clausewitz. So sehr Clausewitz sich von Jomini unterscheidet, so sehr viel tiefer und gediegener seine Gedanken über die Natur des Krieges auch sind, über das Wesen der Napoleonischen Strategie selbst denkt er gerade wie jener und sein Gefolge.

Aber noch mehr! Napoleon persönlich hat sich nach meiner Überzeugung in ganz unzweideutiger Weise bei verschiedenen Gelegenheiten zu der Operationsmethode bekannt, welche die Wissenschaft bisher gewohnt war, als die seinige zu bezeichnen. Der Beweis hierfür findet sich in dem Werke Yorcks v. Wartenburg, das auf Grund der Napoleonischen Korrespondenz und derselben Literatur, welche das Werk über den Schlachterfolg benutzt hat, zu einem durchaus anderen Ergebnis kommt als dieses letztere. Soll die Beweiskraft des Yorckschen Buches wirklich erschüttert werden, so bedarf es einer eingehenden Widerlegung, und es würde die besondere Aufgabe einer solchen Widerlegung sein, die Unrichtigkeit der Yorckschen Ausführungen überall da nachzuweisen, wo Yorck aus den Taten und Worten Napoleons dessen Vorliebe für eine bestimmte Methode erkennt. So lange das nicht geschehen ist, bleibt die Berechtigung bestehen, Napoleon als den Vertreter einer Richtung zu bezeichnen, welche grundsätzlich das zulässig engste Zusammenhalten der Massen erstrebt, um mit wuchtiger Stoßtaktik die Entscheidung zu erringen. Mit dieser seiner Massenstrategie war Napoleon damals im allgemeinen völlig im Recht: seine gewaltigen Erfolge beweisen es in glänzendster Weise. Wenn er heute noch lebte, würde er aber ganz selbstverständlich nicht mehr so handeln. Er würde den völlig veränderten Verhältnissen sicher gerade so Rechnung tragen, wie es Moltke getan hat.

Ich bekenne, daß ich in dem Buche über den Schlachterfolg den

Hinweis auf die veränderten Verhältnisse der Gegenwart, zumal auf die ungeheure Steigerung der Feuerwirkungen recht häufig vermißt habe. Er kommt ja vor, aber lange nicht oft genug. Wir wissen heute, daß Moltke der allererste Kriegsmann war, der gerade diesen Wechsel in den taktischen Grundlagen für die strategische Erwägung richtig erkannt und mit lapidaren Sätzen ausgesprochen hat, und diese seine Erkenntnis mußte zum Ausgangspunkt einer neuen Verfahrungsweise werden. Die kriegsgeschichtliche Abteilung sagt in ihrem Rückblick: „Die Geschichte bestätigt immer wieder die alte Erfahrung, daß bahnbrechende neue Gedanken sich nur langsam im praktischen Leben Eingang verschaffen." Sie hat dabei Napoleon und seine Kriegsweise im Auge.

Ich finde, daß der Satz viel besser auf Moltke paßt!

Der Verfasser.

I. Heinrich von Bülow

An der Schwelle des 19. Jahrhunderts steht ein höchst merkwürdiges Buch: „Geist des neueren Kriegssystems, hergeleitet aus dem Grundsatz einer Basis der Operationen, auch für Laien in der Kriegskunst faßlich vorgetragen von einem ehemaligen Preußischen Offizier. Hamburg 1799."

Der Verfasser war Heinrich von Bülow, Bruder unseres Bülow von Dennewitz, ein zweifellos reichbegabter, aber auch sehr eitler Mann, der den Dienst in der Armee frühzeitig aufgegeben und in Amerika vergeblich sein Glück versucht hatte, dann Militärschriftsteller wurde und in Folge seiner rücksichtslosen und boshaften Urteile nach wenigen Jahren in ernste Konflikte mit der Staatsgewalt geriet. Als er das obige Erstlingswerk schrieb, das zugleich sein bedeutendstes Buch ist, sah man bereits auf eine ganze Reihe jener Feldzüge gegen die Republik Frankreich zurück, innerhalb deren sich nach unserer heutigen Erkenntnis die gesamte Kriegführung stetig immer mehr und mehr veränderte, bis sie schließlich zu der furchtbaren Kraft und Gewalt emporgewachsen war, die uns beim Einblick in die Taten des fränkischen Kaisers mit solchem Staunen erfüllt. Ja, der junge Bonaparte hatte bereits in seinem ersten Feldzuge die wunderbarsten Proben seiner ungewöhnlichen Begabung für den Feldherrnberuf gegeben, und wenn man damals auch im größeren Publikum nur sehr dürftige Nachrichten über die Kriegsereignisse in Oberitalien erlangt haben wird, so kann doch eine Eigentümlichkeit des französischen Kriegshelden kaum verborgen geblieben sein, nämlich seine ungewöhnliche Kühnheit und Wagelust, sein nie erlahmendes Hinstreben nach der blutigen Entscheidung durch die Schlacht. Und damit war denn ein unzweifelhafter Gegensatz gegen die gewöhnliche Kriegführung des 18. Jahrhunderts sicherlich gegeben. Denn mag man diese letztere nun die Strategie der Stellungen und des Bodenbesitzes nennen oder die Strategie des Ermattens und Ausdauerns, oder mag man sie als die doppelpolige Strategie der Schlacht und des Manövers bezeichnen: das eine ist jedenfalls klar, daß ihr eine so ununterbrochene Folge blutiger Entscheidungen auf dem Schlachtfelde durchaus fremd war. Wenn nun 1799 ein gescheiter Mann ein Buch über den „Geist des neueren

Kriegssystems" herausgab, so ist man wohl zu der Annahme berechtigt, er habe etwas von dem Wehen des neuen Geistes gespürt und er habe das Erkannte nunmehr seinem Volke mitteilen wollen.

Davon ist aber nicht im entferntesten die Rede. Heinrich v. Bülow hat sich vielmehr gerade im Gegenteil zur Aufgabe gestellt, diejenigen Anschauungen in ein wissenschaftliches System zu bringen, welche in der Schlacht „das Hilfsmittel der Verzweiflungsvollen" sahen und es als die eigentliche Aufgabe der Strategie erkannten, den Kriegszweck ohne Blutvergießen zu erreichen.

„Man vermeide Schlachten und lege sich aufs Manövrieren" … „Wenn man sich in die Notwendigkeit versetzt sieht, eine Schlacht zu liefern, müssen Fehler vorhergegangen sein" … „Man kann durch strategische Manöver in den Flanken und im Rücken des Feindes jeden Sieg unkräftig machen" … „Indessen sieht man an diesem Beispiele, wie wenig glückliche Schlachten gegen Mehrheit vermögen, wie wenig entscheidend sie meistenteils in neueren Kriegen sind" … „Außerdem aber ist es bei der neueren Art, Krieg zu führen, gar nicht so sehr niederdrückend, geschlagen zu werden, als bei den Alten" … „Gegenwärtig aber, da man bei dem Fußvolke bloß schießt, und die Schußlinien alles entscheiden, kommen die moralischen und physischen Eigenschaften gar nicht in Betracht. Denn ein Kind kann einen Riesen erschießen." …[2]

Ich habe hier einige Sätze Bülows zusammengestellt, welche sein wissenschaftliches System als Schlaglichter beleuchten sollen. Dieses System selbst beginnt mit der Feststellung des Begriffes Basis. Die Basis ist die Verbindungslinie derjenigen gesicherten Magazinpunkte (Festungen), aus welchen eine Armee bei einer bestimmten Operation ihre Verpflegung und ihren Munitionsersatz zu ziehen vermag. Die von den beiden Endpunkten der Basis nach dem Operationsziele (Operationsobjekt) hinführenden Linien bilden mit der Basis zusammen ein Dreieck, welches gewissermaßen denjenigen Kriegsschauplatz darstellt, innerhalb dessen die Armee in der Lage ist, ihren Bedarf an Verpflegung und Munition aus einem oder dem anderen Magazinpunkte an der Basis zu beziehen. Es leuchtet nun ohne weiteres ein, daß die Verbindung der Armee mit ihrer Basis um

---

[2] Die Sätze finden sich der obigen Reihenfolge nach auf den Seiten 176, 253, 107, 256, 106, 95.

so weniger leicht vom Feinde unterbrochen und gestört werden kann, je ausgedehnter die Basis und je geringer die Höhe des Dreiecks ist.

Im einen Falle, im flachen Dreieck mit stumpfem Winkel an der Spitze, wird die Bedrohung der einen Flanke von ganz geringer Wirkung sein, weil auf der dem Feinde abgewandten Seite der Verlehr mit der Basis ganz ungestört vor sich gehen kann. Im anderen Falle, bei großer Höhe und sehr kleinem Winkel an der Spitze liegen die verschiedenen Verbindungslinien nach der Basis so nahe beieinander, daß dieselbe Unternehmung des Feindes sie jetzt alle zu gleicher Zeit bedroht und dadurch jedenfalls für eine Aufstellung des Heeres an der Spitze des Dreiecks sehr unangenehm empfindlich wird. Es ist das eine Wahrheit, die in keiner Weise zu bestreiten ist, und wenn Bülow sich damit begnügt hätte, sie zur Erläuterung des Begriffes Basis zu verwerten, den er zuerst in die Wissenschaft eingeführt hat, so dürfte man ihm keinerlei Vorwürfe machen. Aber er hat sich nicht auf eine so einfache Ausführung beschränkt. Seine Erörterung schreitet mit vieler Umständlichkeit streng mathematisch vor, kommt zu dem Ergebnis, daß eine Operation nur dann hinlänglich basiert ist, wenn der Winkel an der Spitze mindestens 60° beträgt, und steigert sich bis zu dem Satze, daß die halbkreisförmig umfassende Form der Basis die beste sei, weil der Feind innerhalb eines solchen Bogens keine haltbare Stellung zu nehmen vermöge. „Er befindet sich in einem Sacke, den man zuschnüren kann." Daß eine umfassende Basis ein großer Vorteil ist, das kann nun auch wieder keinem Zweifel unterliegen. Man braucht nur an 1806 zu denken, wo die französischen Streitkräfte vor dem Kriege vom Unterrhein bis zum Austritt der Donau aus Bayern verteilt standen, wo die Basis Napoleons also die westliche Hälfte Preußens in weitem Bogen umspannte, und wo es somit in der Hand des Kaisers lag, unter den verschiedensten Angriffsrichtungen nach eigenem Ermessen zu wählen. Obiger Satz könnte also für unsere heutige Denkweise leicht etwas Bestechendes haben, und man könnte geneigt sein, in ihm den Entschluß zu allseitig umfassendem Angriff zu erkennen, der im Fall des Gelingens den Gegner zur Kapitulation zwingt. Dringt man aber tiefer in den Sinn und die Absicht Bülows ein, so erkennt man alsbald, daß er auch hier in keiner Weise das rohe Mittel des unmittelbaren Angriffs auf das feindliche Heer, sondern immer nur den drohenden Druck auf die feindliche Verbindung im Auge hat, daß er unter dem Zuschnüren des Sackes nur die dauernde Erschwerung der feindlichen „Subsistenz" versteht.

Die richtige Folge dieser Anschauung ist darum auch sein Vorschlag, nach etwaiger verlorener Schlacht — denn der Feind kann ja möglicherweise zur Schlacht schreiten und man kann geschlagen werden — das geschlagene Heer sofort in verschiedene Teile zu zerlegen, die sich exzentrisch nach verschiedenen Richtungen auseinanderziehen, um so durch ihre allseitige drohende Wirkung auf die Verbindung des siegreichen Gegners diesen zum Stillstand zu zwingen und an der Ausnutzung des Sieges zu hindern. Es muß hier ganz ausdrücklich bemerkt werden, daß Bülow unter exzentrischem Rückzug nicht etwa ein solches Verfahren versteht, bei dem das Gesamtheer die Richtung auf das Herz des eigenen Landes, sagen wir auf seine Hauptstadt, aufgibt und seitlich ausweicht, um den Feind entweder aus der Richtung abzulenken, die dem Besiegten als die gefährlichste erscheinen muß, oder um dem siegreichen Gegner demnächst mit der eigenen Gesamtkraft in Flanke und Rücken zu fallen, wenn er auf seinem Vorgehen gegen das Herz des Landes beharrt. Ein solcher Gedanke wäre natürlich in keiner Weise anzufechten. Bülow erklärt aber ganz ausdrücklich zu wiederholten Malen, daß der exzentrische Rückzug in seinem Sinne die Zerlegung des Heeres in mehrere, nach verschiedenen Richtungen auseinandergehende Heerteile bedingt. Und ebenso muß ich ganz ausdrücklich betonen, daß es sich hier nicht etwa um ein vorbereitendes Zurückweichen vor Annahme der Entscheidung handeln soll, in welchem Falle der exzentrische Rückzug mehrerer Heerteile nach verschiedenen Richtungen dazu dienen kann, ihnen für die nachfolgende Entscheidung die Möglichkeit umfassenden Angriffs zu sichern. Nein, hier handelt es sich um ein Auseinanderlaufen nach der Niederlage, in der phantastischen Hoffnung, daß die Teile des Besiegten durch ihre allseitige Bedrohung der Verbindungen des Siegers diesen zum Stillstand zwingen werden. „Es erhellet aus allem Gesagten" — so lautet das Hauptresultat der Bülowschen Untersuchung[3] — „daß es dem Geiste der neueren Kriegsart angemessener sei, die Magazine und die von denselben bis zur Armee gehenden Zufuhrlinien mehr zum Gegenstände der Operationen zu machen, als das feindliche Heer selbst.

---

[3] S. 81.

Die Ursache ist, weil die neueren Heere die Quellen ihrer Fortdauer nicht in sich enthalten, sondern weil diese außerhalb derselben liegen. Sie gleichen hierin den Menschen unseres Jahrhunderts, welche ihre Glückseligkeit und gleichsam ihr ganzes Wesen in äußere Dinge setzen und nicht in sich suchen. Die Magazine sind das Herz, durch dessen Verletzung man den zusammengesetzten Menschen, die Armee, zerstört. Die Zufuhrlinien sind die Muskeln, durch deren Abschneidung der militärische Körper paralysiert wird. Da diese nun von der Seite und von hinten kommen, so folgt, daß Flanken und Rücken der Gegenstand der Operationen sein müssen, und dieses sowohl im Angriffs- als Verteidigungskriege. Hieraus folgt nun, daß Gefechte, wenigstens Frontalgefechte, müssen vermieden werden. Im Angriffskriege zwingt man den Feind weit eher zu rückwärtigen Bewegungen, wenn man aus seine Subsistenz wirkt, folglich, wie gesagt, auf seine Flanken, als wenn man ihn durch Gewalt aus seiner Position stützt. Er wird gar bald eine zweite finden, worin er wiederum aus» hält. — Im Verteidigungskriege wird man bald das Unnütze aller Parallelstellungen, aller Parallelmärsche, um dem Feinde einen Damm entgegenzusetzen, einsehen. Es ist keine Stellung, so fest sie auch gegen alle Frontalangriffe, so gut angestützt, so wohl gewählt sie in Rücksicht der Deckung des Landes sein möchte, aus welcher man nicht gar geschwind durch Manövrieren in den Flanken vertrieben werden könnte, sonderlich wenn der Feind überlegen ist. Daher kann ich dreist die Regel niederschreiben, obgleich sie neu ist, daß man eigentlich nie einen Verteidigungskrieg führen, sondern sich sogleich wiederum in den Trutzkrieg versetzen müsse, dadurch, daß man sich in die Flanken des Feindes wirft und in seinem Rücken operiert. Selbst wenn man schwach ist, kann ein geschickter Feldherr durch Angriffe auf Magazine und Subsistenzlinien ein stärkeres Heer zum Rückzuge und Verteidigungskriege zwingen, umso mehr, da man sich den Operationslinien nur zu nahen braucht, um sie zu töten, d. h. unbrauchbar zu machen. Die allgemeine Regel wird also sein: daß man sich nicht dem Feinde gerade gegenüber, sondern seitwärts desselben stellen müsse."

Das ist wohl die konzentrierteste Fassung, welche die oft getadelte und beklagte Verkünstelung des Kriegswesens im 18. Jahrhundert jemals angenommen hat. Und nun halte man daneben das folgende Urteil Bülows über die fünf letzten Feldzüge des siebenjährigen

Krieges:[4]

„In dem Reste dieses Krieges sind die Verteidigungsfeldzüge des Prinzen Heinrich in Sachsen und diejenigen des Herzogs Ferdinand, nebst den so schönen Bewegungen Königs Friedrich 1761 in Schlesien, um die Vereinigung der Russen und Österreicher zu hintertreiben, wie auch die schönen Lager desselben in diesem Feldzuge und sonderlich das bei Bunzelwitz, endlich der schöne Entwurf, die Russen durch Zerstörung ihrer Magazine zum Rückzuge zu zwingen, Wohl das vollkommenste in den Annalen der neueren Kriege. Die Schlachten Friedrichs des Zweiten verdienen nicht in eben dem Grade die Bewunderung der Kriegsverständigen, wenn auch gleich die Dispositionen zu denselben gelobt werden müßten. Denn wenn sie hätten können vermieden werden, so muß man sie als verzweiflungsvolle Versuche betrachten, entweder durch den Tod oder durch den Sieg eine unglückliche Lage zu enden. Durch den Tod entzog man sich für seine Person derselben, aber der Staat wurde zertrümmert; und welche Zerrüttung brachte nicht dies in das politische System von Europa! Da eine große Macht jetzt ebensowenig zerstört werden kann, ohne alle übrigen zu erschüttern, als ein Planet aus seinem Orte gerissen, ohne das System zu zerrütten."

Also selbst vor dem Vorwurf der Feigheit, die sich aus einer schwierigen Lage in den Tod zurückziehen will, ist der unerschütterliche königliche Held nicht verschont geblieben, der durch sein nie erlahmendes Streben nach Sieg auf dem Schlachtfelde der Schrecken seiner Feinde war! Und als ein besonders großes Unrecht wird ihm dabei weniger die Gefährdung des eigenen Staates vorgehalten, als die etwaige Erschütterung des europäischen Gleichgewichts, das dem kosmopolitischen Sinn der damaligen Zeit noch wichtiger war als das Wohl des eigenen Landes. Aus diesen Äußerungen Bülows tritt deutlich zu Tage, wie krank mit dem gesamten Staate auch das Heerwesen und die Kriegskunst der alten Monarchie um eben die Zeit war, in der die Revolution sich von ihren schwersten Zuckungen erholte und ihre Kräfte sammelte, um sie demnächst mit unübertrefflicher Rücksichtslosigkeit zur Niederwerfung ihrer Feinde zu verwenden. Wie groß aber die Selbstverblendung dieser veralteten Kriegskunst war, wie rettungslos sie sich im eigenen Zirkeltanz dreh-

---

[4] S. 257.

te, dafür sind Bülows spätere Werke ein geradezu packendes Beispiel. Wenn er in den Kriegstaten Bonapartes von 1801 und 1805 die Bestätigung seines Kriegssystems zu erkennen vermag, so hört jede Möglichkeit auf, seine Erwägungen einigermaßen ernst zu nehmen, man kann in ihnen nur einen Vorläufer jener wunderbaren geistigen Verwirrung erblicken, die 1806 in unseren Hauptquartieren geherrscht und das Heer Friedrich des Großen in so kläglicher Weise auf die Schlachtbank geliefert hat. Ja, man wird nicht umhin können, diesen damals vielgelesenen Schriftsteller ganz unmittelbar mitverantwortlich zu machen für den traurigen Zusammenbruch des preußischen Staats.

Wirklich verstanden hatte Bülow seine Zeit nur in einem einzigen Punkte: er forderte grundsätzlich die Anwendung des zerstreuten Gefechts, und zwar nicht nur als eine ständige Begleiterscheinung zum Kampf der geschlossenen Ordnung, sondern als eine selbständige Kampfordnung von häufig ausschlaggebender Bedeutung. Seine Vorschläge haben manches wunderliche, zumal wenn er die Kreisbewegung der Flankeure von der Reiterei auf die Infanterie übertragen will, um beim Vor- und Zurückgehen mit Feuer in der Bewegung die Verluste zu verringern. Aber dem steht wieder gegenüber, daß er von den Tirailleurs ein kriechendes Heranschleichen an den Feind und Schießen wie Laden im Liegen verlangt, was zur Zeit der Vorderlader immerhin mit einiger Schwierigkeit verbunden war, und daß er diese Forderung ganz ausdrücklich mit der Notwendigkeit der Deckung begründet. Und dazu gehörte wirklicher Mut inmitten jenes preußischen Heeres, das so stolz war auf seine Kunst mit langen Linien oder mit Echelons „fièrement zu attaquieren" und das in der überwältigenden Mehrzahl seiner Offiziere das neumodische Tirailleren völlig verwarf, „weil es den natürlichen Hundsfott nährt." Wie stark diese Empfindung aber damals war, vermag man danach zu beurteilen, daß sie noch heute, zur Zeit der weitreichenden Schnellfeuerwaffen, nicht ganz erloschen ist. Sie lebt heute noch in jenen Taktikern, die mit einem leichten Achselzucken von „Verlustscheu" reden, sobald man die Unmöglichkeit betont, den Infanterieangriff auch über ebene Flächen hinweg in einem einzigen Akte zum Siege zu führen.

II. Die neue Taktik der Franzosen

Zu den allerwirksamsten Kräften, über welche das verjüngte französische Staatswesen im Gegensatz zu den alten Monarchien verfügte, gehört eine durchaus veränderte Anschauung über den Gebrauch der Truppen in der Schlacht. Wir müssen uns klar machen, wie diese Anschauung allmählich entstanden war.

Man nimmt im allgemeinen an, daß das Aufkommen des Schützengefechts und der Übergang von der Linear- zur Kolonnen-Taktik sich in den Revolutionsheeren mehr oder weniger unfreiwillig vollzogen habe, weil die schlechte Ausbildung der Volksaufgebote den schwierigen Evolutionen der Linienformation und dem noch schwierigeren Salvenfeuer mit Pelotons, halben oder ganzen Bataillonen nicht gewachsen war. Diese Unzulänglichkeit der Freiwilligen-Bataillone für die ungewöhnlich verwickelten Künste der damaligen Exerzierschule hat auch zweifellos eine gewisse Rolle gespielt. Aber der Kern der Sache liegt doch tiefer. Im französischen Heere zeigte sich schon bald nach der Schlacht bei Roßbach eine eigenartige, von dem Vorbilde des ruhmgekrönten Gegners ganz abweichende Bewegung, als deren vornehmster Vertreter der Herzog von Broglie, der Sieger von Bergen (13. 4. 1759) angesehen werden muß. Broglie hatte unzweifelhaft als einer der Ersten den vollen Nutzen des Schützengefechts klar erkannt. Er gab jedem Bataillon schon damals eine leichte Kompagnie und forderte von seiner gesamten Infanterie, daß sie zum Gefecht in zerstreuter Ordnung verwendbar sei. Man wolle sich hier vergegenwärtigen, daß die französische Armee schon zu jener Zeit in ganz anderer Weise von nationalem Empfinden erfüllt und getragen war, als irgendeines der verschiedenen deutschen Heere, daß man dort also auch nicht annähernd in ähnlichem Maße mit der Desertionsgefahr zu rechnen hatte, wie bei den damaligen deutschen und zumal bei den mit Ausländern überfüllten preußischen Truppen. Man konnte in Frankreich also mit gutem Grunde früher dazu gelangen, das selbsttätige Einzelwesen im Soldaten zu erkennen, und von ihm mehr zu fordern, als die rein maschinenmäßige Tätigkeit.

Und neben der frühzeitigen Anerkennung des Schützengefechts in seiner großen Bedeutung für jedes bedeckte und unebene Gelände geht hier zu gleicher Zeit die häufigere Anwendung der geschlossenen Kolonne her, die im preußischen Heere damals noch nicht als eine Formation von selbständiger Bedeutung, sondern nur als ein flüchtiges Durchgangsstadium für den Übergang aus der offenen Zugkolonne, der eigentlichen Manövrierformation, in die Linie bekannt war. Mußte man aus der Bewegung in offenen Zugkolonnen heraus die Linie nach vorwärts, in der bisherigen Marschrichtung, bilden, so verfuhr man in Preußen gern in der Weise, daß die Bataillone zuerst in sich aufschlossen, dann durch Deployement aus der Kolonne in Zügen in eine solche von Kompagnien (richtiger „Divisionen") übergingen, aus welcher nach erneutem Ausschließen in gleicher Weise in eine Aufstellung mit zwei Halbbataillonen hintereinander und schließlich zur Linie deployiert werden konnte. Bei den Franzosen aber war schon der Marschall von Sachsen den Anregungen eines vielgelesenen Schriftstellers, des Chevalier Folard, gefolgt und hatte in den vierziger Jahren eine aufgeschlossene Kolonne von zwei Zügen Front, eine richtige Bataillonsmasse, als zweckmäßige Bewegungsform und als gelegentliche Angriffsformation eingeführt. Von ihr hat der Herzog von Broglie verschiedentlich den wirksamsten Gebrauch gemacht. In der Schlacht bei Bergen hat er seine vordere Linie je nach dem Gelände zum Teil in Linien aufgestellt, zum Teil als Schützenlinien mit Unterstützungen: das ganze zweite Treffen aber hat er in zwei Gruppen von Bataillonskolonnen bereit gehalten, um demnächst den Gegenangriff aus der Verteidigung heraus zu führen, der ihm den Sieg verschaffte.

Der hervorragende Militärschriftsteller Guibert vertritt in den siebziger Jahren des 18. Jahrhunderts die Anschauung, daß die Linie zwar immer noch die eigentliche Grundstellung der Infanterie und die vorwiegend anzuwendende Gefechtsformation bleiben müsse, daß die geschlossene Kolonne aber zu Bewegung und Angriff vielfach nützlich sei, und er spricht bereits den uns heute so geläufigen Satz aus, daß die Führung einer großen Freiheit in der Wahl der Mittel bedürfe. Guibert bekämpft freilich eine noch weitergehende Richtung, welche die Kolonne zur taktischen Grundstellung machen will, mit großer Lebhaftigkeit (Défense du système de guerre moderne) und wendet sich ganz besonders gegen einen Gedanken, der später zu höchsten Ehren kommen sollte, daß nämlich die Kolonnenform das Mittel sei, um die feindliche Linie in der Mitte zu durchbrechen.

Aber sein taktisches Hauptwerk „Essai génerálde taqtique" stellt der bisherigen Lineartaktik gegenüber doch einen sehr erheblichen Fortschritt dar. Schon im Jahre 1764 war in der französischen Armee die — allerdings noch sparsame — Verwendung von Schützen vor der Front eines jeden, gegen den Feind vorgehenden Bataillons allgemein angeordnet worden, und mit vollster Klarheit behandeln Guibert und andere Franzosen in ihren Schriften die Verbindung von Schützenlinien und geschlossenen Bataillonen als eine Form, die zur freien Beherrschung und Ausnutzung eines jeden Geländes geeignet sei und daher zumal dem Angriff einen erheblichen Zuwachs an Kraft gewähre. Wie die taktischen Verhältnisse bis dahin gelegen hatten, war ausschließlich nur die Verteidigung imstande gewesen, aus dem Gelände Vorteil zu ziehen. Sie stellte sich in zwei langen Treffen von zur Linie entwickelten Bataillonen auf Höhen auf, bei denen der vorsichtige Feldherr ein großes Gewicht auf möglichst starke Böschungen legte, während der kampfeslustigere Führer sich mit flacheren Abfällen begnügte. Ein Fronthindernis, um den Anmarsch des Angreifers mehr oder weniger zu erschweren, war in der Regel gern gesehen. Die Flügel sollten womöglich auf beiden Seiten, mindestens aber auf der einen durch ganz oder nahezu unzugängliches Gelände vor Umfassung geschützt sein. Die leichte, bei der Infanterie eingeteilte Artillerie stand in den Lücken der Bataillone, die schwere brachte man auf günstigen Höhepunkten so in Stellung, daß sie das Vorgelände weithin beherrschte. Endlich hielt man einen Teil der Infanterie und die Kavallerie zurück, um damit den Umständen entsprechend zu handeln. Wo aber die Flankenanlehnung im Gelände versagt war, mußte ein großer Teil der Kavallerie hier von Anfang an Aufstellung finden.

Der Angriff, grundsätzlich in ein Infanterie-Zentrum zu zwei Treffen und in zwei Kavallerieflügel von ähnlicher Formation gegliedert, hatte das gesamte Heer als festgeschlossene, durch das Kommando bewegte Einheit an den Feind heranzuführen. Es lag in der Natur dieser Aufgabe, daß jede Unebenheit des Bodens, jedes Gebüsch, jedes Gehöft, jeder Graben, jede noch so geringe Höhe als ein Hindernis für die an sich ungemein schwierige Bewegung erscheinen mußte, daß dem Angreifer die reine Ebene das liebste Schlachtfeld war. Diese Auffassung war damals all-gemein verbreitet, sie galt aber im vermehrten Maße in Preußen, weil nur auf der reinen Ebene jene taktischen Evolutionen größten Stils ausführbar waren, auf die man hier ein ganz besonderes Gewicht legte. Die ungewöhnliche Geschicklichkeit des preußischen Heeres im Evolutionieren hatte dem großen König am Tage von Leuthen die Möglichkeit gesichert, sich erst auf Kanonenschußweite vor der Mitte der feindlichen Front darüber zu entscheiden, ob er den rechten Flügel des Gegners angreifen wolle oder den linken; und wesentlich aus diesem Grunde hatte sich die ganze Schlacht zu einem so glänzenden Triumph der Überraschung gestaltet.

Und weiter: nur im ebenen Gelände konnte der Angreifer darauf rechnen, — sofern die Witterung nicht allzu ungünstig war, — eine einigermaßen wirksame Artillerie an den Feind heranzubringen. Die Artillerie war in der Mitte des 18. Jahrhunderts ganz im allgemeinen noch sehr schwer, sie schleppte fehlerhafter Weise in übermäßig langen und viel zu dicken Rohren noch so viel für die Wirkung überflüssiges Gewicht mit sich, daß schon ihre mittleren Kaliber außerhalb der Wege überhaupt nur schwer vorwärts zu bringen waren und daß jede Steigung zum ernsten Hindernis für sie werden mußte.

Das waren die Gründe, aus welchen die reine Verteidigung in einigermaßen gut gewählter Stellung ein wirkliches und bedeutendes Übergewicht über den Angriff besessen hatte, und dieses Übergewicht war zum eigentlich bestimmenden Punkt geworden, aus dem heraus sich die ganze Kriegskunst der Zeit logisch entwickeln läßt. Und jetzt, im letzten Drittel des Jahrhunderts, kamen die französischen Militärschriftsteller zu der mit Geist und Sachkenntnis vorgetragenen Lehre, daß es in der Zukunft anders werden müsse. Schützenschwärme mit nachfolgenden Kolonnen sollen jene für Linien schwer oder gar nicht zugänglichen Geländestrecken durchschreiten, an welche die Verteidigung ihre Flügel anzulehnen liebt. Schützenschwärme mit nachfolgenden Kolonnen sollen sich auch vor der Front der feindlichen Stellung so dem Gelände anschmiegen, daß sie Deckung vor dem weitreichenden Geschützfeuer der Verteidigung finden, und sollen dadurch in Stand gesetzt werden, ohne allzugroße Verluste auf den Augenblick zu warten, wo die Durchführung des Sturmes möglich erscheint. Und Kolonnen sollen es endlich ermöglichen, im entscheidenden Augenblick eine ganz überwältigende Überzahl, das Vierfache, Sechsfache, Zehnfache an Infanteriestreitern auf den Punkt der feindlichen Linie zu werfen, wo der Feldherr die Entscheidung suchen will. Die geschlossene Kolonne knüpft wieder an die so lange vergessene griechische Phalanx, an den Keil der alten Deutschen und den Gewalthaufen der Landsknechte an; sie ist sich der Wucht ihres physischen Stoßes bewußt und will damit die dünne feindliche Linie sprengen. Man weiß dabei sehr wohl, daß das begleitende Tirailleurfeuer in solchen Augenblicken der Entscheidung nur ziemlich minderwertig sein kann, weil es die Front der Kolonnen freimachen und sich auf die Zwischenräume zwischen ihnen beschränken muß. Aber man rechnet einmal damit, daß das Schützengefecht bis zu diesem Augenblick eine um so dankbarere Aufgabe gefunden hat, und dann zählt man auf den moralischen Eindruck, den das stetige Vordringen der dichtgedrängten Infanteriemassen unbedingt auf den Gegner machen wird. Denn die neueren Taktiker haben im Gegensatz zu manchen Schriftstellern aus der Zeit der Lineartaktik das volle Verständnis für die große Bedeutung der Streiterzahl wieder gewonnen, und sehen es als eine besonders wichtige Aufgabe der Führung an, Übermacht zur Geltung zu bringen.

Noch mehr aber rechnet man auf eine völlig neue und eigenartige Verwendung der Angriffsartillerie. Jetzt war es einer wissenschaftlicheren Richtung in der Artillerie endlich gelungen, alles überflüssige Gewicht abzustreifen und die schweren und mittleren Feldgeschütze unter Beibehalt derselben Wirkung ganz erheblich beweglicher zu machen. Man brachte es jetzt fertig, selbst 12-Pfünder dahin mitzuführen, wohin früher kaum 8-Pfünder gelangen konnten, und bereits Ende der siebziger Jahre tauchte der Gedanke auf, die Bedienungsmannschaft der Fußartillerie aufsitzen zu lassen, um die Geschütze im Trabe und selbst im Galopp zu bewegen. du Teil, von dem dieser Gedanke herrührt, hat aber in seiner Schrift über den Gebrauch der neuen Artillerie vor allem die Baubansche Lehre von der Vereinigung der Artillerie-Wirkung aus dem Festungskriege auf den Feldkrieg übertragen und die in den Jahren 1792—94 erfolgende Einführung der reitenden Artillerie (9 Regimenter) gewährte dann ein höchst wirksames Mittel, solche Grundsätze in Taten umzusetzen.[5]

---

[5] Vergleiche die im Jahre 1783 erschienene deutsche Übersetzung von Mal-Herbe, Leutnant im Sächsischen Artillerie-Korps, S. 60, 66, 97, 100, 107 usw., bzw. die Zitate in Colin, L'éducation militaire de Napoléon. Paris 1900.
Zu dem von du Teil vorgeschlagenen Aufsitzen der Kanoniere bemerke ich Folgendes: das Gribeauvalsche Feldartillerie-Material, dessen Modelle man im

Ich führe einige Aussprüche du Teils an:

„Man muß die Masse der Truppen und eine überlegene Artillerie auf den Punkt verewigen, wo man den Feind überwältigen will, während man ihn auf den übrigen Punkten täuscht..." „Die Artillerie wird die Oberhand über die feindliche erhalten, wenn sie beständig ihr Feuer auf die entscheidenden Punkte vereinigt ..." „Man muß die

---

Berliner Zeughaus sehen kann, hatte keine Protzkasten. Ein kleiner Teil der Munition befand sich in einem Laffetenkasten, der nahe am Protzloch zwischen die Laffetenwände eingesetzt werden konnte; im übrigen folgte grundsätzlich je ein Munitionswagen dem Geschütz unmittelbar in die Feuerstellung. Laffetenkasten und Munitionswagen hatten sargförmige Deckel, auf welchen niemand sitzen konnte. Ein „Aufsitzen" von Kanonieren konnte also nur auf den Handpferden der Bespannung erfolgen und so sagt du Teil auch ganz ausdrücklich: la plupart des canonniers monteront sur les chaveaux .... (Colin S. 79/80), was bei dem Übersetzer (S. 60/63) unklar bleibt, da er nur vom Aufsitzen spricht. Nun ist ferner zu beachten, daß die Verbindung zwischen Geschütz und Sattelprotze (mit dem Protznagel auf der Achse) eine sehr starre war, so daß man bei Bewegungen in unebenem Gelände das Geschütz abprotzte und das Langtau (prolonge) einschob, du Teil kennt den Gebrauch des Langtau nur so, daß es am Laffetenschwanz befestigt war. Später hat man für Bewegungen im Avancieren es vorgezogen, das Langtau an den Stirnseiten der beiden Laffetenwände, nahe unterhalb des Rohres zu befestigen, so daß das Geschütz mit der Mündung nach vorn gefahren wurde und der Laffetenschwanz nachschleppte.

Du Teil setzt eingehend auseinander, daß man mit einer größeren Geschützzahl in Front mit Gefechtsintervallen mit dem Langtau 2 bis 300 Toisen, also 4—600 m im Galopp mit aufgesessener Bedienung zurücklegen könne. Dann müßten die Protzen auf Halt herumschwenken, die Geschütze drehen und sofort in Tätigkeit treten. Nun hatten die 4-Pfünder und 8-Pfünder nur 4 Pferde und ebenso waren die Munitionswagen bespannt. Es konnten also auf Geschütz- und Wagenpferden nur 4 Mann pro Geschütz mitgeführt werden.

Ich bemerke schließlich, daß ein sehr interessanter Aufsatz über französisches Artilleriematerial in der Revue d'artillerie vom März 1899 die Behauptung aufstellt, ein Aufsitzen der Bedienung habe in der Kaiserzeit bei der Fußartillerie nie stattgefunden. Die Bewegungen derselben in rascher Gangart seien immer auf so kurze Strecken beschränkt worden, daß die Bedienung im Laufschritt folgen konnte. Da dem Verfasser aber die Schrift von du Teil augenscheinlich nicht bekannt ist, so handelt es sich hier jedenfalls nicht um die Widerlegung eines darauf gegründeten Schlusses, sondern nur um eine Ansicht nach Maßgabe der damals gültigen Vorschriften, in welchen das Aufsitzen der Bedienung auf die Handpferde nirgends erwähnt ist. Das kriegsgeschichtliche Material jener Epoche ist naturgemäß ein so lückenhaftes, daß die bloße Nichterwähnung des Aufsitzens noch nichts gegen die Möglichkeit des Vorkommens beweisen würde, und die historisch feststehende Tatsache, daß die rasche Herstellung und Vorführung einer langen Artillerielinie wiederholt die größte Wirkung auf den Feind hervorgebracht hat, spricht für die Annahme.

Artillerie auf den Angriffspunkten vervielfältigen, die über den Sieg entscheiden; so erringt sie ausschlaggebende Erfolge." „Beim Angriff auf Stellungen kommt es nur darauf an, sein Feuer und seine Anstrengungen auf einige ihrer schwachen Punkte zu vereinigen, um den Feind zu zwingen, daß er sie aufgibt..." „Der Augenblick, wo die Truppen handeln sollen, bestimmt sich durch die Verheerungen, welche die Artillerie angerichtet haben wird. Wenn die Schanzen geöffnet. die feindlichen Truppen eingeschüchtert und geschlagen sind, dann hängt der Sieg, den die Artillerie vorbereitet, nur von der Tapferkeit der Angreifer ab." du Teil führt ferner aus, daß die schwereren Kaliber und die Haubitzen des Angreifers ihre Hauptaufgabe in der Zerstörung von Schanzen und Gebäuden sehen müssen, und daß auch die leichten Kaliber keinerlei Bedenken tragen dürfen, sich in den Kampf mit schweren Batterien der Verteidigung einzulassen: wenn sie in Front im Galopp auf die ihnen selbst zusagende Entfernung herangegangen seien, könnten sich 4-Pfünder unbedenklich in den Kampf mit 24-Pfündern einlassen, weil sie in derselben Zeit drei- bis viermal soviel Geschosse schleudern als jene.

Der Vertreter dieser Anschauungen hatte bis kurz vor dem Diensteintritt Bonapartes beim Regiment la Fère diesem Regimente angehört und sein älterer Bruder war Direktor der Regimentsschule zu Auxonne, wo der junge Offizier seine eigentliche Fachausbildung erhielt. Die Schrift du Teils hat außerdem damals viel Aufsehen erregt.[6]

In den Gedanken, daß die Artillerie eine Offensivwaffe großen Stils sei, wurden Bonaparte und seine später berühmt gewordenen Artillerieführer also frühzeitig eingeführt: Geländeausnutzung, Beweglichkeit, Überraschung wurden ihre Schlagworte. Und nur an die Artillerie hat Napoleon gedacht, als er später den Satz aussprach: Le feu est tout. le reste n'est rien. Nur weil man sich des Artilleriefeuers in so gründlicher Weise bedienen wollte, konnte die altgriechische Phalanx als taktische Form für den Entscheidungsstoß mit der Infanterie überhaupt in Frage kommen.

Sind dies die rein taktischen Grundzüge der neuen Bewegung,

---

[6] Vergleiche hierüber Colin L'éducation militaire de Napoléon, ein vortreffliches Buch, das ich in allen Angaben, welche ich nachprüfen konnte, als vollkommen zuverlässig befunden habe.

welche in Frankreich schon vor der Revolution den alten Formen und dem preußischem Vorbilde die Gefolgschaft kündigte, so müssen wir nun auch nach einige Erscheinungen betrachten, die schon auf das strategische Gebiet hinübergreifen.

Zur Zeit der Lineartaktik war der gewöhnliche, sozusagen normale Zustand beider feindlichen Heere der, daß jedes mit seinen Hauptkräften einheitlich in einer zur unmittelbaren Verteidigung geeigneten Stellung lagerte. Auf etwa 1—2 Märsche hinter dem Lager lag die Bäckerei, 2—3 Märsche hinter der Bäckerei befand sich das Magazin, im eigenen Lande meist eine Festung, anderenfalls ein zeitweilig befestigter Ort. Um den Verkehr vom Lager nach der Bäckerei sowie von da zum Magazin gegen feindliche Streitereien zu sichern, war man in der Regel zu je einer Entsendung nach rechts und nach links genötigt. Die betreffenden Truppenabteilungen, im Gegensatze zur Armee abwechselnd Corps und Détachements genannt, die Ahnen unserer heute fehlerhafter Weise noch immer so beliebten Seitendétachements, waren naturgemäß trotz ihrer besonders reichen Ausstattung mit leichter Reiterei immer in hohem Maße gefährdet, denn bei ihrem verhältnismäßig bedeutenden Abstande von der Armee und bei der langen Dauer ihrer Vereinzelung konnten sie durch einen unternehmenden Feind sehr leicht überraschend mit Überlegenheit angepackt und erdrückt werden. Als Friedrich der Große 1768 in seinem „Militärischen Testament" seine Gedanken über eine künftige Kriegführung gegen Österreich niederlegt, erklärt er zunächst, daß man mit Sicherheit darauf rechnen müsse, die österreichische Armee stets in sehr starken Stellungen zu finden, und daß er nicht darauf ausgehen werde, sie dort anzugreifen und zu überwinden. Dagegen will er sein eigenes Lager gleichfalls gut wählen und sichern: „Ich würde es mit aller Sorgfalt befestigen und alle meine Absichten darauf richten, gründlich die Detachements des Feindes zu schlagen. Denn wenn Ihr eines seiner detachierten Korps vernichtet, bringt Ihr Verwirrung in seine ganze Armee, da es viel leichter ist, 15 000 Mann zu erdrücken als 80 000 zu schlagen, und während Ihr weniger wagt, tut Ihr doch fast dasselbe. Kleine Erfolge vervielfältigen, heißt allmählich einen Schatz anhäufen. Mit der Zeit ist man reich, man weiß nicht wie."

Wahrscheinlich war es die den Seitendetachements stets drohende Gefahr, welche den Herzog von Broglie veranlaßt hat, schon im siebenjährigen Kriege zu einer strategisch-taktischen Anordnung überzugehen, die abermals den Keim eines großen Fortschritts in sich trug. Er fing an, die eigentliche Armee nicht mehr ganz einheitlich in ihrer Schlachtstellung lagern zu lassen, sondern ihren einzelnen, bisher ziemlich bedeutungslosen Untergliedern, den Divisionen, getrennte Lagerstellen anzuweisen und sie dabei auf ungefähr denselben Breitenraum auszudehnen, den früher das Heer mit beiden von ihm abgetrennten Korps oder Detachements inne zu haben pflegte und welcher auch tatsächlich besetzt oder mit Sicherheit beherrscht sein mußte, wenn der Verkehr zur Bäckerei und zum Magazin vor der feindlichen Einwirkung geschützt bleiben sollte.

Bei einer solchen Lagerungsart war es natürlich höchst wesentlich, daß die einzelne Division im Falle feindlichen Angriffs den Kampf entweder in starker Stellung so lange aushalten konnte, bis genügende Kräfte zur Hilfe herbeieilten, oder daß sie es verstand, sich rechtzeitig und unter Umständen fechtend auf den Schwerpunkt des Heeres zurückzuziehen. Und immer waren die Anordnungen so zu treffen, daß die rasche Vereinigung des Heeres zur Schlacht gesichert blieb, daß das Wachsen der Frontausdehnung nicht zu jener Zerstückelung der Armee in einer größeren Zahl einzelner „Posten" führte, die unter dem Namen Kordonsystem bekannt und verurteilt ist. Guibert hat diese Verhältnisse eingehend erörtert, hat besonders dringend vor dem dauernden Charakter der bisherigen Detachierungen gewarnt und gefordert, daß die Ausdehnung des Heeres sich immer nach den Verhältnissen richte und daher einem stetigen Wechsel unterworfen werde. Vor der Schlacht müsse man sich aber immer eng vereinigen, es sei denn, daß man in der Verteidigung von vornherein damit rechne, dem gegen unser Zentrum vordringenden Feind mit unserem eigenen Flügel in die Flanke zu fallen. Guibert ist der Meinung, daß die überlegene Feldherrennatur sich gerade auf diesem Gebiet der plötzlichen Vereinigung bisher getrennter Divisionen zeigen müsse und werde.

Ein weiterer bedeutender Zeitgenosse, Bourcet, der eine Abhandlung über die Grundsätze des Gebirgskrieges geschrieben hat, geht besonders auf die in der Natur der Dinge liegenden Grenzen der Ausdehnung ein und kommt zu dem Ergebnis, daß die Tagesmarschentfernung zwischen Zentrum und Flügeln den richtigen Maßstab ergibt.[7]

Rechnet man endlich hinzu, daß Guibert dringend verlangt, man müsse sich weniger abhängig machen von seinen Magazinen, man müsse mehr vom Lande leben, der Krieg müsse den Krieg ernähren,[8] so hat man alle Elemente vereinigt, aus denen Bonaparte seine Kriegsmethode tatsächlich gestaltet hat.

Guiberts erstes Werk, Essai général de tactique, von dem man sicher weiß, daß Napoleon es kannte und schätzte, enthält ganz erstaunliche Ausblicke in die Zukunft. Der Verfasser spricht mit Begeisterung von dem Übergewicht, welches eine leicht bewegliche Armee in der Offensive über eine in Positionen stehende Armee der Gegenwart haben müßte. Er zeigt, daß man allzu starke Fronten nicht angreift, sondern umgeht, daß man selbst in der Schlacht noch imstande ist, lange über den Angriffspunkt zu täuschen und so der eigenen Geschicklichkeit ihren Einfluß zu sichern, daß in der Beweglichkeit die höchste Gewähr des Erfolges liegt, daß man mit einer neuen Form des Krieges die Gegner zu überraschen und zu betäuben vermag.[9] Er denkt sich eine Kriegführung, bei der das ganze Volk mit seiner vollen, durch bessere Staatseinrichtungen verjüngten Kraft hinter der Regierung steht und mit Hingebung für große Ziele kämpft. Bei höchster Bewunderung für die Größe unseres Friedrich äußert er sich mit unverhohlener Mißachtung über ein Heer, das sich aus Söldnern, Vagabunden und Fremden zusammensetzt und dem aus diesem Grunde jede innere Kraft abzusprechen sei. Schon lange vor Friedrichs Tode verkündet er, daß Preußen voraussichtlich wieder von der Stellung herabsinken müsse, die es damals einnahm, und

---

[7] Bourcets Schrift ist nicht gedruckt worden, Colin hat sie auch nur im Manuskript kennen gelernt. Solche Manuskriptabschriften und Auszüge soll es aber zahlreiche gegeben haben, da Bourcet fünf Jahre als Leiter einer Art von Generalstabsschule gewirkt hat. Colin versichert, daß du Teil die Schrift von Bourcet gekannt haben müsse und eine Stelle, an der du Teil von einer trefflichen Abhandlung über den Gebirgskrieg spricht, „deren Bekanntmachung sowohl nötig als nützlich sei und welche außerordentlich zum Unterricht des Militärstandes beitragen würde," deutet augenscheinlich auf Bourcet hin (vgl. Übersetzung S. 140). Noch deutlicher, mit Nennung des Namens, spricht sich Guibert (II. 243) dahin aus, daß die Veröffentlichung von Bourcets Schrift über den Gebirgskrieg dringend erwünscht sei. Colin vermutet daher sicherlich mit vollem Recht, daß auch Bonaparte sie gekannt haben müsse.

[8] Guibert, Oeuvres militaires II 259 und 287—300.

[9] II 251/4.

vielleicht werde es dann einige Jahre des Ruhmes teuer bezahlen.

Und nicht nur hiermit hat sich Guibert als ein Mann von weitem und vorausschauendem Blick erwiesen. Bei Besprechung des Unterschiedes von Theorie und Praxis — in seinem zweiten militärischen Werke— wahrt er das ewige Recht der Wissenschaft und gesteht trotzdem ein, daß auch die höchste theoretische Kenntnis noch durchaus nicht die Sicherheit praktischer Erfolge gewährleiste. Und dann fährt er fort: „Es wird sich ein Mann erheben, der bis dahin vielleicht in der Menge und in der Dunkelheit versteckt war, ein Mann, der sich weder durch Worte noch durch Schriften einen Namen gemacht hatte, der aber in der Stille nachdachte: ein Mann, der vielleicht sein Talent nicht kannte, der es erst bei der Ausübung empfindet und der sehr wenig studiert haben wird. Dieser Mann wird sich der Meinungen, der Umstände, des Glückes bemächtigen und er wird zu dem großen Theoretiker das sagen, was der praktische Architekt vor den Athenern zu dem Architekten auf der Rednerbühne gesagt hat: „Was mein Rivale Euch vorgeschlagen hat, das werde ich ausführen."[10] Das war wirklich, wie Colin in seinem Werke über die militärische Erziehung Napoleons meint, eine Prophezeiung auf den Kriegsgott, dessen Kommen bevorstand, und wenn Bonaparte auch diese Zeilen gelesen hat, so müssen sie den tiefsten Eindruck auf ihn gemacht haben.

An den Lehren von Guibert, du Teil und Bourcet hat Bonaparte sich gebildet: aber er hat von seinem ersten Auftreten als Feldherr ab noch etwas ganz besonders Wichtiges hinzugetan, nämlich das Streben, den zuerst überraschend angegriffenen Heerteil des Feindes von derjenigen Rückzugsrichtung abzudrängen, die ihn zur Vereinigung mit anderen Heerteilen führt. Das ist ja selbstverständlich nicht etwas Neues und Unerhörtes auf dem Gebiete der Kriegskunst; das Verlegen des feindlichen Rückzuges ist viel mehr sicher zu den von Alters her erprobten und in alle Ewigkeit wirksamen Grundsätzen derselben zu rechnen. Hier soll nur betont werden, daß die Häufigkeit und Stetigkeit der Anwendung dieses Grundsatzes zu dem besonderen Gepräge des ungewöhnlich kühnen und wagemutigen Feldherrn gehörte, dessen hoher Ehrgeiz gerade in Lösung der allerschwierigsten

---

[10] IV 74; die Anekdote von den Architekten findet sich bei Plutarch „Ratschläge für das politische Leben", wie mir Herr Professor v. Wilamowitz mitgeteilt hat.

Aufgaben die größte Befriedigung fand. Diese Vorliebe für das Verlegen des feindlichen Rückzuges tritt sehr deutlich schon in seinen Feldzügen von 1796/9 und von 1800 hervor, im größten Maßstabe aber, mit bisher noch nicht dagewesenen Heeresmassen und mit einer gerade für solche Massen doppelt erstaunlichen Kraft und Schnelligkeit sollte der Feldzug von 1805 dieses Streben Napoleons zum Ausdruck bringen.

Und während er nach dem ersten entscheidenden Schlage in diesem glänzenden Feldzuge die Donau hinabzieht, um seine Adler auf der feindlichen Hauptstadt aufzupflanzen, erfolgt aus den Reihen seines Heeres heraus eine Veröffentlichung, welche den eben in der Ausführung begriffenen Gedanken zum Ausgangspunkt einer neuen Theorie des Krieges macht.

III. Jomini

Traité de grande technique ou relation de la guerre de sept ans, extraite de Tempelhoff, commentée et comparée aux opérations des dernières guerres, avec un recueil des maximes les plus importantes de l'art militaire, das war der Titel dieses neuen Werkes, welches der 26jährige Major Jomini aus dem Stabe des Marschall Ney im Herbst 1805 in Paris erscheinen ließ, und das er auch seinem Kaiser und Feldherrn überreichte.[11] Als dieser sich während der Friedensverhandlungen nach der Schlacht bei Austerlitz daraus vorlesen ließ, brach er in die Worte aus: „Da sage man noch, daß die Zeit nicht fortschreitet. Ein junger chef de batailllon, und noch dazu ein Schweizer, lehrt uns Dinge, die meine Professoren mir niemals gesagt haben und die wenige Generale verstehen. Wie konnte Fouché ein solches Buch drucken lassen! Das heißt ja mein ganzes Kriegssystem den Feinden bekannt geben!" Und etwa 13 Jahre später auf St. Helena bezeichnet der vielerfahrene Feldherr dieses Buch als einzigartig und legt Gewicht darauf, daß er es noch nicht gekannt habe, als er seinen Feldzug von 1805 anlegte und gewann.[12] Schlagendere Zeugnisse für die Bedeutung des jominischen Buches sind wohl nicht denkbar. Der junge Verfasser hatte den Schöpfer einer neuen Methode der Kriegführung sofort aus seinen ersten Leistungen heraus völlig verstanden und seine Grundsätze des Handelns so zusammengefaßt, daß sie sich wechselseitig ergänzten und auch für andere zur Richtschnur des Handelns zu werden vermochten. Gerade wie Bülow, den er kennt und schätzt, aber auch in manchen Punkten lebhaft bekämpft, will er sein Buch als eine Lehre angesehen wissen, welche die Anlage und Führung des Krieges im Großen umfaßt. Aber seine Lehre hat mit der mattherzigen Kunst der drohenden Manöver nichts mehr zu tun, sie geht mit Entschiedenheit darauf aus, die Gewalt zu gebrauchen.

Wenn das Maß der verfügbaren Kräfte es nur irgend erlaubt, soll nach Jominis erstem Grundsatz der Feldherr die Offensive ergreifen

---

[11] In der zweiten Auflage wurde der Titel in Traité des grandes opérations militaires geändert,
[12] Vergleiche über die erste Äußerung Lecomte, le général Jomini, S. 29; über die andere „Napoleons Gedanken und Erinnerungen", nach Gourgaud S. 256.

und sich dauernd im Besitz der Initiative halten, die den Feind unter das Gesetz des Handelns beugt. Die Zertrümmerung des feindlichen Heeres in der Schlacht und in der Verfolgung ist für ihn der einheitliche Leitstern alles kriegerischen Denkens geworden, und seine Betrachtung erstreckt sich in erster Linie darauf, in welcher Weise die Streitkräfte anzusehen und zu bewegen sind, um jenes große Ziel so vollständig wie möglich zu erreichen. Auch Jomini will den eigenen Heeresmassen die Richtung auf die feindliche Verbindung geben, aber durchaus nicht etwa um die feindlichen Verpflegungstransporte zu bedrohen und unter Umständen zu verhindern, sondern aus dem unendlich viel wirksameren Grunde, weil die feindliche Verbindung naturgemäß in der Regel auch die gebotene Rückzugslinie des Feindes ist, und weil er dem zu schlagenden Gegner den Rückzug zu verlegen und ihn dadurch völlig zu vernichten, d. h. gefangen zu nehmen oder ganz zu zerstreuen gedenkt.

Wiederholt hat Jomini sich dahin ausgesprochen, daß das Grundgesetz der Kriegskunst dahin gehe, den taktisch mustergültigen Flankenangriff Friedrichs des Großen in der Schlacht bei Leuthen auf die strategischen Verhältnisse zu übertragen. Noch in seiner letzten theoretischen Schrift, die 1837 unter dem Titel Précis de l'art de la guerre erschienen ist und 1855 eine letzte Auflage erfuhr, kommt er auf diesen Gedanken zurück und bezeichnet ihn als den Schlüssel zur Wissenschaft des Krieges.[13] Das heißt also: der strategische Angreifer soll die Gesamtheit seiner Streitkräfte ohne Gefährdung der eigenen Verbindung derartig schräg gegen einen Flügel des Gegners führen, daß er diesen umfaßt und im Siege das ganze feindliche Heer von seiner Verbindungs- und Rückzugslinie abdrängt. Habe sich der Gegner aber in seiner strategischen Aufstellung, also bei der Verteilung seiner sämtlichen Streitkräfte auf dem ganzen Kriegstheater sehr ausgedehnt, dann sei ein anderes Verfahren mehr am Platze. Alsdann sei der Angriff gegen die Mitte der feindlichen Aufstellung zu richten, um die verschiedenen Teile derselben auseinander zu halten und einzeln zu schlagen. Ganz ausdrücklich aber verwirft Jomini das Bestreben, den Gegner mit getrennten Heerteilen auf beiden Flügeln zu umfassen; es sei denn, daß man selbst über eine ganz ungewöhnlich große Überlegenheit der Zahl verfüge und da-

---

[13] I, 16.

durch auch jeder einzelne unserer getrennten Heerteile vor einem Mißerfolge gesichert sei. Zu der vorstehend erwähnten Forderung, bei der einfachen Umfassung die eigenen Verbindungen nicht zu gefährden, also sie gerade hinter sich zu behalten, muß ich gleich bemerken, daß die Forderung nur dann wirtlich zu erfüllen ist, wenn der strategische Angreifer über eine den Kriegsschauplatz umfassende Basis verfügt. Wo das nicht der Fall ist, wird eine zeitweilige Gefährdung oder sogar Preisgebung der eigenen Verbindung nur selten zu vermeiden sein. Alsdann wird ein vorsichtiger Feldherr rechtzeitig Vorsorge treffen, daß er sich so bald wie möglich und so gut wie möglich eine neue Verbindung in der Richtung eröffnen kann, in der er unter Umständen zurückgehen muß. Durch einen solchen Wechsel der Verbindung kann alsdann der Nachschub an Munition und Lebensbedürfnissen, an Ersatzmannschaften usw. wohl einigermaßen sichergestellt werden; die Hauptgefahr aber, die im Verlust der nächsten Rückzugswege liegt, wird dadurch nicht beseitigt.

Was nun die technische Anordnung der strategischen Bewegung betrifft, so will Jomini das Heer so eng versammelt und so tief gegliedert vorführen, daß es nicht nur in der Richtung seines Marsches, sondern auch nach der Seite hin in möglichst kurzer Frist, also in ein bis höchstens zwei Tagen zur Schlacht bereit sein könne. Die geeignetste Bewegungsform sei ein Viereck, dessen Front und Seiten ungefähr gleich lang sind, le carré stratégique[14] oder das, was Napoleon im Oktober 1806 „ein Bataillons-Viereck von 200000 Mann" genannt hat. Wenn die Hauptmasse des Heeres in ein Zentrum und zwei Flügel gegliedert wird, die auf mehreren Straßen mit höchstens Tagesmarschabstand nebeneinander marschieren, und wenn jedes dieser Heeresglieder wieder in zwei oder drei größere Teile, Armeekorps oder Divistonen zerfällt, die sich mit höchstens Tagesmarschabstand folgen, so entspricht diese Form den obigen Anforderungen und stellt gewissermaßen den strategischen Normalzustand dar, aus welchem man zur Schlacht dadurch übergeht, daß auf einen bestimmten Teil des Heeres hin zusammengeschlossen oder aufmarschiert wird. Hinzudenken muß man sich vor der Front des Heeres entweder eine einheitliche Heeresavantgarde oder — und dieser An-

---

[14] Précis, Kap. III, Art. 20

ordnung gibt Jomini den Vorzug — mehrere Einzel-Avantgarden der vorderen Armee-Korps bzw. Divisionen, in beiden Fällen mit starker Kavallerie. Beachten muß man ferner, daß, wenn die Zahl der organischen Heereskörper, der Armee-Korps oder Divisionen, geringer wird, nach Jominis Überzeugung die in zweiter Linie folgenden Körper vor allem hinter die Mitte gehören, um ihrem Zweck als Reserve unter allen Umstanden sicher zu entsprechen. Das strategische Viereck kann daher, wenn eine Heeresavantgarde für notwendig angesehen wird und wenn Zahl der Teile geringer ist, auch eine andere Gestalt annehmen, welche ebenfalls der Grundanforderung gleichmäßiger Verwendbarkeit nach Front und Flanke entspricht.

Jomini hebt nun ferner mit großer Bestimmtheit hervor, daß es nicht nur darauf ankomme, die Massen auf den entscheidenden Punkt zu bringen, sondern, daß man auch verstehen müsse, geschickt zu schlagen. Mit guten Truppen sei der Angriff die beste Kampfform, Aber man könne auch mit Erfolg den Gegner Verteidigungsweise auf einem vorbereiteten Schlachtfelde erwarten, um dann im geeigneten Augenblick zum Gegenangriff überzugehen. Die reine Verteidigung, die so lange Zeit hindurch in hohem Ansehen stand, will Jomini am wenigsten empfehlen.

Seine Hauptgrundsätze schließen mit scharfer Betonung der Verfolgung und mit dem Hinweis darauf, daß die eigentliche Kraft der eigenen wie der feindlichen Truppen im moralischen Element liege, daß es darum gelte, dasselbe bei uns zu heben, beim Feinde zu vernichten.[15]

Dieser Kern und Hauptinhalt der Jominischen Lehre verdiente zur Zeit ihrer Verkündigung voll und ganz den Beifall, den der große Schlachtenkaiser der ersten Fassung gezollt hat. Aber er steckt leider in einer Umhüllung, die ihm in hohem Grade zum Nachteil gereicht. Der mathematisch-wissenschaftliche Charakter von Bülows strategischer Schrift hat augenscheinlich auf Jomini so blendend gewirkt, daß auch er seinen Ausführungen einen ähnlichen Anstrich zu geben für notwendig hielt, und das ist ihm misslungen. Jomini ist in keiner Weise mathematisch veranlagt und seine Neigung, sich der mathematischen Ausdrucksweise zu bedienen, führt daher zu sich immer

---

[15] Eine übersichtliche Zusammenfassung seiner Hauptgrundsätze gibt Jomini im IV. Bande der zweiten Auflage Traité des grandes opérations, Kapitel 35.

steigernden Unklarheiten. Bülow hatte sein System nach der Basis benannt; Jomini will das seine als das System der Operationslinien bezeichnet wissen. Darin liegt an sich ein sehr guter Sinn; es wird deutlich zum Ausdruck gebracht, wie sehr in der neuesten Zeit die Bewegung zum Ausschlag gebenden Faktor auf dem Gebiet der Kriegführung geworden ist. Was eine Operationslinie ist, bedarf eigentlich kaum einer Erklärung, es ist die Richtung, in welcher sich ein Heer einheitlich bewegt. Es ist auch wohl selbstverständlich, daß die Bewegung dabei nicht auf eine einzige Straße beschränkt zu sein braucht, sondern mehrere benachbarte und ungefähr gleichlaufende Wege benutzen darf. Wenn Jomini aber wiederholt den Ausdruck Operationslinie auf größere Flächengebiete des Kriegsschauplatzes anwendet und wenn er ausdrücklich erklärt, daß die Operationslinie Oberfläche habe, so wirkt eine solche unwissenschaftliche Sprache doch recht störend. Und solcher Fälle gibt es eine große Zahl, z.B. die Unterscheidung von territorialen Linien und Manöverlinien, der Gegensatz von zwei Linien und einer doppelten, die Einführung des Begriffs der tiefen Linien und der zufälligen Linien (lignes accidentelles, „die nur ein umfassendes und tätiges Genie zu entdecken imstande ist"); oder ferner die Unterscheidung von Operationsfronten und strategischen Fronten, weiter die Einreihung eines Flußlaufs in die Kategorie der „strategischen Punkte", der Gebrauch des Ausdrucks „divergierende Punkte" u. dergl. mehr. Auch die Art und Weise, wie Jomini seine Betrachtungen über offensive Schlachtordnungen durch Figuren erläutert, ist weit davon entfernt, wirklich Belehrung zu liefern.[16]

Ich vermeide hier jegliches Eingehen auf die große Masse der technischen Bezeichnungen aller Art, mit denen Jomini sein System der Operationslinien ausgeschmückt hat, und beschränke mich auf die Herleitung und Erklärung der einen Unterscheidung, die dauernd an seinen Namen angeknüpft bleiben wird und mit der er der Wissenschaft unzweifelhaft einen gleich großen Dienst geleistet hat, wie Bülow es mit der Schaffung des Begriffs der Basis getan. Auch hierbei halte ich mich aber nur an den Inhalt, nicht an den Wortlaut sei-

---

[16] Die Einteilung der Operationslimen vergl. im 4. Kapitel des II. Bandes der ersten Auflage Traitré usw., oder im Artikel 21 des Précis usw. von 1855, Die Schlachtordnungen vergl. im Artikel 31 des Précis von 1855.

ner Erklärung, weil sie keineswegs durch Deutlichkeit und Schärfe des Gedankens ausgezeichnet ist. Es ist das die Unterscheidung der inneren und äußeren Operationslinien.

Wir erinnern uns des von Jomini aufgestellten Grundsatzes, daß man bei sehr großer Ausdehnung der feindlichen strategischen Front, mit anderen Worten bei Verteilung der feindlichen Streitkräfte in verschiedene, mehr oder weniger selbstständige Heeresgruppen, die eigene Operation am besten gegen das Zentrum der feindlichen Aufstellung richte, um es zu durchbrechen, die verschiedenen Teile des Gegners endgültig voneinander zu trennen und demnächst einzeln (en détail) zu schlagen. Stellt man sich in einem solchen Falle die feindlichen Heerteile oder Teilheere nicht unbeweglich auf demselben Fleck stehend, sondern gleichfalls in der Vorbewegung begriffen vor, so ergibt sich als einfachste graphische Darstellung das folgende Bild: d. h. auf der einen Seite rückt eine Armee eng vereinigt auf einer Operationslinie in den inneren Raum zwischen den beiden feindlichen Operationslinien hinein; auf der anderen Seite bewegen sich zwei Teilheere so nach vorwärts, daß ihre Bewegungsrichtungen diejenige des Gegners von außen umfassen. Die einheitlich vorgehende Armee bewegt sich also auf der inneren Operationslinie, die geteilt vorgehende hat die äußeren Operationslinien gewählt. Diese letzteren sind der Natur der Sache nach freilich konzentrisch zu denken, zum mindesten von dem Augenblicke an, wo das einheitliche Vorgehen des Gegners erkannt ist und wo es die Vereinigung aller Kräfte auf dem Schlachtfelde gilt. Man muß sich aber gleich gegenwärtig halten, daß die Hauptbewegungsrichtungen auf Kriegsschauplätzen allemal durch Straßenzüge bedingt werden, die niemals völlig gerade Linien sind.

Nach dem obigen einfachen Bilde ist der Ausdruck „innere Operationslinie" durchaus in der Einzahl zu gebrauchen, weil er den geschlossenen Anmarsch der einheitlichen Heeresmasse in die Mitte zwischen den feindlichen Heerteilen zum Ausdruck bringen soll. Während der demnächst folgenden Kampfentscheidungen muß nun aber in der Regel ein Hin- und Herwerfen des einheitlich vorgerückten Heeres von einer Seite zur anderen erfolgen, d. h. die auf innerer Seite operierende Partei wird jetzt abwechselnd in zwei auseinander laufenden Richtungen vorgehen, und unter Umständen wird gleichzeitig ein kleinerer Heerteil nach der einen Seite hin zur Deckung verwendet werden müssen, während die Hauptmasse nach der anderen Seite hin schlägt. Hält man sich bei der Betrachtung vorzugsweise an diese Periode des exzentrischen Schlagens nach zwei Seiten, so liegt es allerdings nahe, von einer Mehrzahl der inneren Linien zu sprechen, auf welchen die Entscheidung sich vollzieht.

Jomini begnügt sich nun nicht damit, den Gegensatz zwischen inneren und äußeren Operationslinien wissenschaftlich zu erörtern, sondern er vertritt zu gleicher Zeit mit Wärme und Geschick den Satz, daß der inneren Linie eine fast, unbedingte Überlegenheit über die äußeren innewohne, welche nur durch ein ganz außerordentliches Mißverhältnis der beiderseitigen Streitkräfte wieder in Frage gestellt werden könne.

Und allerdings sind die Kriegstaten Napoleons I. eine fast ununterbrochene Kette von Erfolgen in Ausnutzung der inneren Linie zu nennen. Das zu allen Zeiten und unter allen Verhältnissen vorhandene Bedürfnis, das eigene Gebiet gegen feindliche Unternehmungen zu decken, hatte die Feldherrnkunst der alten Monarchie dazu geführt, ihrem strategischen Aufmarsch in der Regel eine sehr große Breitenausdehnung zu geben, und der Napoleonische Grundsatz „in Masse vorzubrechen" — wie er selbst es nannte, — fand daher seine beste Anwendung in der Regel in der Art, daß die Mitte der feindlichen Aufstellung zum Zielpunkt gewählt wurde. Zu einer Zeit, wo sich der Nachrichtenverkehr während der Operationen noch ausschließlich auf die Leistungsfähigkeit des Pferdes gründete, durfte man wohl mit Sicherheit darauf rechnen, daß den in größerer Entfernung von einander befindlichen Heerteilen oder Teilheeren des Feindes ein wirklich gut zusammenstimmendes Handeln nicht möglich war. Die Nachrichten von der einen Seite zur anderen, die Befehle von hier nach dort konnten damals unmöglich rechtzeitig genug eintreffen, um den stets wechselnden Verhältnissen des Krieges Rechnung zu tragen. Napoleon selbst sagt nach Abschluß seiner Feldherrnlaufbahn: „In von einander entfernten Richtungen ohne Verbindungen untereinander zu operieren ist ein Fehler, welcher gewöhnlich einen zweiten begehen macht. Die entsendete Kolonne hat nur für den ersten Tag Befehle, ihre Operationen für den zweiten Tag hängen von dem ab, was bei der Hauptkolonne geschehen ist; entweder verliert sie also Zeit, um Befehle abzuwarten oder sie handelt auf gut Glück." Und an anderer Stelle: „Es ist ein Grundsatz, alle Kolonnen einer Armee immer derart vereinigt zu halten, daß der Feind sich nicht zwischen sie einschieben kann."

Sobald Napoleon sich einmal zwischen zwei feindliche Heerteile oder Teilheere eingeschoben hatte, war ihr Schicksal in der Regel besiegelt. Er täuschte den einen Gegner durch eine schwächere, aber mit Entschlossenheit auftretende Heeresabteilung und fiel den anderen mit versammelten Massen so kräftig an, daß er nicht zu widerstehen vermochte. War dieser geschlagen, so wandte er sich gegen den bis dahin nur beschäftigten Feind zurück. So hat er 1796 begonnen und nach den gleichen Grundsätzen hat er noch 1815 gehandelt, und es gibt unter seinen zahlreichen Feldzügen doch immer nur wenige Fälle, — 1800, 1806, 1807, Frühjahr 1813 — wo man die Feldzugsanlage als „das strategische Leuthen" in Jominis Sinne, als die Umgehung des einen feindlichen Flügels mit gesamter eigener Macht ansprechen kann. Das überzeugendste Beispiel dieser Art ist 1806.[17] Die großartige Einleitung von 1805 aber, die auch zuweilen dazu gerechnet wird, ist mit Rücksicht auf die im Anmarsch befindlichen Russen als eine Operation zur Gewinnung der inneren Linie zu bezeichnen. Auf die doppelte Umfassung, auf die Ausnutzung äußerer Linien, ist Napoleon da, wo er die Gestaltung der Dinge mit einiger Freiheit selbst in die Hand nehmen konnte, von Anfang an niemals ausgegangen, weil er — gerade wie Jomini — ihren Grundgedanken für fehlerhaft hielt. Wenn er im Laufe der Operation von 1805 Mack gegenüber konzentrisch handelte, so geschah es, weil ihm die einge-

---

[17] Jomini hat am 15. September 1806 seinem kommandierenden General, Marschall Ney, eine Abhandlung über die nach seiner Ansicht zweckmäßigste Führung des bevorstehenden Krieges eingereicht, worin er den Vormarsch mit versammelter Kraft aus Franken in Richtung auf Gera-Leipzig empfiehlt, also die Operation, die demnächst zur Ausführung kam. Er sieht sie dabei als eine Operation auf innerer Linie an, weil er ein russisches Eingreifen von Anfang an erwartet. Der Kaiser war hierüber jedenfalls besser unterrichtet und darum erscheint mir für 1806 die obige Auffassung als die richtige.
Jominis Abhandlung ist zweifellos abermals ein Zeichen, daß er seinen Feldherrn verstanden hatte; man hat sie aber wohl häufig über Gebühr bewundert. Er kannte die Verteilung des französischen Heeres in seinen süddeutschen Quartieren und hat unbedingt am 15. September schon die ersten Anweisungen für den demnächstigen Vormarsch mindestens des eigenen Armeekorps in Händen gehabt, aus denen er auf die Absicht des Kaisers schließen konnte (vergl. Lecomte „Jomini" S. 33 ff. und Correspondance de Napoléon 1806, Schreiben an Berthier vom 5. September)

tretene Gunst der Lage nunmehr erlaubte, auf die Gefangennahme seines nächsten, sehr viel schwächeren Gegners auszugehen. Und wenn auch sonst noch in einzelnen Fällen Ähnliches von ihm geschah, — wie bei Preußisch-Eylau, bei Landshut-Eggmühl und bei Bautzen —, so hat er die zufällig entstandenen Umstände eben in der Art ausgenutzt, wie man am raschesten zum wirksamen Gebrauch der Streitkräfte gelangte; er war selbstverständlich viel zu sehr Realist und zu wenig Sklave einer bestimmten Form, daß er sich um ihretwillen deutlich greifbare Erfolge hätte sollen entgehen lassen.

Es liegt nicht im Plane dieser Arbeit, die Richtigkeit dieser Auffassung durch eingehende Vorführung einer größeren Reihe von Beispielen zu erweisen. Ich kann mich zu diesem Zweck einfach auf Jork von Wartenburg berufen, dessen ganzes Buch „Napoleon als Feldherr" dem Nachweis gewidmet ist, daß dies wirklich die Anschauung und stets gleiche Praxis seines Helden war. Jorks Zeugnis ist dabei um so beweiskräftiger, als er sehr wohl weiß, daß sich seit den Tagen des großen Korsen gar manches auf dem Gebiet des Krieges geändert hat, und als er doch sicherlich nicht ohne Zweifel und Bedenken dahin gelangt war, die innere Überlegenheit der Napoleonischen bzw. Jominischen Lehre immer wieder auf neue zu betonen.

Ich habe bis jetzt den Begriff Zentrumsdurchbruch nur im strategischen Sinne gebraucht, die Heeresoperation darunter verstanden, welche sich in die Mitte zwischen zwei feindliche Heeresgruppen einschiebt, um demnächst abwechselnd nach beiden Seiten hin zu schlagen. Aber ich muß gleich hier anknüpfen, wie sehr nahe das unmittelbar taktische, keilförmige Eindringen in die Mitte einer feindlichen Schlachtordnung mit dem Wesen der Operation auf innerer Linie verwandt ist. Schnelligkeit ist bei dem Hin- und Herwerfen einer zentralen Masse zwischen mehreren Gegnern eine Hauptbedingung des Erfolges; denn wenn den getrennten Feinden die Zeit zu ausgiebiger Verständigung gelassen wird, werden sie schließlich doch zu übereinstimmendem Handeln gelangen. Soll der Sieg in der Schlacht aber rasch errungen werden, so wird in vielen Fällen der frontale Ansturm gegen die Mitte der feindlichen Schlachtlinie schon darum als ein besonders geeignetes Mittel erscheinen, weil die Flügel gut angelehnt oder durch Verschanzungen erheblich verstärkt worden sind. Immer aber gibt das taktische Durchbrechen des feindlichen Zentrums unmittelbar einen bedeutenden Schlachterfolg, es macht einen gewaltigen Eindruck auf das feindliche Heer und verhindert auf lange Zeit hinaus die Wiederherstellung, der Ordnung in seinen Reihen. Es erlaubt also dem Sieger, die Verfolgungsabteilung verhältnismäßig schwach zu bemessen und ein möglichst hohes Maß von Streitkräften dahin herumzuschwenken, wo der noch unbesiegte Gegner steht. Die nicht zu bestreitende Vorliebe Napoleons für den taktischen Zentrumsdurchbruch ist somit eine richtige Folge seines strategischen Denkens und aus diesem völlig erklärt. Und für diesen Zweck hat er Formen geschaffen, die uns heute, nach der gewaltigen Verbesserung der Feuerwaffen, geradezu ungeheuerlich erscheinen müssen, die aber damals immerhin möglich waren, wenn der Taktiker sie auch durchaus nicht als den idealen Ausdruck des innewohnenden Gedankens ansehen kann. Eine Divisionsmasse von 8—10 Bataillonslinien zu je drei Gliedern dicht aufgeschlossen hintereinander ist nur mit der altgriechischen Phalanx zu vergleichen, übertrifft sie sogar noch an Tiefe und steht ihr an Schwerfälligkeit völlig gleich. In vier derartigen Massen geht das Korps Erlon am Tage von Waterloo gegen die englischen Linien vor. Das war aber noch keineswegs der stärkste Ausdruck des Durchbruchsgedankens aus der Schlachtenpraxis Napoleons; denn die Lücken zwischen den vier Kolonnen waren so groß, daß man jede Division auch in zwei Linientreffen hätte entwickeln können. Am Tage von Wagram, wo ihm die Österreicher selbst zum Teil in Bataillonskolonnen formiert entgegentraten, hat der Kaiser fünf Infanterie-Divisionen (56 Bataillone) zu drei nahe hintereinander befindlichen Massen von etwa doppelter Bataillonsfront verbinden lassen, um mit dem wuchtigen Stoß dieser Pha»lanx von 80—100 Gliedern Tiefe eine Lücke in die feindliche Schlachtordnung zu brechen. Natürlich spielte beim Sturm eines solchen Gewalthaufens das Feuergewehr der Infanterie durchaus gar keine Rolle, die 30 000 Streiter hätten ebenso gut mit Piken wie mit Flinten bewaffnet sein können.

Für unsere hier vorliegende Betrachtung ist es von Interesse, daß Jomini in die späteren Bearbeitungen seines theoretischen Werkes die verschiedensten Muster engster Massenformationen der Infanterie aufgenommen hat und daß sich noch in der Ausgabe von 1855 jene Divisionsmasse aus dicht hintereinander stehenden Bataillonslinien findet, die gedrängteste Versammlung, in welcher ein solcher Truppenkörper überhaupt aufgestellt werden kann. Obgleich diese

Formation bei Waterloo am Feuer der englischen Linien gescheitert ist und obgleich Jomini ganz im allgemeinen wiederholt die Bemerkung macht, daß Napoleon in der Anwendung der Massenordnung (ordre profond) zu weit gegangen sei, kann er sich doch nicht entschließen, sie völlig zu verwerfen. Er begnügt sich damit, diese Formation als einigermaßen unbehilflich zu bezeichnen und einer Linie von Bataillonskolonnen mit kleinen Zwischenräumen den Vorzug zu geben.

Erst in einem Nachtrage, der nach der Schlacht an der Alma geschrieben ist, kommt Jomini zu dem Schluß, daß die Formation besonders großer und tiefer Kolonnen nunmehr durch das gezogene Gewehr (Vorderlader) völlig unmöglich gemacht sei. Immerhin betont er aber auch hier noch einmal wieder einen Hauptsatz seiner ganzen Lehre, daß es darauf ankomme, im geeigneten Augenblick die Masse der eigenen Truppen auf den entscheidenden Punkt des Schlachtfeldes zu werfen. Daß durch die Steigerung der Feuerwirkungen der Zentrumsdurchbruch jemals in Frage gestellt werden könnte, daran hat Jomini also noch nicht gedacht. —

Es ist vorher hervorgehoben worden, daß Schnelligkeit ein ganz besonderes Merkmal der Operation auf innerer Linie sein muß. Dieser Anforderung entsprach das französische Heer der Napoleonischen Zeit zunächst dadurch, daß es die Zelte und Zeltwagen ganz abgeschafft und die Offizierbagage auf ein Mindestmaß beschränkt hatte. Die Truppen nutzten entweder die vorhandenen Ortschaften aus oder sie lagerten unter freiem Himmel. Dann aber war das ganze Verpflegungswesen auf eine einfachere Weise geregelt. Im 18. Jahrhundert lag der Schwerpunkt der Verpflegung in der völlig regelmäßigen Lieferung einer Portion guten, d. h. vor allem nicht zu alten Brotes, und diese unbedingte Regelmäßigkeit der Brotlieferung war geradezu die erste Aufgabe der Führung, damit der geworbene Soldat nicht etwa wegen mangelhafter Innehaltung des Kontrakts von Seiten des Kriegsherrn ein gewisses Recht auf Verlassen der Fahne erlangte. Alle weiteren Lebensbedürfnisse mußten die Mannschaften aus ihren Geldgebührnissen bestreiten, und sie fanden die Gelegenheit zu ihrer Beschaffung in der Regel auf Märkten im Innern der Lager, wo die Bürger und Bauern der Umgegend ihre Waren feilbieten konnten.

Mit der Revolution war nun der Grundsatz aufgekommen, die

Lebensmittel zu nehmen, wo und wie man sie fand. Im Quartier hatte der Quartierwirt dafür aufzukommen, nötigenfalls die Gemeinde auszuhelfen; im Freilager holte man aus den nächsten Ortschaften, was man brauchte, und wenn man nichts anderes fand, als lebendes Vieh, so konnten sich die Mannschaften daraus und aus dem im Tornister mitgeführten Schiffszwieback und Reis eine ausreichende Mahlzeit bereiten. Bei diesem Verfahren mußte freilich ein Schwelgen im Überfluß mit mäßiger Ernährung abwechseln; so lange man aber mit Raschheit von einer Gegend in die andere zog, konnte es in den dichter bevölkerten Gebieten von Mittel- und Westeuropa nur selten dazu kommen, daß die Gefahr des Hungers zu anderen Verpflegungsmaßnahmen zwang. Für solche Fälle führten die großen Truppenverbände in Fuhrwerkskolonnen und Schlachtviehherden eine Verpflegungsreserve mit sich, der Umfang dieses Trosses reichte aber nicht entfernt an die Unmasse von Brot- und Mehlwagen heran, die in der eben abgelaufenen Zeit zu dem unbedingt nötigen Apparat eines jeglichen Heeres gehörten.

Mit Artillerie wurden die Heere nicht wesentlich stärker ausgestattet als in der letztgenannten Periode; in Bezug auf Schießbedarf für Geschütze und Gewehre hielt man ebenfalls im allgemeinen noch an den bisherigen Sätzen fest. Das gesamte Material des Heeres aber war leichter geworden, nachdem der Gesichtspunkt rascher Bewegungen einmal in den Vordergrund getreten war.

Von ganz besonderer Wichtigkeit für die erleichterte Bewegung war die völlig veränderte Einteilung des Heeres. Die „große Armee" des französischen Kaisers zerfiel in eine Reihe selbständiger Armeekorps, in: allgemeinen nicht unter acht, und in die Armee-Reserve-Kavallerie. Jedes Armee-Korps bestand aus mehreren Infanterie-Divisionen (2 — 5), einer Kavallerie-Brigade und der Artillerie-Reserve. Die Armee-Reserve-Kavallerie war anfänglich nur in Divisionen, später — als sie immer zahlreicher wurde — in Kavallerie-Korps eingeteilt. Die dauernde Einteilung in Korps und Divisionen von gesteigerter Selbstständigkeit erleichterte die Befehlsgebung des Oberkommandos und ermöglichte es, die Truppen während der Bewegungen so auszubreiten, daß sie ihren Unterhalt finden konnten, ohne daß sie darum der Oberleitung aus der Hand kamen. Man muß sich ausbreiten, um zu leben, und sich wieder zusammenziehen, um zu schlagen, das ist der große Grundgedanke neuen Zweiges der

Kriegswissenschaft, den Jomini genannt hat und der nicht nur die veraltete ersetzt, sondern zugleich auch die zweckmäßige Anordnung der Märsche umfaßt. Ein sorgfältig ausgewählter Generalstab wird zur ständigen Organisation und bildet die neue Technik der Heeresbewegungen aus.[18]

Die Märsche großer Truppenmassen halten in der Napoleonischen Glanzzeit eine merkwürdige Mittellinie zwischen den Heeresbewegungen aus der Zeit der Lineartaktik und zwischen unserer heutigen Praxis auf diesem Gebiet. Man war damals freilich schon sehr weit entfernt von jener ängstlichen Anschauung des 18. Jahrhunderts, welche in der Nähe des Feindes jedes auch nur zeitweise Aufgeben der eigentlichen Schlachtordnung als eine Gefahr ansah und welche lieber die verschiedenen Treffen- oder Flügel-Kolonnen des Heeres ohne Weg und Steg auf sogenannten Kolonnenwegen marschieren ließ, als daß sie ihnen erlaubt hätte, von der ständigen Innehaltung der richtigen Entwicklungsabstände abzusehen oder die Marschtiefe des einzelnen Truppenteils über das Maß seiner Frontbreite zu verlängern. Das Heer Friedrichs des Großen führte seinen oft meilenweiten Anmarsch auf das Schlachtfeld als ein völlig einheitlicher Körper aus, der in allen seinen Teilen zu gleicher Zeit immer dieselben oder doch in Wechselbeziehung stehende Bewegungen auszuführen hatte und auf das direkte, von den Zwischeninstanzen abgenommene und weitergegebene Kommando des höchsten Befehlshabers antrat und hielt, einschwenkte oder aufmarschierte und zum Angriff schritt. Von solchem Schematismus hatte die Napoleonische Zeit sich frei gemacht und die richtige Ausnutzung des Wegenetzes war eine der wichtigsten Aufgaben der neuen Generalstabswissenschaft geworden. Man war sich auch wohl völlig bewußt, daß dieses Verfahren bei lang andauernden Marschbewegungen nicht nur die größte Schnelligkeit verbürgt, sondern auch trotz aller unvermeidlichen Umwege die Truppen am meisten schont. Wenn aber die Schlachtentscheidung nahte, wenn es sich darum handelte, überwäl-

---

[18] Jomini leitet das Wort Logistik von der Tätigkeit des Majorgénéral des logis bei der Anweisung der Lagerplätze für die Truppen her; es ist aber aus dem Griechischen entnommen und bedeutet einfach Rechenkunst. Denn das Rechnen spielt in den Arbeiten des Generalstabs bei Anordnung von Märschen, Lagern, Quartieren, bei Verpflegungsmaßnahmen und dergl. eine große Rolle, Logistik ist unsere „Generalstabswissenschaft."

tigende Massen auf den einen Punkt zu werfen, wo mit Aufgebot der höchsten Anstrengung der Sieg sicher gestellt werden sollte, dann entsann man sich der Gepflogenheiten einer früheren Zeit und führte die Truppen nicht nur auf den Straßen, sondern auf rasch ausgesuchten Kolonnenwegen an das Schlachtfeld heran. Auf den Straßen, wo Artillerie und Fahrzeuge den Vorrang hatten, wurden dabei die Marschkolonnen so breit gemacht, als nur irgend angängig war, außerhalb der Straßen war die geschlossene Zugkolonne die vorzugsweise angewendete Bewegungsform. Es muß dabei sehr oft zu großen Reibungen und Schwierigkeiten gekommen sein, wenn sich Wasserläufe, Talsenkungen und Geländehindernisse aller Art der Bewegung entgegenstellten, und ganz sicherlich ist aus solchen Gründen gar manche Marschbewegung auch völlig mißglückt. Die Anstrengung der Truppen ist zweifellos allemal eine ganz außerordentlich gesteigerte gewesen, sobald dies Verfahren zur Anwendung kam, und trotz der von jeher anerkannten Marschtüchtigkeit der französischen Infanterie hat sie unbedingt gerade durch solche Anordnung der Märsche sehr häufig ihre bedeutendsten Abgänge erlitten. Wenn wir aber beim Studium Napoleonischer Kriegsgeschichte oft in die Lage kommen, die erstaunliche Schnelligkeit zu bewundern, mit der der Kaiser große Truppenmassen von einem Punkte auf den anderen warf, so ist in dem oben geschilderten Verfahren der Schlüssel zu solchen Erscheinungen zu suchen. Und wenn Jomini in seinem letzten Werke bei Besprechung von Rückzügen für die Bewegung eines Korps von 30 000 Mann auf einer Straße nur zwei Stunden berechnet, bis ein weiteres Korps aus demselben Lager nach demselben Zielpunkt zu folgen vermag, so liegt hier durchaus nicht etwa ein sachlicher Irrtum vor, wie der taktische Schüler heutiger Zeit leicht denken könnte, sondern Jomini hat Marschanordnungen im Sinne, wie sie oben besprochen worden sind. Er erklärt auch ganz ausdrücklich, daß es genüge, wenn die Abmarschzeiten der verschiedenen Korps nach dem Zeitbedarf für den Ablauf ihrer Artillerie berechnet werden.[19] Wenn man sich diese besondere Technik der Napoleonischen Heeresbewegungen in der Nähe des Feindes nicht

---

[19] Précis II 114, Kap. 38. In der ersten Auflage hatte Jomini statt Artillerie „parcs^" gesetzt. Natürlich ist das Munitionsfuhrwerk und statt Artillerie „zm^" gesetzt. Natürlich ist das Munitionsfuhrwerk und auch das unentbehrlichste Truppenfuhrwerk in den Begriff Artillerie mit einzurechnen.

klar gemacht hat, kann man seine Operationsbefehle überhaupt nicht verstehen.

Aber freilich hat auch dieses wunderbare Spiel ungewöhnlich großer Anforderungen und kaum begreiflicher Leistungen schließlich seine Grenzen gefunden. Im Herbstfeldzuge von 1813 hat die Operation auf der inneren Linie es nicht mehr fertig gebracht, das übereinstimmende Handeln mehrerer feindlicher Heere zu verhindern, und der Grundsatz der abwechselnden Schläge nach verschiedenen Seiten hat völlig versagt. Es lag das nicht an einem Mißverhältnis der Kräfte auf beiden Seiten, die Verbündeten waren vielmehr dem Kaiser nur wenig überlegen. Es lag auch nicht an der Einwirkung ganz ungewöhnlicher und unberechenbarer Zufälle, als welche z. B. Bandammes Niederlage bei Kulm so häufig hingestellt wird. Denn wer zur Verherrlichung von Napoleons Feldherrntum dieses Mißgeschick von seinem Konto absetzen und sich seine Operation so ausmalen will, wie sie bei glücklichem Erfolge Bandammes zu werden vermochte, der darf doch auch nicht übersehen, daß es für Napoleon unmittelbar vorher ein ganz unerhörter Glücksfall gewesen war, Dresden noch unberührt im Besitz seiner verhältnismäßig schwachen Besatzung zu finden. Ein wenig mehr Führungsgeschick auf Seite der Verbündeten am Vorabend der Schlacht von Dresden und der Kaiser war in einer Lage, die man fast eine verzweifelte nennen kann, aus der jedenfalls ein wirklich glücklicher Ausgang, nur sehr schwer zu finden war.

Der Grund nun, aus welchem die Operation auf innerer Linie im Herbstfeldzuge von 1813 völlig versagte, liegt in dem Anwachsen der Heere, in der unbehilflichen Schwerfälligkeit der Massen, welche mit höchster Schnelligkeit hin und her geworfen werden sollten, und welche trotz aller Künste der kaiserlichen Marschtechnik teils nicht dahin gebracht werden konnten, wo man ihrer bedurfte, teils in den furchtbar gesteigerten Anstrengungen ihre Kräfte aufrieben und verbrauchten. Daß dem wirklich so war, dafür haben wir ein höchst wertvolles Zeugnis aus Jominis Feder.

Jomini war damals nicht mehr im französischen, sondern im russischen Dienste. Er hatte nach mehrfachen Mißverständnissen mit Ney, bei dem er längere Zeit Stabschef gewesen, sowie mit Berthier, schon 1810 seinen Abschied gefordert, aber nicht erhalten. Nach erneuten Reibungen mit Berthier wurde er im Frühjahr 1813 vom

Kaiser scharf getadelt, sowie in augenscheinlich ungerechter Weise gestraft, und entzog sich der in solchen Fällen meistens höchst nachhaltigen Ungnade des Gebieters durch die Flucht zu den Russen, d. h. durch Übergang zum Feinde. Im Herbst nahm er im Stabe des Kaiser Alexander an den Ereignissen teil und sein Urteil über diesen Feldzug muß gerade darum besonders wertvoll sein, weil er bei eingehendster Kenntnis der Napoleonischen Methode nunmehr in die leitenden Gedanken derer eingeweiht wurde, die den großen Feldherrn überwanden. In seinem Précis de l'art de la guerre[20] knüpft Jomini an die Ereignisse von 1813 die Erörterung des strategischen Problems an „ob das System der zentralen Massen seine Vorteile verliere, wenn die zur Tätigkeit zu bringenden Streitkräfte allzu groß werden." ... „Es scheint mir unbestreitbar, daß eine Macht von 100 000 Mann, welche sich in zentraler Lage drei vereinzelten Armeen von 30—35 000 Mann gegenüber befindet, eine größere Aussicht hat, sie einzeln nacheinander zu überwältigen, als wie dieses bei einer Masse von 400 000 Streitern der Fall ist, welche drei Armeen von je 135 000 Mann zu bekämpfen hätte. Und zwar aus folgenden Gründen:

1. weil eine Armee von 130—140 000 Mann leicht einer auch viel beträchtlicheren Streitmacht widerstehen kann,[21] da es sehr schwer ist, das Gelände und die Zeit zu finden, um so große Massen am Tage der Schlacht zu einheitlicher Tätigkeit zu bringen;

2. weil eine solche Armee, auch wenn sie vom Schlachtfelde vertrieben ist, immer noch wenigstens 100 000 Mann behalten haben wird und sich einen geordneten Rückzug ohne allzu große Verluste zu sichern vermag, um die Verbindung mit einem der Nebenheere anzustreben;

3. weil eine zentrale Masse von 400 000 Mann eine solche Menge von Lebensmitteln, Schießbedarf, Pferden und Material aller Art erfordert, daß sie in ihrer Beweglichkeit leidet und ein geringeres Maß von Fähigkeit besitzt, ihre Wirksamkeit von einem Teil des Operationsgebiets auf den anderen zu verlegen: ganz abgesehen von der Unmöglichkeit Lebensmittel aus einer Gegend zu ziehen, die natürlich zu begrenzt ist, um solche Massen zu ernähren.

4. Endlich erscheint es als gewiß, daß die beiden Heeresteile,

---

[20] I 283.
[21] D.h. eine gewisse Zeit lang widerstehen kann. D.V.

welche die zentrale Masse den äußeren Operationslinien des Feindes entgegenstellen müßte, immer noch auf je 80—90 000 zu bemessen wären, weil es sich in jedem Falle darum handelt, 135 000 Mann in Schach zu halten. Begehen alsdann aber die Observationsarmeen die Unklugheit, sich in ernste Kämpfe einzulassen und erleiden sie Niederlagen, so können deren bedauerliche Folgen durchaus die Erfolge in den Hintergrund drängen, welche die Hauptarmee etwa inzwischen errungen hat."

Von Rechtswegen müßte man nun die Anerkennung erwarten, daß das Operieren auf äußeren Linien doch nicht so völlig zu verwerfen sei, wie Jomini es in seiner ersten Schrift hingestellt hatte, und daß es nur darauf ankomme, die Nachteile zu überwinden, die mit ihm naturgemäß verbunden waren. Im Jahre 1813 hatte man bei den Verbündeten diese Nachteile im wesentlichen dadurch überwunden, daß die Direktive an die Stelle der Disposition getreten war. Man hatte gar nicht erst den Versuch gemacht, die Bewegungen der drei Heere vorher genau nach Tag und Ort regeln zu wollen oder gar sie ständig durch wiederholte Weisungen aus einem gemeinsamen Hauptquartier zu leiten. Mai: hatte vielmehr einen einfachen und klaren Operationsgedanken in großen Zügen festgestellt und den drei Oberkommandos überlassen, danach nach Maßgabe der Umstände mit Selbständigkeit zu handeln. Es hat ja wahrlich nicht an Reibungen gefehlt, und wenn die Napoleonische Operation auf den inneren Linien nicht an jener oben geschilderten Schwierigkeit der übertriebenen Massenbildung gelitten hatte, so konnten die Gefahren des konzentrischen Vorgehens leicht noch größer werden. Aber immerhin ist der Fortschritt, der im selbständigen Handeln nach einheitlichem Grundgedanken liegt, doch ein außerordentlich großer wenn man die Dinge bis in ihre letzten Ursachen verfolgt, so ist es nicht unerlaubt zu sagen, daß im Herbstfeldzug von 1813 die Selbsttätigkeit der Unterführungen einen ihrer größten Triumphe gefeiert hat. Bedenkt man nun, daß bis zur Mitte des 19. Jahrhunderts der elektrische Telegraph als Mittel der Verständigung hinzugetreten war, so möchte man wohl glauben, daß Jomini jetzt zu anderen Ergebnissen kommen müsse als 50 Jahre vorher. Er fährt aber fort: „Trotz aller dieser Zweifel und Bedenken würde ich, sofern ich jemals eine Armee zu führen hätte, leinen Augenblick zögern, ihr in allen Fällen die innere Richtung zu geben, wo ich dies immer als das vorteilhafteste bezeichnet habe. In jedem anderen Falle würde ich ihr die Richtung auf einen Flügel des Gegners geben, wie das früher auseinandergesetzt ist. Meinen Gegnern aber würde ich das Vergnügen lassen, nach entgegengesetztem System zu verfahren."

Ich glaube, daß Jomini die politische Lage von 1813, den Riesenkampf der Völker Europas zur Niederwerfung des großen Korsen als einen Ausnahmefall angesehen hat, und daß er meinte, man brauche mit solchen Massenheeren für die Zukunft nicht weiter zu rechnen.[22] Hiermit kann ich meine Skizzierung der Jominischen Strategie im allgemeinen abschließen und füge nur noch hinzu, daß er die solide Befestigung der Basis für eine Notwendigkeit hält und daß er auch die hinter der Armee liegenden Teile der Operationlinie durch vorübergehende Befestigung der Etappenorte gesichert sehen will; endlich, daß er für den strategischen Angriff die Belagerung feindlicher Festungen als ein notwendiges Übel ansieht, das man so sehr wie

---

[22] Ich konnte hier nicht näher auf den Herbstfeldzug von 1813 eingehen, der durch die treffliche Darstellung des Major Friederich gegenwärtig wieder einmal in den Vordergrund des Interesses gerückt ist. Aber ich muß doch kurz wiederholen, was ich im Mil. Wochenblatt No, 26 von 1902 schon einmal ausgesprochen habe, daß nach meiner Überzeugung für Napoleon durchaus keine zwingende Notwendigkeit vorgelegen hat, in diesem Feldzuge auf innerer Linie zu operieren, daß es für ihn vielmehr eine sehr viel aussichtsvollere Lösung der Aufgabe gab, sobald er sich nur entschließen konnte, mit mehreren wirklich selbständigen Heeren in breiter Front zu handeln, also das Verfahren anzunehmen, welches die Gegner gleichzeitig zur Anwendung brachten. Wenn sich die größere Hälfte der französischen Gesamttheeresmasse, in zwei Armeen gegliedert, bei Eröffnung der Feindseligleiten hinter der mittleren Elbe, bzw, hinter dem Erzgebirge defensiv verhielt, die kleinere Hälfte aber als dritte Armee aus der Linie Hamburg-Magdeburg zur Offensive überging, so recht in die strategische Flanke des Kronprinzen von Schweden hinein, so war eine günstige Feldzugseröffnung jedenfalls gesichert. Die Schweden wären ganz zweifellos alsbald nach Stralsund und Rügen zurückgegangen, die übrigen Korps der Nordarmee hätten — vermutlich nach vergeblichem Ringen gegen große Übermacht — Berlin aufgeben und sich auf die Schlesische Armee zurückziehen müssen, und die französischen Besatzungen in Stettin und Küstrin wären wieder frei geworden. Daß Napoleon aber inzwischen mit den zwei Armeen des rechten Flügels hinter zwei starken Abschnitten eine aktive Verteidigung mit Erfolg zu führen vermochte, wird man mir nicht leicht bestreiten wollen. Und nunmehr wäre der Augenblick gekommen, wo er mit dem verstärkten mittleren Heere über die Elbe vorbrechen mußte, um die Fühlung mit der linken Flügel-Armee zu gewinnen und die Hauptentscheidung in der Richtung zu suchen, wo Blücher, der tätigste Gegner, sich befand und wo zugleich die russischen Verbindungen lagen.

irgend möglich einschränken muß. Auf Jominis unbedingte Vorliebe für den Angriff ist schon früher hingewiesen, und so versteht es sich von selbst, daß er die strategische Verteidigung mit höchster Tätigkeit führen will. Für den Fall eines Rückzugs im eigenen Lande gibt er dem seitlichen Ausbiegen den Vorzug, welches den Feind entweder aus der gefährlichsten Richtung ablenkt oder in der Flanke bedroht.

Jominis Schriften enthalten, zumal auf mehr taktischem Gebiet, noch manches weitere Wort von hohem Wert, wie das ja bei seiner kriegerischen Schulung kaum anders erwartet werden darf. Aber ich vermag doch das hohe Lob nicht zu verstehen, das ihm noch vor gar nicht langer Zeit Von einem besonders geistvollen Mann aus deutschen Gauen gespendet worden ist. Jorck von Wartenburgs Bewunderung für Napoleon hat ihn über gar mancherlei Unklarheit und Phrase bei dem wissenschaftlichen Apostel des großen Feldherrn hinwegsehen lassen. Jominis Behandlung der Kriegsgeschichte ist beinahe naiv zu nennen. Er fordert von Friedrich dem Großen, daß er beim Beginn des siebenjährigen Krieges seine sämtlichen Streitkräfte in Oberschlesien vereine und dann in 14 Tagen nach Wien marschiere, ohne sich irgendwie um Olmütz und Brunn oder um irgend etwas anderes zu kümmern. Es fehlt also Jomini der wirklich historische Sinn, das Verständnis für die Verhältnisse der Zeit, mit denen Friedrich der Große unbedingt zu rechnen gezwungen war; er hat — obgleich der Beginn seiner militärischen Laufbahn noch durchaus in die Periode der großen Umwandlungen auf dem Gebiete des Heerwesens hineinfällt — doch durchaus keine klare Vorstellung, von der Größe des Unterschieds, der die kriegerische Organisation des Königreichs Preußen von 1756 von derjenigen des französischen Kaiserstaats im Jahre 1805 trennt. Das Gleiche war ja allerdings auch in gewissem Maße bei Napoleon der Fall, der ein eigentlich kriegsgeschichtliches Studium in unserem heutigen Sinne so gut wie gar nicht betrieben hatte und der daher für die Vergangenheit durchaus kein immer zutreffendes Urteil besaß, wenn ihm auch natürlich sein durchdringender Verstand eine gelegentliche Sentenz von blendender Wirkung ermöglichte. Aber Jomini hatte wenigstens die Lloyd-Tempelhoffsche Geschichte des siebenjährigen Krieges eingehend kennen gelernt, indem er sie zur Grundlage seiner eigenen Kriegslehre wählte, und seine Unfähigkeit, sich in die Bedingungen der Zeit zu versetzen, muß daher im höchsten Grade befremden.

Theodor von Bernhard: bezeichnet Jomini als einen „flachen Geist, der selbst da, wo er das Rechte trifft, doch eigentlich selbst nicht weiß, warum es das Rechte ist." Das Urteil ist hart und wohl einigermaßen übertrieben zu nennen; das eine ist aber jedenfalls klar, daß es für die Franzosen zum wirklichen Verhängnis werden mußte, wenn ihre theoretische Kenntnis vom Wesen des Krieges für mehrere Menschenalter auf Jominis Schriften begründet blieb. Denn so sehr es auch berechtigt ist, ihn als den wissenschaftlichen Vertreter der Napoleonischen Kriegskunst zu bezeichnen und so sehr ihn Napoleon in diesem Sinne selbst anerkannt hat, so bleibt doch immer bestehen, daß der Feldherr ein großer Künstler von geradezu wunderbarem Blick für das Tatsächliche und Wirkliche gewesen ist, einer der hochbegabtesten und gewaltigsten Männer aller Zeiten, und daß Jomini doch immerhin nur ein tüchtiger Generalstabsoffizier war, der die Hauptgedanken des Meisters richtig verstanden hatte. Wir werden demnächst Gelegenheit haben, zu erkennen, wie deutsche Gründlichkeit bei Betrachtung der Napoleonischen Kriegs-Periode zu einer wesentlich tieferen Auffassung von dem Wesen der Kriegskunst gelangen konnte, deren ungeheurer Vorzug in ihrer Entwicklungsfähigkeit lag. Daß Jomini jede Weiterentwicklung seiner Lehre nach Maßgabe veränderter Verhältnisse völlig ablehnt, das habe ich vorher mit seinen eigenen Worten nachgewiesen. Weil dem so war, darum hätte nur ein völliger Bruch mit Jomini die Franzosen vor der Erstarrung bewahren können. Einem solchen Bruch stand aber die Anerkennung aus dem Munde des Meisters hindernd entgegen.

Es zeigt sich hier etwas ähnliches wie einst in Preußen nach Friedrich dem Großen. Der große König hat von seinem Bruder Heinrich, mit dessen ängstlicher und tatenscheuer Denkart er während des Krieges selbst recht oft recht wenig zufrieden war, bekanntlich nachher gesagt, Prinz Heinrich sei der Einzige gewesen, der keinen Fehler gemacht habe. Wenn er geahnt hätte, wie die Strategen des Galanteriedegens, die Vertreter der gelehrten Manöver, der Bedrohungen, Diversionen, Ombragen usw., kurz wie die Leute vom Schlage Bülows die Kriegskunst des Prinzen Heinrich weiterentwickeln würden, so hätte er ihm jene Anerkennung wahrscheinlich versagt.

IV. Erzherzog Karl

Eine theoretische Abhandlung über die Kriegskunst, welche von einem vielseitig gebildeten Feldherrn auf Grund seiner eigenen Erfahrungen in mehreren Feldzügen verfaßt wird, muß unter allen Umständen unsere Beachtung verdienen. Erzherzog Karl hatte 1796 gegen Jourdan und Moreau einen sehr glücklichen Feldzug in Süddeutschland geführt und 1799 auf demselben Kriegsschauplatz abermals über Jourdan gesiegt; er hatte ferner 1799 im Alpengebiete als Heerführer gegen Bonaparte und im Jahre 1805 in Oberitalien gegen Massen im Felde gestanden, ehe er 1806 eine strategisch-taktische Schrift herausgab, die den Titel „Grundsätze der Kriegskunst für die Generale der österreichischen Armee" führte. Nachdem er dann im Jahre 1809 in lange schwankendem Kampfe mit Napoleon um die Siegespalme gerungen hatte, unternahm er die Bearbeitung eines größeren Werks, das die „Grundsätze der Strategie" behandelt und mit einer kritischen Darstellung seiner eigenen ersten und zugleich besten Feldherrnleistung, des Feldzugs von 1796 in Deutschland, zu einem Ganzen verbunden ist.

Der strategische Inhalt jener früheren, für die Generale des kaiserlichen Heeres bestimmten Schrift ist naturgemäß in die „Grundsätze der Strategie" übergegangen, und so kann ich mich vor allem an dieses Buch halten, das 1813 zunächst einem kleineren Kreise von Fachmännern zugänglich gemacht wurde, 1814 aber auch im Buchhandel erschien.[23]

In ihm stellt Erzherzog Karl nun als leitenden Hauptsatz den folgenden auf: „Die Ereignisse des Krieges haben so entscheidende Resultate, daß es die erste Pflicht des Feldherrn ist. für die möglichste Sicherheit des Erfolges zu sorgen. Diese aber kann nur dort stattfinden, wo die zur Führung des Krieges unentbehrlichen Mittel vorhanden sind; folglich nur bei einer Armee, die im Besitze jener Gegend ist, aus welcher diese Mittel gezogen — und jener Wege, auf welchen sie herbeigeführt werden. Jede Aufstellung und jede Bewegung muß daher volle Sicherheit gewähren für den Schlüssel des

---

[23] Neu aufgelegt 1893 in Wien und Leipzig: Ausgewählte Schriften Weiland Sr, Kaiserlichen Hoheit des Erzherzogs Karl von Österreich. Band I und II.

rückwärtigen Landes, für die Operationsbasis, auf der die Vorräte aufgehäuft werden, für die Kommunikationen mit diesen letzteren und für die Operationslinie, welche die Armee ergriffen hat, um von der Basis zu dem Operationsobjekte zu gelangen. Ein Grundsatz, von welchem man nie (!) abweichen darf und in welchem das wesentliche der Strategie besteht."

Der Erzherzog führt alsdann aus, daß die Wirkungssphäre eines strategischen Punktes soweit reiche, als die dort stehende Armee imstande ist, sich jedem feindlichen Vormarsch vorzulegen, ehe derselbe das eigene, von der Armee zu deckende Gebiet berührt. Acht mathematische Figuren mit Winkeln, Dreiecken und Kreisen suchen alle irgend denkbaren Fälle dieser Art dem Verständnis des Lesers nah zu bringen. Ich verzichte auf ihre Wiedergabe und bemerke nur, daß sie einerseits mit vielen Umschweifen ganz Selbstverständliches beweisen, daß andererseits aber doch die Ergebnisse höchst anfechtbar bleiben, weil im Kriege nicht nur die Entfernungen, sondern auch Lage, Zahl und Beschaffenheit der Wege von Einfluß sind.

Der Erzherzog sagt dann weiter:

„Ist nun die Deckung der Basis und der Kommunikationen in dem Entwürfe des strategischen Planes nach ihrem ganzen Umfange berücksichtigt worden, und hat sich der Feldherr darüber die volle Gewißheit zu verschaffen gewußt, so muß in der Offensive mit der kühnsten Lebhaftigkeit vorgedrungen, in der Defensive aber jede genommene Stellung auf das äußerste verteidigt werden. Dagegen wird beides unmöglich und der Staat den verderblichsten Folgen ausgesetzt, wenn der erste Grundsatz vernachlässigt worden."

Die besondere Betonung der kühnsten Lebhaftigkeit in der Offensive klingt ja freilich unserem modernen Empfinden sehr angenehm. Aber man kann doch nicht umhin, jene Worte als einen schönen Schmuck der Rede ohne besonders tiefgehenden Sinn zu bezeichnen. Denn der Hauptgrundsatz der erzherzoglichen Schriften ist keineswegs Kühnheit sondern ausgesprochenste Vorsicht, eine Vorsicht, wie sie der praktische Feldherr freilich auch zu wiederholten Malen, aber doch keineswegs immer gezeigt hatte. Und dieser Grundzug der Vorsicht ist darum so sehr zu bedauern, weil er als der Weisheit letzter Schluß aus dem Munde eines Mannes von so bedeutender praktischer Erfahrung erscheint.

Schon Erzherzog Karls erster Grundsatz, daß jede Aufstellung und jede Bewegung volle Sicherheit für die Basis und die Verbindungen gewähren müsse, setzt der Anwendung wirklicher Kühnheit recht ernste Hindernisse entgegen. Denn wer mit entschlossenem Sinn auf seines Gegners größtes Verderben ausgehen will, der muß bestrebt sein, ihn in Flanke und Rücken zu fassen, um ihn von seinen Verbindungen abzudrängen, und ein solches Verfahren wird ohne jede Gefahr für die eigenen Verbindungen wohl nur in den allerseltensten Fällen durchführbar sein. Sowie also die volle Sicherheit des eigenen Rückens für die unbedingte Voraussetzung jeder Unternehmung erklärt ist, wird die Möglichkeit eines großen und bedeutenden Erfolges aufs äußerste beschränkt und der kräftige Gebrauch des Heeres selbst bei großer Überlegenheit zu einem ganz ungewöhnlichen Wagnis gestempelt. Der Erzherzog stellt jenen ersten Satz aber nicht nur im Beginn des Werkes einmal hin, sondern er wiederholt ihn immer wieder bei den verschiedensten Gelegenheiten, um völlig klar zu machen, daß er ihn ernstlich meint.[24]

Die „Grundsätze der Strategie" lassen, soweit wie irgend möglich, alles Taktische bei Seite. Wir müssen daher, um die Vorsicht des Erzherzogs in ihrem vollen Umfange zu erkennen, noch einige Stellen aus seinen anderweitigen theoretischen Schriften heranziehen. Da finden sich denn in seinen „Beiträgen zum praktischen Unterricht im Felde", die zwischen 1806 und 1813 herausgegeben sind, die folgenden Satze:[25] „Die Reserve darf nur dann in das Gefecht gezogen werden, wenn ihre Mitwirkung ohne allen Zweifel entscheidend, oder wenn man versichert ist, daß sie sich so lange an der Stelle einer vorwärts gestandenen und geworfenen Truppe werde soutenieren können, bis diese sich hinter ihr wieder gesammelt und ihren Platz eingenommen hat. In jedem anderen Falle bleibt die Reserve zur Deckung des Rückzugs bestimmt, um die gänzliche Zersprengung und Aufreibung des Korps zu verhindern. Dieser Zweck ist der wichtigste von allen, weil es leichter wird, den Verlust einer Position als die Zerstörung eines Korps zu ersetzen, wenige außerordentliche Fälle ausgenommen, wo das Wohl des
Ganzen die Aufopferung eines Teiles fordert" ...

---

[24] S. 245, 248/9, 283, 285, 330. Außerdem in demselben Bande „Grundsätze der höheren Kriegskunst" S, 6 und 50, sowie „Beiträge zum praktischen Unterricht im Felde" S. 145, 149, 151.
[25] Auserwählte Schriften I 144, 147, 143.

„Die Reserve folgt hinter der Mitte oder jenem Flügel, der zum entscheidenden Angriffe bestimmt ist. Sie darf wohl hier und dort zum Gefechte gezogen werden, wenn es nur eines letzten Druckes zur Vollendung des Sieges bedarf, sonst ist ihr Hauptzweck stets die Versicherung und Deckung des Rückzugs." Diese Sätze schließen grundsätzlich einen ansehnlichen Teil der vorhandenen Kraft von dem Ringen um die Entscheidung aus und stellen zugleich den Rückzug als den eigentlich natürlichen Abschluß eines jeden Gefechts hin. Und weiter: „Öfters sieht man sich genötigt, Punkte besetzen zu müssen, hinter welchen sich tiefe Gründe, Schluchten u. dergl. befinden, weil nicht selten Korps detachiert werden, um einige Zeit Meister von den Debouchen der Defileen zu bleiben. Der Gefahr einer solchen Aufstellung, die die Aufreibung eines Korps zur Folge haben kann, wenn es von dem Feinde in das Defilee zurückgeworfen wird, ist nur dadurch vorzubeugen, wenn ein beträchtlicher Teil desselben als Reserve hinter dem Defilee stehen bleibt, um die Vortruppen bei ihrem Rückzuge aufzunehmen, zu decken, den Gegner in der Verfolgung aufzuhalten und den Gewordenen Zeit zur Erholung und zum Sammeln zu geben". Hier tritt der innere Widersinn einer solchen Vorsicht um jeden Preis noch stärker hervor, denn wenn die geschlagene Truppe erst glücklich durch ein Deftlee zurückgegangen ist, kann sie sich in der Regel auch als geborgen ansehen, weil die Sperrung eines Defilee-Ausgangs, aus welchem der Gegner vorbrechen will, eine verhältnismäßig leichte Aufgabe ist. Dieser Aufgabe kann auch die zurückgehende Truppe selbst genügen und zu ihr braucht sie keine Reserve; vorwärts des Engweges aber würde die Reserve dazu mitwirken können, daß man den eigentlichen Zweck erreicht.

Mt allen diesen Regeln des Erzherzogs ist ein entschlossenes und kräftiges Handeln gar nicht zu vereinen, sie alle aber sollen fest und unverbrüchlich gelten. „Nur dann, wenn das letzte, für die Existenz des Staates entscheidende Objekt im Begriffe ist, in die Hände des Feindes zu fallen, wenn gar kein anderes Rettungsmittel übrig bleibt, darf der Feldherr die Schlacht auch mit geringeren Kräften wagen; dann darf er von allen Regeln abgehen und ohne andere Rücksichten nur den Punkt anfassen, wo er den Sieg am leichtesten erringen kann. Es ist der Kampf der Verzweiflung, dessen Mißlingen man nicht überlebt. Es ist dann gleichgültig, wie man endet, gleichgültig wie man siegt: alles ist durch den Sieg gewonnen, wenn er auch keine anderen Folgen hat, als die Erhaltung des Gegenstandes, um den man streitet — alles verloren, wenn man unterliegt."[26] Wie wunderbar nehmen sich diese Worte aus, wenn man bedenkt, daß zur Zeit ihrer Niederschrift der Mann auf der höchsten Höhe seines Ruhmes und seiner Macht stand, der der Welt die Bedeutung des taktischen Erfolgs so eindringlich gelehrt hatte. Hier ist nichts von fröhlichem Vertrauen auf eigene Kraft und Tüchtigkeit zu finden, es sind Anschauungen, deren letzter Ursprung jedenfalls auf das Daunsche Hauptquartier im siebenjährigen Kriege zurückzuführen ist.

Und vollständig aus dem Geiste des 18. Jahrhunderts heraus ist das Kapitel entworfen, mit dem der Erzherzog das Wesen und die Bedeutung der „strategischen Punkte" erläutert:

„Ein Punkt wird strategisch genannt, wenn sein Besitz einen für Operationen entscheidenden Vorteil gewährt. Entscheidend aber ist der Besitz eines Punktes nur dann, wenn er die zu ihm führende Kommunikation sichert; wenn seine Okkupierung mit der Wahrscheinlichkeit seiner Behauptung verbunden ist; wenn der Feind nicht ungestraft bei ihm vorbeigehen darf, und wenn man sich aus demselben nach mehreren Richtungen bewegen kann. In dem Angriffs- sowie in dem Verteidigungskriege sind gegenseitig die nämlichen Punkte strategisch, die in dem einen erreicht, in dem anderen behauptet werden sollen. Nur die Natur, Lage und Beschaffenheit des Kriegstheaters kann solche bestimmen". In offenen Gegenden gebe es keine oder wenig strategische Punkte, weil man sich dort nach jeder Richtung frei und ungehindert bewegen könne, und das Gleiche müsse für das Hochgebirge gelten, weil dort keine oder wenig Wegeverbindungen vorhanden sind. Häufiger seien die strategischen Punkte in durchschnittenen Gegenden zu finden, wo die Bodenverhältnisse den Weg für kriegerische Unternehmungen bestimmter vorzeichnen, und im Mittelgebirge, zumal wenn die Gegend dabei gut bevölkert und bebaut ist. Sie kennzeichnen sich im allgemeinen dadurch, daß mehrere Kommunikationen, Landstraßen oder schiffbare Flüsse, an einer Stelle zusammentreffen.

Die strategischen Punkte werden demnächst eingeteilt in solche an der Basis und solche, die das Objekt einer Operation bilden, sowie

---

[26] Ausgewählte Schriften, Grundsätze der Strategie I 330.

in dazwischen liegende Punkte. Dann heißt es weiter:

„In jedem Staate gibt es strategische Punkte, die für das Schicksal desselben entscheidend sind, weil man durch ihren Besitz den Schlüssel des Landes gewinnt und sich seiner Hilfsquellen bemächtigt. Diese Punkte liegen meistens in der Mitte bei der Vereinigung der Hauptkommunikationen oder — wenn ein größerer Fluß, eine Gebirgskette das Land in zwei Teile trennen, — auf den Hauptübergängen. Dergleichen Punkte sind nur wenig in einem Staate; oft ist nur einer und der nämliche Punkt auf diese Art entscheidend, der Krieg mag von was immer für einer Seite und von was immer für einem Feinde herkommen. Desto häufiger sind die Punkte, welche zum Zwecke geringerer Operationen dienen ..."

„Intermediäre strategische Punkte sichern die Erhaltung der zurückgelegten Gegend und öffnen durch den Besitz mehrerer Kommunikationen den Weg zu weiteren Fortschritten und zur Erreichung des Hauptzwecks oder zu anderen Operationen, wenn unerwartete Umstände eine Veränderung in den vorhabenden erfordern. — Wenn eine Armee in den Fall kommt, während des Ganges ihrer Operationen einen Aufenthalt machen zu müssen, so soll es nur auf strategischen Punkten geschehen ..."

„Die Punkte, deren Behauptung den Besitz des eigenen Landes entscheidet, müssen stets das Hauptaugenmerk des Feldherrn bleiben. Sie sind es, wohin er den Rückzug leiten und wohin er alle seine Mittel konzentrieren muß, um sie auf das äußerste zu verteidigen, selbst wenn hinreichende Kräfte vorhanden wären, um mit einiger Wahrscheinlichkeit die vorwärtigen Gegenden zu decken. Bei wenig Mitteln dürfen dieselben nicht im voraus zersplittert, geschwächt und außer Stand gesetzt werden, diese entscheidenden Punkte zu behaupten, weil sie allein strategisch und rücksichtswürdig sind. In jedem Staate, der ein Kriegssystem hat, sollte es Staatsmaxime sein, solche Punkte auch im tiefsten Frieden in Verteidigungszustand zu versetzen und zu erhalten, um sie lange mit wenig Kräften behaupten zu können und jeden Feind durch die Überzeugung der Schwierigkeit ihrer Eroberung vom Kriege abzuschrecken. Die übrigen strategischen Punkte verdienen nur berücksichtigt und verteidigt zu werden nach Maß als ihr Besitz den Feind zu den entscheidenderen führen kann und in dem Verhältnis ihrer Wichtigkeit in diesem Fall und der disponiblen Truppenzahl.

Wo mehr die Umstände, als eine große Überlegenheit den Feind zum Angriff bewegen, da sind strategische Punkte, aus welchen man ihn mit einer Offensive bedroht, die besten zur Verteidigung; besonders wenn sie auch taktische Vorteile darbieten und wenn der Gewinn von Zeit nützlich sein kann. Allein um vollwichtig zu wirken, muß diese Bedrohung gegen einen für den Gegner wesentlichen Punkt geschehen, ohne selbst dabei eine Blöße zu geben. Man muß den Feind in die Unmöglichkeit versetzen, etwas zu unternehmen, bevor er sich nicht selbst sichergestellt hat und diese Sicherstellung muß mit Schwierigkeiten verknüpft sein. Man muß den Punkt, den er durch seine Überlegenheit forcieren könnte, mit entschiedenem Vorteil streitig machen, oder in eine andere strategische Stellung zurückgehen, ohne sich einer Niederlage auszusetzen, die alles verderben würde." ...

Ich habe den wesentlichsten Inhalt dieses Kapitels hierhergesetzt, weil es den eigentlichen Kern der strategischen Wissenschaft im Sinne des Erzherzogs bildet. Es beweist wohl un-widerleglich, wie sehr Clausewitz im Rechte war, wenn er dem Erzherzog vorwarf, er habe mehr den Wert des Bodens als die Vernichtung des Feindes im Auge.[27] Es beweist aber noch mehr, es zeigt uns, daß eine solche Bewertung des Bodens mit Notwendigkeit zu einer gewissen Vor» liebe für die passive Defensive führen muß, bei der schon die Bedrohung des Gegners als aktive Leistung erscheint.

Ganz besonders tritt dies aber im zweiten Hauptstück des Buches hervor, zu dem ich mich nunmehr wende. Die im ersten Hauptstück noch verbleibenden Abhandlungen über strategische (Operations-) Linien, über Operationsbasis, Operationen und Defensiv-Aufstellungen enthalten nichts, was ich meinen Lesern unbedingt vorführen müßte.

Der zweite Hauptabschnitt soll die Anwendung der strategischen Grundsätze auf einem angenommenen Kriegsschauplatz zeigen. Der Erzherzog wählt dazu Süddeutschland mit dem Rhein als Grenze des Westreichs, der Schweiz und Tirol als neutralen Staaten gedacht. Merkwürdigerweise ist nun aber der Rhein nicht zugleich die Grenze des Oststaats; dieser hat vielmehr die Linie Theresienstadt-Prag-

---

[27] Vergl. Ausgewählte Schriften, Band I S. 6, wo der Herausgeber dieses Urteil von Clausewitz zurückzuweisen versucht.

Budweis-Enns-Steyer zur Operationsbasis erwählen müssen, die nahe hinter der tatsächlichen österreichischen Westgrenze liegt, und über die staatliche Zugehörigkeit des eigentlichen süddeutschen Kriegsschauplatzes wird keinerlei Auskunft gegeben. Das ganze Gebiet gehört weder der einen noch der anderen Partei, ist aber ebenso wenig neutral, es herrscht hier also ein unmöglicher Zustand, gegen den selbst der verworrenste Tiefstand unserer früheren Reichsverhältnisse noch ein Muster von Klarheit war. Aber nicht nur das! Sondern für den Oststaat schließt mit seiner angeführten Basis Theresienstadt-Steyer die Welt eigentlich vollständig ab und Wien spielt durchaus nicht mit. Es wird der Fall erörtert, daß die Westarmee nach siegreichem Vordringen auf dem rechten Donau-Ufer bei Enns und Linz stehe und daß sie der auf Budweis und Prag basierten Ostarmee in ihrer Stellung auf dem linken Donau-Ufer nicht das geringste anhaben könne, weil der Strom hier einen sehr starken Defensivabschnitt bildet. Darüber aber, daß die von Westen kommende Invasion, wie Napoleon 1805 und 1809, auf dem rechten Ufer der Donau stromabwärts gegen die nur sechs Märsche weit entfernte Reichs-Hauptstadt weiterrücken könnte, darüber wird auch nicht die leiseste Andeutung gemacht. Die hier angestellten Erwägungen gipfeln vielmehr in dem Satze, daß es für die Westarmee das zweckmäßigste Verfahren sein müsse, auf dem linken Donau-Ufer zu bleiben und von dem geraden Wege auf Budweis, das ihr natürliches Operationsobjekt sei, nur so wenig wie möglich abzuweichen.

Mit einem Worte, die Unterlage des Beispiels ist so außerordentlich unklar, daß eine wirklich ersprießliche Erörterung darauf ganz unmöglich aufgebaut werden kann. Die eingehende militärgeographische Schilderung des angenommenen Kriegsschauplatzes wird daher auch mit Notwendigkeit zu einer höchst unerquicklichen Zusammenstellung von Angaben, die man leichter und besser schon aus den Karten entnehmen konnte, welche im Beginn des 19. Jahrhunderts zur Verfügung standen, und von Betrachtungen ohne allen und jeden militärischen Wert. Es tauchen ja auch heutzutage noch hier oder dort solche Versuche auf, einen Landstrich militärisch beurteilen zu wollen, ohne daß eine ganz bestimmte Kriegslage als einheitlicher Gesichtspunkt gegeben ist. Alsdann fehlt aber gerade das eigentlich Wesentliche. Ganz gewiß hat das Gelände immer eine hohe, sehr oft eine ausschlaggebende Bedeutung für die kriegerische

Handlung im Großen wie im Kleinen: aber man verliert sich in völlig unfruchtbare Gedankenspiele, sobald man es nur so ganz im allgemeinen betrachtet. Die richtige Geländebetrachtung kann erst einsetzen, wenn einer ganz bestimmten Streitkraft eine ganz bestimmte Aufgabe gestellt ist. Alsdann handelt es sich darum, wie man sich für deren Ausführung das Gelände am besten dienstbar macht. In des Erzherzogs gesamter Abhandlung ist aber niemals von der Stärke der Ost- oder West-Armee die Rede und wie unsicher die Anhaltspunkte für die beiderseitigen Zwecke und Absichten sind, das habe ich schon vorher gezeigt.

Als ein Hauptergebnis der Untersuchung erscheint in den „Grundsätzen der Strategie" der Satz, daß die Strecke der Donau zwischen Ulm und Regensburg — das Defilee der Donau, wie der Erzherzog sagt — bei allen Operationen in Süddeutschland eine große Rolle spielen muß. Das kann vielleicht selbst in dieser Allgemeinheit zugegeben werden, obgleich die Donau an sich dort noch ein bescheidener Fluß ist, dessen Überschreitung nur da schwierig wird, wo ausgedehnte Sumpfniederungen ihn begleiten. Wenn aber daran sofort die Folgerung angeknüpft wird, daß beide Armeen zunächst die Aufgabe haben, von Ost und West her vorgehend, diese Flußstrecke zu erreichen und sich eines zum Uferwechsel geeigneten Punktes zu versichern, so hört die innere Wahrheit ganz sicherlich bereits auf und es beginnt die fehlerhafte Denkweise, die mehr auf den Boden sieht als auf den Feind.

Wo den Bodenverhältnissen ein so ausschlaggebender Wert beigelegt wird, da kann man sich dann aber natürlich auch nicht wundern, wenn die Defensive zu außerordentlich breiten Aufstellungen schreitet. Bis 1812 waren 200 000 Mann tatsächlich die größte Heeresstärke gewesen und es kann keinem Zweifel unterliegen, daß dem Erzherzog bei seinen Erwägungen geringere Zahlen vorschweben. Wenn er nun für sein Ostheer wiederholt Defensiv-Aufstellungen von etwa 200 km Frontbreite vorschlägt, — z. B. von Ochsenfurt am Main bis Memmingen an der Iller oder nahe dahinter von Neustadt an der Aisch bis nach Mindelheim — so ist das allerdings eine sehr große, kordonartige Ausdehnung, und man muß sich billig wundern, daß eine solche Anschauung noch immer ihr Haupt erheben konnte, nachdem Napoleon bereits 15 Jahre lang den strategischen Zentrumsdurchbruch mit höchstem Erfolge betrieben und nachdem Jomini dies Verfahren in ein wissenschaftliches System gebracht hatte, das dem Erzherzog genau bekannt war.

Ich brauche die „Grundsätze der Strategie" nicht weiter zu zergliedern und kann auch über die kritische Darstellung des Feldzugs von 1796 ebenso hinweggehen, wie über die späteren kriegsgeschichtlichen Schriften des Erzherzogs. Das, worauf es hier ankommt, wird bereits hinlänglich klar sein, nämlich daß es eine falsche Wissenschaft war, die sich in dieser „Schlüssel"-Theorie breit machte. Aber dabei kann unsere Betrachtung nicht stehen bleiben. Wie Bülows unklare Ideen mitverantwortlich sind für die preußische Niederlage von 1806, so haben des Erzherzogs Karl Gedanken unverkennbar einen unheilvollen Einfluß auch da geübt, wo er selbst nicht mithandelte. Die zögernde Vorsicht der Schwarzenbergischen Heerführung ist jedenfalls ganz seinen Regeln gemäß und der Marsch auf das Plateau von Langres entspricht völlig seiner Lehre von den strategischen Punkten, die über den Besitz eines Landes entscheiden. Wer tiefer in die Geschichte von 1859 hineinblickt, wird in den oft recht befremdlichen Arbeiten der österreichischen Operationskanzlei gar manchen Beweis dafür finden, daß die strategischen Grundsätze des Erzherzogs bei der Ausbildung des Generalstabs damals wesentlich mitsprachen. Und jener fast unverständliche Tag von Montebello, wo eine mehr als dreifache Übermacht geschlagen wird, weil sie es durch immer erneute Abstaffelung untätig zurückbleibender Reserven fertig bringt, an der entscheidenden Stelle und im entscheidenden Augenblick nicht stark genug zu sein, er wird begreiflicher, wenn man weiß, wie kategorisch die Regeln des Erzherzogs über die Sicherung strategischer Punkte und gefährdeter Rückzugslinien, sowie über die Nichtverwendung von Reserven lauten.

Ja, sein Einfluß reicht selbst noch in das Jahr 1866 hinein, wo im allgemeinen im österreichischen Heere ein so bewunderungswürdiger Offensivgeist lebte. Denn die Defensivstellung an der Elbe nördlich Josephstadt galt dem Generalstabschef der Nordarmee für einen strategischen Punkt von entscheidendem Wert, und da der Feldherr persönlich nicht wissenschaftliche Bildung genug besaß, um solche Irrtümer zu widerlegen, so hing ihm diese theoretische Anschauung seines ersten Gehilfen wie ein Bleigewicht an den Füßen und verhinderte ihn, seine beste Kraft zu entfalten. Ich halte die Geschichte des Benedekschen Hauptquartiers von 1866 für eines der lehrreichsten Beispiele, um sich die Bedeutung der Theorie für die Praxis klar zu machen. Sie beweist die Hilflosigkeit der nur praktisch geschulten Willenskraft in großen Verhältnissen und zeigt, wie sie in Abhängigkeit von Richtungen geraten kann, die ihrem innersten Wesen durchaus widersprechen. Und eben darum beweist sie auch, wie außerordentlich groß das Interesse ist, das die Gesamtheit an der Herrschaft richtiger und gesunder und an der Verwerfung falscher und kranker Theorien hat. Wir leben gegenwärtig in einer Zeit, wo die außerordentlichen Fortschritte in der Technik der Feuerwaffen die Gefahr einer Überschätzung des Wertes von Defensivstellungen mit sich bringen, und wo solche Lehren von der Bedeutung des Bodens in der Strategie, wie sie der Erzherzog Karl aufgestellt hat, abermals zu jener ernsten Gefahr für schwache Gemüter werden könnten, als welche sie sich in zahlreichen Kriegen des 18. Jahrhunderts ausreichend erwiesen haben. Darum war es geboten, an dieser Stelle über ihre historischen Mißerfolge keinen Zweifel zu lassen.

Daß die Lehren des Erzherzog Karl in Österreich von nachhaltigem Einfluß sein mußten, das lag vor allem an seiner Zugehörigkeit zum regierenden Hause. Aber auch im weiteren Deutschland wurde die Volkstümlichkeit des „Siegers von Aspern" zur Ursache, daß man seinen Gedanken einen übermäßig hohen Grad von Wichtigkeit beilegte.

Der preußische General v. Valentini, der in den Befreiungskriegen als Generalstabsoffizier im Stabe Jorcks die vortreffliche Schule Gneisenaus genossen hatte, bringt in seiner zu Anfang der zwanziger Jahre erschienenen „Lehre vom Kriege" im allgemeinen sehr richtige Grundsätze zum Ausdruck und zeigt zumal den Bülowschen und Jominischen Sätzen gegenüber eine Freiheit der Anschauung, die sehr wohltuend wirkt. Aber die Schlüsseltheorie des Erzherzogs hat es ihm doch angetan und an ihrer Hand wäre der Rückfall in die Gedankenwelt des 18. Jahrhunderts nur allzuleicht gewesen. Wir Preußen und wir Deutsche der Gegenwart haben allen Anlaß, dafür dankbar zu sein, daß dem Schriftsteller Valentini nur eine kurze Frist des Wirkens gegönnt war, daß bald nach ihm ein Größerer kam, der ihn sofort in den Schatten stellte.

V. Clausewitz

Carl von Clausewitz, der Schüler und Freund Scharnhorsts und Vertraute Gneisenaus, wird in Deutschland allgemein als der bedeutendste Kriegstheoretiker, als der eigentliche Philosoph des Krieges anerkannt, dem unsere ruhmgekrönten Sieger auf den neueren Schlachtfeldern ihre geistige Schulung verdanken.

Er hat schon in den Jahren 1793/94 als knabenhafter Fahnenjunker vor dem Feinde gestanden und dabei in der Belagerung und Wiedereroberung von Mainz eine der wenigen Kriegstaten jener Zeit miterlebt, die mit Anerkennung zu nennen sind. Er war dann im Jahre 1806 als persönlicher Adjutant des jugendlichen Bataillons-Kommandeurs Prinzen August von Preußen Augenzeuge der Schlacht von Jena und jenes schreckenvollen Rückzugs, der 14 Tage später mit der Kapitulation von Prenzlau endete. 1812 trat Clausewitz in russische Dienste, wurde im Generalstabe verwendet und hat so in dem riesenhaftesten aller Kriege seiner Epoche reiche Erfahrungen sammeln können. Im Frühjahrsfeldzuge von 1813 war er als russischer Offizier dem Stabe Blüchers beigegeben, wahrend des Herbstfeldzugs fand er Verwendung als Stabschef des Grafen Walmoden, der an der Unterelbe gegen Davoust im Felde stand, und das glänzende Treffen in der Göhrde ist ganz unmittelbar eine Frucht seiner geschickten Veranstaltungen. 1814 kam die russisch-deutsche Legion nicht mehr zu wirklicher Tätigkeit. 1815 ist Clausewitz wieder im preußischen Dienste, Stabschef des III. Armee-Korps (Thielmann), das bei Ligny den linken Flügel der Schlachtlinie und bei Wawre die Rückendeckung des Blücherschen Heeres bildete. Zu dieser, für heutige Begriffe gewiß bedeutenden praktischen Schulung gesellt sich nun bei Clausewitz eine umfassende und gründliche Kenntnis der Kriegsgeschichte, sowie eine ungewöhnliche Klarheit der allgemeinen geschichtlichen Anschauung, ein historischer Geist, um dessenwillen Hans Delbrück ihn den großen Historikern einreihen möchte.

Und dieser praktisch erfahrene Soldat von gediegenster Bildung empfindet nun in der Friedensruhe nach seinem eigenen Geständnis das dringende Bedürfnis,- „zum Entwickeln und Systematisieren" der ganzen Ideenwelt, in der er lebt, er beschließt aber zugleich, die

Früchte dieser Denkarbeit bis zu seinem Tode völlig geheim zu halten, damit seine nach Wahrheit dürstende Seele vor jeder Versuchung durch irgend eine Nebenrücksicht sicher und endgültig bewahrt bleibe.

So ist neben einer Reihe kriegsgeschichtlicher Schriften sein dreibändiges Werk „Vom Kriege" entstanden, das bald nach des Generals frühzeitigem Tode (1831) von der Witwe herausgegeben wurde. Das Werk ist leider nicht vollendet, ja der Verfasser nennt es in zwei Aufzeichnungen aus seinen letzten Lebensjahren einmal „eine Sammlung von Werkstücken, aus denen eine Theorie des großen Krieges aufgebaut werden sollte", und das andere Mal „eine unförmliche Gedankenmasse, die, weil unaufhörlichen Mißverständnissen ausgesetzt, zu einer Menge unreifer Kritiken Anlaß geben wird". Er hat uns aber in diesen „Nachrichten" über sein Werk zugleich die allgemeine Richtung angegeben, in welcher er bei der endgültigen Bearbeitung seines gewaltigen Stoffs vorgehen wollte, und wenn man sich mit treuer Hingebung in seine gesamte Denkweise versenkt, so kann man die bestehenden Lücken wohl ausfüllen und die nach dem letzten Plane gebotenen Änderungen wohl vornehmen.

Hierbei wird man freilich vollkommen klar darüber sein müssen, welchen Zweck Clausewitz bei seiner schriftstellerischen Tätigkeit im letzten Grunde verfolgt hat. Vor gerade 20 Jahren habe ich mit einer kleinen Schrift über Friedrichs des Großen Feldzugsplan für das Jahr 1757 in den damals entbrannten Kampf über die Strategie unseres großen Königs eingegriffen und bin dabei der von Delbrück ausgesprochenen Vermutung entgegengetreten, daß Clausewitz bei seiner geplanten Umarbeitung neben der modernen Strategie auch die Strategie des 18. Jahrhunderts in seine Betrachtung habe einführen wollen. Ich sprach die Ansicht aus, daß Clausewitz sein Werk für Kriegsleute und Staatsmänner der Gegenwart und Zukunft bestimmt habe und daß man die „Nachricht" über die Grundgedanken der Umänderung dementsprechend verstehen müsse. Delbrück hat damals diese Auffassung in einer Besprechung meiner Schrift als „ohne Zweifel unrichtig" erklärt und hinzugefügt: „Clausewitz wollte den Begriff des Krieges dialektisch entwickeln, nicht bloß praktische Regeln für Gegenwart und Zukunft geben. Bei einer richtigen Entwicklung des Begriffs des Krieges müssen sich notwendig auch die zu irgendeiner Zeit gültigen Formen desselben ergeben. Die Lücke, die dadurch entstanden ist, daß Clausewitz selbst hiermit nicht fertig geworden ist, ist bis auf den heutigen Tag nicht ausgefüllt".

Ich habe damals die Frage nicht weiter verfolgt, weil die Versetzung in eine andere und sehr arbeitsreiche Dienststellung mich aus dem ganzen Gedankenkreise herausriß. Hier aber muß ich wieder auf denselben Gegenstand zurückkommen und verweise zunächst darauf, daß Clausewitz in derselben Nachricht ganz ausdrücklich sagt, er hoffe, „in diesem Buche manchen Faltenkniff in den Köpfen der Strategen und Staatsmänner auszubügeln und wenigstens überall zu zeigen, um was es sich handelt und was bei einem Kriege eigentlich in Betracht zu ziehen ist". In der anderen Aufzeichnung über sein Werk spricht er von den Schwierigkeiten einer Theorie des großen Krieges und betont, daß die Feldherren von jeher in der Regel nur einem bloßen Takt des Urteils gefolgt sind, der für das Handeln auch ausreiche. „Aber, wenn es darauf ankommt, nicht selbst zu handeln, sondern in einer Beratung andere zu überzeugen, dann kommt es auf klare Vorstellungen, auf das Nachweisen des inneren Zusammenhangs an: und weil die Ausbildung in diesem Stück noch so wenig vorgeschritten ist, so sind die meisten Beratungen ein fundamentloses Hin- und Herreden, wobei entweder jeder seine Meinung behält oder ein bloßes Abkommen aus gegenseitiger Rücksicht zu einem Mittelwege führt, der eigentlich ohne allen Wert ist. Die klaren Vorstellungen in diesen Dingen sind also nicht unnütz; außerdem hat der menschliche Geist nun einmal ganz allgemein die Richtung auf Klarheit und das Bedürfnis, überall in einem notwendigen Zusammenhang zu stehen." Und bei Erörterung des Wesens der Theorie sagt Clausewitz: „Sie soll den Geist des künftigen Führers im Kriege erziehen, oder vielmehr ihn bei seiner Selbsterziehung leiten, nicht aber ihn auf das Schlachtfeld begleiten: so wie ein weiser Erzieher die Geistesentwicklung eines Jünglings lenkt und erleichtert, ohne ihn darum das ganze Leben hindurch am Gängelbande zu führen."[28] Er gibt an anderer Stelle dem Begriff Theorie den ausdrücklichen Zusatz: „die für das wirkliche Leben taugen soll."[29] Bei Erörterung des Wertes von Beispielen spricht er sich endlich dahin aus, „daß die

---

[28] Buch 2, Kap. 2, Nr. 27.
[29] B.6, K.28.

neueste Kriegsgeschichte immer das natürlichste Feld für ihre Wahl sein müsse"; er findet, daß die Kriege des 18. Jahrhunderts „wenigstens in der Bewaffnung noch eine große Ähnlichkeit mit den heutigen haben, wenn sich auch sonst in den großen und kleinen Verhältnissen viel geändert hat" ...

„Je weiter man zurückgeht, um so unbrauchbarer wird die Kriegsgeschichte, wie sie zugleich um so ärmer und dürftiger wird. Am unbrauchbarsten und dürftigsten muß die Geschichte der alten Völker sein." [30]

Nach diesen Stellen, die sich noch vermehren ließen, ist es mir nicht zweifelhaft, daß Clausewitz bei seinen Untersuchungen in erster Linie immer an das praktische Bedürfnis der zu kriegerischem Handeln berufenen Männer in Gegenwart und Zukunft gedacht hat. Wegen der dialektischen Entwicklung des Kriegsbegriffs war er nach meiner Meinung aber ebensowenig gezwungen, die Formen des 18. Jahrhunderts zum Ausdruck zu bringen, wie er jene Formen irgendwie berührt hat, mit welchen Alexander, Hannibal und Cäsar ihre Siege errangen. Wir werden endlich später sehen, daß gerade das praktische Bedürfnis auch die Handhabe bietet, um zur Ausfüllung der jetzt noch im Werke vom Kriege bestehenden Lücke zu gelangen.

„Sie soll den Geist des Führers im Kriege erziehen," das verlangt Clausewitz von einer brauchbaren Theorie. Ganz ausdrücklich und unbedingt aber verwirft er jeden Versuch einer Lehre, „durch welche Kriegs- oder Feldzugspläne bestimmt und wie von einer Maschine fertig geliefert würden."[31] Er spottet darüber, daß Bülow erst eine ganze Menge von Umständen, die Ernährung des Heeres, die Ergänzung desselben und seiner Ausrüstung, die Sicherheit seiner Verbindung mit dem Vaterland und endlich die Sicherheit seines Rückzuges in den einen Begriff Basis zusammenfaßt, um dann wieder die Größe der Basis für sie selbst und zuletzt einen Winkel an Stelle dieser Größe einzusetzen. „Und dies alles bloß, um auf ein rein geometrisches Resultat zu kommen, welches ganz ohne Wert ist. Dies letztere ist in der Tat nicht zu vermeiden, wenn man bedenkt, daß keine jener Substitutionen gemacht werden konnte, ohne die Wahrheit zu verlet-

---

[30] B. 2, K. 6..
[31] B. 2, K. 4

zen und einen Teil der Dinge auszulassen, die in dem früheren Begriff noch enthalten waren"[32] Aus demselben Grunde, wegen der bloß geometrischen Natur kann ihn auch Jominis Prinzip der inneren Linien nicht befriedigen, so sehr er hier anerkennt, „daß es sich auf einen guten Grund stützt, auf die Wahrheit nämlich, daß das Gefecht das einzige wirksame Mittel im Kriege ist."

Alle derartigen Theorieversuche erscheinen ihm darum als ganz unbrauchbar, weil sie nach bestimmten Größen streben, während im Kriege alles unbestimmt ist und die Erwägung und Überlegung mit lauter veränderlichen Größen gemacht werden muß; weil sie ferner die Betrachtung nur auf materielle Gegenstände richten, während die ganze kriegerische Handlung von geistigen Kräften und Wirkungen durchzogen ist; weil sie endlich nur die einseitige Tätigkeit einer Partei im Auge haben, während der Krieg eine beständige Wechselwirkung der gegenseitigen ist.

Im Kriege spricht das Maß und die Stärke des feindseligen Gefühls und des Mutes bei den Entschließungen ebenso mit, wie das Bewußtsein hoher Verantwortlichkeit. Es muß die Verschiedenheit der geistigen Individualitäten berücksichtigt werden, die uns gegenüber und zur Seite stehen. Alle sachlichen Unterlagen für unser Handeln aber sind in der Regel in das geheimnisvolle Dämmerlicht der Ungewißheit gehüllt. Und darum ist eine positive Lehre, eine genaue Anweisung zum Handeln unmöglich und die Theorie kann nur eine Betrachtung sein. „Sie ist eine analytische Untersuchung des Gegenstandes, führt zu einer genauen Bekanntschaft, und wenn sie auf die Erfahrung, also in unserem Falle auf die Kriegsgeschichte angewendet wird, zur Vertrautheit mit demselben. Je mehr sie diesen letzten Zweck erreicht, umsomehr geht sie aus der objektiven Gestalt eines Wissens in die subjektive eines Könnens über und umsomehr wird sie sich also auch da wirksam zeigen, wo die Natur der Sache keine andere Entscheidung als die des Talents zuläßt; sie wird in ihm selbst wirksam werden. Untersucht die Theorie die Gegenstände, welche den Krieg ausmachen, unterscheidet sie schärfer, was auf den ersten Blick zusammen zu fließen scheint, gibt sie die Eigenschaften der Mittel vollständig an, zeigt sie die wahrscheinlichen Wirkungen derselben, bestimmt sie klar die Natur der Zwecke, trägt sie überall das

---

[32] B, 2, K. 2.

Licht einer vorwiegend kritischen Betrachtung in das Feld des Krieges; so hat sie den Hauptgegenstand ihrer Aufgabe erfüllt."[33]

Aber kurz darauf fährt Clausewitz doch fort: „Bilden sich aus den Betrachtungen, welche die Theorie anstellt, von selbst Grundsätze und Regeln, schießt die Wahrheit von selbst in diese Kristallform zusammen, so wird die Theorie diesem Naturgesetz des Geistes nicht widerstreben, sie wird vielmehr, wo der Bogen in einem solchen Schlußstein endigt, diesen noch hervorheben. Aber sie tut dies nur, um dem philosophischen Gesetz des Denkens zu genügen, um den Punkt deutlich zu machen, nach welchem die Linien alle hinlaufen, nicht um daraus eine algebraische Formel für das Schlachtfeld zu bilden: denn auch diese Grundsätze und Regeln sollen in dem denkenden Geiste mehr die Hauptlineamente seiner eingewohnten Bewegungen bestimmen, als ihm in der Ausführung den Weg gleich Meßstangen bezeichnen."

Es hat natürlich nicht an Widerspruch gegen die feine Unterscheidung gefehlt, die Clausewitz hier zwischen seinem eigenen Gedankensystem und den Theorien anderer macht, und zumal Jomini hat sie als den Ausfluß besonderer Eitelkeit hinzustellen gesucht. Die Unterscheidung ist aber gleichwohl richtig und es ist ein unermeßliches Verdienst von Clausewitz, daß er mit so vorsichtiger Zurückhaltung an die Aufstellung bestimmter Sätze und Regeln herangegangen ist, ehe er sie für wirklich gesichert ansehen wollte. Seine Art und Weise der Betrachtung hat tatsächlich das Wesen des Krieges völlig gleichmäßig nach allen Seiten hin aufgehellt, und nach seiner Darstellung steht im Mittelpunkte das Ringen der beiderseitigen geistigen und moralischen Kräfte, jener Faktoren, die von Bülow und Erzherzog Karl gar nicht beachtet werden und welche bei Jomini dadurch nicht zur vollen Geltung kommen, daß er ein geometrisches Formengesetz auf den Thron erhoben hat.

„So ist denn in der Strategie alles sehr einfach, aber darum nicht auch alles sehr leicht. Ist aus den Verhältnissen des Staates einmal bestimmt, was der Krieg soll und was er kann, so ist der Weg dazu leicht gefunden. Aber diesen Weg unverrückt zu verfolgen, den Plan durchzuführen, nicht durch tausend Veranlassungen tausendmal davon abgebracht zu werden, das erfordert außer einer großen Stärke

---

[33] B, 2, K. 2 Nr. 27.

des Charakters eine große Klarheit und Sicherheit des Geistes: und von tausend Menschen, die ausgezeichnet sein können, der eine durch Geist, der andere durch Scharfsinn, wieder andere durch Kühnheit oder durch Willensstärke, wird vielleicht nicht einer die Eigenschaften in sich vereinigen, die ihn in der Bahn des Feldherrn über die Linie des Mittelmäßigen erheben."[34]

Eingehend zeigt Clausewitz, wie unsicher im Kriege stets alle Nachrichten und Voraussetzungen sind, wie sich unaufhörlich der Zufall einmischt und den Geist des Feldherrn mit allerlei beunruhigenden Vorstellungen bestürmt. Um in diesem beständigen Streit mit dem Unerwarteten glücklich zu bestehen, bedürfe er einmal eines Verstandes, der auch in dieser gesteigerten Dunkelheit nicht ohne einige Spuren inneren Lichtes sei, die zur Wahrheit führen, und dann des Mutes, um diesem schwachen Lichte zu folgen. Diese besondere Art des Mutes ist die Entschlossenheit. „Diese Entschlossenheit nun, welche einen zweifelhaften Zustand besiegt, kann nur durch Verstand hervorgerufen werden, und zwar durch eine ganz eigentümliche Richtung desselben. Wir behaupten, daß das bloße Zusammensein höherer Einsichten und nötiger Gefühle immer noch nicht die Entschlossenheit macht. Es gibt Leute, die den schärfsten Blick des Geistes für die schwierigste Aufgabe besitzen, denen es auch nicht an Mut fehlt, vieles auf sich zu nehmen, und die in schwierigen Fällen doch nicht zum Entschluß kommen können. Ihr Mut und ihre Einsicht stehen jedes einzeln, bieten sich nicht die Hand und bringen darum nicht die Entschlossenheit als ein Drittes hervor. Diese entsteht erst durch den Akt des Verstandes, der die Notwendigkeit des Wagens zum Bewußtsein bringt und durch sie den Willen bestimmt. Diese ganz eigentümliche Richtung des Verstandes, die jede andere Scheu im Menschen niederkämpft mit der Scheu vor dem Schwanken und Zaudern, ist es, welche in kräftigen Gemütern die Entschlossenheit ausbildet. Darum können Menschen mit wenig Verstand in unserem Sinne nicht entschlossen sein. Sie können in schwierigen Fällen ohne Zaudern handeln, aber dann tun sie es ohne Überlegung, und es können freilich den, welcher unüberlegt handelt, keine Zweifel mit sich selbst entzweien. Ein solches Handeln kann auch hin und wieder das Rechte treffen, aber wir sa-

---

[34] B. 3, K. 1.

gen: es ist der Durchschnittserfolg, welcher auf das Dasein des kriegerischen Genius deutet."[35]

Am liebsten möchte ich das ganze Kapitel über den kriegerischen Genius hierhersetzen und noch einige weitere daneben stellen, wie z.B. die Abhandlung über „die Friktion im Kriege" oder die andere über „Spannung und Ruhe, das dynamische Gesetz des Krieges", um durch die Zusammenstellung verschiedenster Beispiele zu zeigen, worin der eigentümliche Wert der Clausewitzschen Betrachtungsweise liegt. Aber ich darf mit der weiten Verbreitung des Werkes „Vom Kriege" rechnen und mich begnügen, auf jene Kapitel, wie überhaupt auf das 1. und 3. Buch besonders hinzuweisen. Wenn wir sie heute mit Aufmerksamkeit lesen, so müssen wir rückblickend sagen, daß Clausewitz gerade mit solchen Betrachtungen so recht eigentlich zum Schulmeister des preußischen Heeres geworden ist. Sie haben uns von der Verkünstelung befreit, die sich auf dem Gebiete der Kriegstheorie breit machte, und haben uns gezeigt, worauf alles ankommt.

Für eine Untersuchung, wie die hier vorliegende, welche den Entwicklungsgang des gesamten strategischen Denkens im Laufe eines Jahrhunderts in leicht zu überschauender Weise schildern will, müssen aber selbstverständlich gerade jene Grundsätze und Regeln von besonderer Wichtigkeit sein, in deren Kristallform — nach unseres Verfassers Ausspruch — ihm die Wahrheit wie von selbst zusammengeschossen ist. Mit ihrer Hilfe läßt sich eine Skizze entwerfen, die freilich nicht imstande ist, das Gemälde zu ersetzen, die aber genügen kann, um seine Bedeutung innerhalb der gesamten Umgebung und seinen Wert für uns einigermaßen klarzumachen.

Da muß nun zunächst und vor allem der Satz angeführt werden, der das Wesen des Krieges in packender Kürze erklärt: „Der Krieg ist nichts als die mit anderen Mitteln fortgesetzte Politik", oder auch „der Krieg ist nur ein Teil des politischen Verkehrs, also durchaus nichts Selbständiges.[36]

Es ist für unsere Zwecke nicht nötig, uns eingehend in die geistvolle philosophische Untersuchung über den Begriff des Krieges zu vertiefen, welche das erste und nach des Verfassers Meinung allein

---

[35] B. 3, K. 1. Nachricht und B. 8, K. 6
[36] Nachricht und B.8, K.6.

völlig abgeschlossene Kapitel unseres Werkes ausmacht. Sie zeigt, daß der Gewaltakt, den wir Krieg nennen, zwar an sich immer auf das Äußerste gerichtet sein müßte, daß die Wirklichkeit aber dieser Forderung nicht entspricht. Auf unserem Planeten sind zwei krieggerüstete Gegner nicht abstrakte Begriffe, sondern lebendige Individualitäten, von denen jede die andere kennt oder zu kennen glaubt; sie stehen auch beide nicht allein da, sondern inmitten anderer staatlicher Persönlichkeiten, deren Verhalten im Laufe des Kampfes von höchster Bedeutung werden muß; und so treten die Wahrscheinlichkeiten des wirklichen Lebens an die Stelle des Äußersten und Absoluten und das Maß der eigenen Anstrengungen wird nach Wahrscheinlichkeitsgesetzen bestimmt. Der Krieg erhält also seine Gestalt vorzugsweise von der Seite des Völkerverkehrs her, die man Politik nennt, der Krieg ist ein Instrument der Politik, „und nur mit dieser Vorstellung ist es möglich, nicht mit der sämtlichen Kriegsgeschichte in Widerspruch zu geraten. Sie allein schließt das große Buch zu verständiger Einsicht auf." Weil dem so ist, müssen die Kriege nach der Natur ihrer Motive und nach den Verhältnissen, aus denen sie hervorgehen, durchaus verschieden sein. „Der erste, der großartigste, der entschiedenste Akt des Urteils nun, welchen der Staatsmann und Feldherr ausübt, ist der, daß er den Krieg, welchen er unternimmt, in dieser Beziehung richtig erkenne, ihn nicht für etwas nehme oder gar zu etwas machen wolle, was er der Natur der Verhältnisse nach nicht sein kann. Dies ist also die erste, umfassendste aller strategischen Fragen.[37] Und im Buche vom Kriegsplan, wo dieser Gegenstand näher erörtert wird, heißt es: „Mit einem Wort, die Kriegskunst auf ihrem höchsten Standpunkt wird Politik, aber freilich eine Politik, die statt Noten zu schreiben, Schlachten liefert. Nach dieser Ansicht ist es eine unzulässige und selbst schädliche Unterscheidung, daß ein großes kriegerisches Ereignis oder der Plan zu einem solchen eine rein militärische Beurteilung zulassen soll; ja es ist ein widersinniges Verfahren, bei Kriegsentwürfen Militärs zu Rate zu ziehen, damit sie rein militärisch darüber urteilen sollen, was die Kabinette zu tun haben. Aber noch widersinniger ist das Verlangen der Theoretiker, daß die vorhandenen Kriegsmittel dem Feldherrn überwiesen werden sollen, um danach einen rein militärischen Entwurf zum Kriege, oder

---

[37] B. 1, K. 1, Nr. 27

zum Feldzuge zu machen Keiner der Hauptentwürfe, welche für einen Krieg nötig sind, kann ohne Einsicht in die politischen Verhältnisse gemacht werden, und man sagt eigentlich etwas ganz anderes, als man sagen will, wenn man, wie häufig geschieht, von dem schädlichen Einfluß der Politik auf die Führung des Krieges spricht. Es ist nicht dieser Einfluß, sondern die Politik selbst, welche man tadeln sollte. Ist die Politik richtig, d. h. trifft sie ihr Ziel, so kann sie auf den Krieg in ihrem Sinne auch nur vorteilhaft wirken: und wo diese Einwirkung vom Ziel entfernt, ist die Quelle nur in der verkehrten Politik zu suchen.[38]

Bis zu diesem Punkte werden die Ausführungen unseres Kriegsphilosophen im allgemeinen ohne ernsteren Widerspruch hingenommen. Aber er sagt an anderer Stelle auch ganz ausdrücklich, daß die Politik die ganze kriegerische Handlung durchziehen und einen fortwährenden Einfluß auf sie ausüben werde,[39] und dagegen ist von militärischer Seite schon oft und in entschiedenster Weise Protest erhoben worden.

Für unsere heutige Zeit ist vor allem von Bedeutung, daß auch Moltke, der den Clausewitz gründlich kannte und ihn gern und oft als theoretischen Lehrmeister anführte, in diesem Punkte ihm nicht folgt. Moltke hat im Jahre 1871 in seinem Aussatz über „Strategie" seine Ansicht folgendermaßen gefaßt: „Die Politik bedient sich des Krieges für Erreichung ihrer Zwecke, sie wirkt entscheidend auf den Beginn und das Ende desselben ein, so zwar, daß sie sich vorbehält in seinem Verlauf ihre Ansprüche zu steigern oder aber mit einem minderen Erfolge sich zu begnügen. Bei dieser Unbestimmtheit kann die Strategie ihr Streben stets nur auf das höchste Ziel richten, welches die gebotenen Mittel überhaupt erreichbar machen. Sie arbeitet so am besten der Politik in die Hand, nur für deren Zweck, aber im Handeln völlig unabhängig von ihr."

Ich versage mir eine eingehende Erörterung dieser Frage, weil sie erst ganz vor kurzem durch General v. Verdy in seinen „Studien über den Krieg" auf das sorgfältigste geprüft worden ist. Er erachtet den Clausewitzschen Satz, nach welchem der Krieg durchaus nichts Selbständiges ist, zwar als zu weitgehend, er kann aber doch auch

---

[38] B. 8, R. 6.
[39] B. 1, K. 1, Nr. 23.

unserem großen Strategen nicht völlig beitreten. Zumal an dem Beispiel von 1864 führt er mit überzeugender Klarheit aus, daß der Einfluß der Politik auch während des Verlaufs der Operationen nicht nur bedeutend, sondern bei wiederholten Anlässen geradezu entscheidend sein kann.

Ich bekenne, daß ich gerade durch diese Abhandlung erneut dazu geführt worden bin, die Auffassung von Clausewitz als in jeder Beziehung zutreffend anzuerkennen. Nach meiner Überzeugung hat in Moltke, als er die obigen Zeilen schrieb, seine Verstimmung über den bekannten Konflikt mit Bismarck aus der Versailler Zeit nachgewirkt und wir haben es hier ganz ausnahmsweise einmal mit einem Fall zu tun, wo bei diesem ungewöhnlich selbstlosen Manne die volle Objektivität fehlt. In einem Konflikt zwischen Bismarck und Moltke Partei nehmen zu müssen, ist an sich schmerzlich; wer aber mit vollem Ernst nach der Wahrheit strebt, darf auch davor nicht zurückschrecken. Bismarck war bei jenem Meinungsstreite darin in vollem Rechte, daß er den möglichst frühzeitigen Beginn der wirklichen Belagerung von Paris gefordert hat; denn die möglichst frühzeitige Bezwingung der feindlichen Hauptstadt war ein politisch und militärisch gleich wichtiges Ziel. Von Moltke steht es andererseits in unbestreitbarer Weise fest, daß er in der zweiten Hälfte des September an das ganz unmittelbar bevorstehende Ende des Krieges glaubte und daß er die Heimkehr nach Deutschland schon für den Monat Oktober erwartete. Es steht ferner fest, daß er diese Anschauung nur sehr allmählich geändert hat. Als Hauptbeweisgrund gegen die Durchführbarkeit des Bismarckschen Gedankens wird in der Regel angeführt, es sei nicht möglich gewesen, schon zu wesentlich früherem Zeitpunkt soviel Munition im Belagerungspark bereit zu stellen, daß mit ihrem Einsatz ein wirklicher Erfolg unter allen Umständen zu erzwingen war, daß also eine Unterbrechung des Angriffs und damit ein gewisser Triumph der Belagerten ausgeschlossen blieb. Das ist nach meiner Überzeugung aber durchaus nicht zutreffend. Es genügte vielmehr, eine solche Leistungsfähigkeit der Bahnverbindung und die Park-Kolonnen herzustellen, daß man täglich den Tagesbedarf an Munition heranführen konnte. Sobald das erreicht war, konnte ein Munitionspark von mäßigem Umfang vor der Festung durchaus genügen. Und eine solche Leistungsfähigkeit der Bahnverbindung und des Munitions-Fuhrparks hätte sich doch wohl früher erreichen lassen, als wie sie tatsächlich erreicht worden ist, sofern nur die oberste Heeresleitung aus eigener Überzeugung von der dringenden Notwendigkeit einer solchen Maßregel ihr ganzes Gewicht in die Wagschale warf. Daher kann ich trotz aller Gründe, die dagegen bereits geltend gemacht worden sind, doch nicht umhin zu sagen, daß Moltkes zuversichtliche Hoffnung auf eine frühzeitige Kapitulation von Paris hierbei ganz unbedingt ihren Einfluß gehabt haben muß. Wer aber die Sorgen lebhaft nachfühlt, die der verantwortliche Leiter unserer Politik damals empfand, als von französischer Seite das äußerste versucht wurde, um fremde Einmischung in unseren Kampf herbeizuführen, der wird Bismarck auch das Recht nicht bestreiten können, sich in die Behandlung solcher Fragen einzumischen, wo die Strategie selbst zur Politik wird.

Sofort an die zweite Stelle gehört in meiner Skizze der Clausewitzschen Theorie der folgende Satz: „die Vernichtung der feindlichen Streitkräfte ist das Hauptprinzip des Krieges und für die ganze Seite des positiven Handelns der Hauptweg zum Ziel."[40]

Wir kennen diese Wahrheit und ihren Wert schon aus den früheren Abhandlungen über die Napoleonische Kriegführung und über Jomini, und so brauchte ich mich hier eigentlich gar nicht mehr mit ihr zu befassen. Nun wird aber, wie ich bereits erwähnte, von Professor Hans Delbrück die Meinung vertreten, Clausewitz habe sein Werk in dem Sinne umarbeiten wollen, daß auch die eigenartige Operationsmethode des 18. Jahrhunderts darin zu ihrem vollen Recht gekommen wäre, also jene schlachtenscheue Strategie, die nach Delbrücks eigener Erklärung „mehr auf ein Ermatten und Ausdauern, als auf das Niederwerfen des Feindes angewiesen war, und für welche die heute nebensächlichen Werte, der Besitz von Land und von deckenden Stellungen eine wirkliche Bedeutung hatten, so daß sie neben der taktischen Entscheidung von der Strategie in Betracht gezogen werden durften und mußten.[41] Wie das aber zu verstehen ist, können wir daraus entnehmen, daß Delbrück das Daunsche Verfahren bei Durchführung des strategischen Angriffs — bei welchem doch von Vernichtung der feindlichen Streitkraft so gut wie gar nicht die Rede

---

[40] B. 4, K. 11.
[41] Zeitschrift für preuß. Geschichte und Landeskunde 1881, Heft 11/12 S. 555 bzw. 568 u. 572.

war — als durch die damaligen Umstände durchaus gerechtfertigt erklärt. Und weil Delbrück unzweifelhaft einer der hervorragendsten Kenner der Kriegsgeschichte ist und weil seine Anschauungen auf dem Gebiete der Kriegstheorie mit vollem Rechte in weiten Kreisen Beachtung finden, so muß ich hier nachweisen, daß Clausewitz die Delbrücksche Anschauung in Bezug auf Daun durchaus nicht geteilt, daß er aus dem Grundsätze heraus, den wir jetzt besprechen, das Daunsche Verfahren unbedingt verworfen hat.

Da findet sich zunächst bei Erörterung des auf Erhaltung der eigenen Streitkräfte gerichteten Strebens die folgende Stelle: „Es wäre also ein großer Irrtum in den Grundvorstellungen, zu glauben, daß das negative Bestreben dahin führen müsse, die Vernichtung der feindlichen Streitkräfte nicht zum Zweck zu wählen, sondern eine unblutige Entscheidung vorzuziehen. Das Übergewicht des negativen Bestrebens kann allerdings die Veranlassung dazu sein, aber dann geschieht es immer auf die Gefahr, ob dieser Weg der angemessene sei, was von ganz anderen Bedingungen abhängt, die nicht in uns, sondern im Gegner liegen. Dieser andere unblutige Weg kann also keineswegs als das natürliche Mittel betrachtet werden, um der überwiegenden Sorge für die Erhaltung unserer Streitkräfte genug zu tun, vielmehr würden wir diese in Fällen, wo ein solcher Weg den Umständen nicht entspräche, dadurch vollkommen zu Grunde richten. Sehr viele Feldherrn sind in diesen Irrtum verfallen und dadurch zugrunde gegangen."[42] ... Ferner „Man kombiniert Märsche und Manöver, erreicht seinen Zweck, und es ist von keinem Gefecht dabei die Rede, woraus man schließt, daß es Mittel gibt, den Feind auch ohne Gefecht zu überwinden. Wir werden erst in der Folge die ganze folgenreiche Schwere dieses Irrtums zeigen können." ...[43] „Dieses Vergessen" — des Vernichtungsprinzips — „hat vor der letzten Kriegsepoche in ganz falsche Ansichten hineingeführt und Tendenzen sowie die Fragmente von Systemen erzeugt, mit denen die Theorie sich über den Handwerksgebrauch um so mehr zu erheben glaubte, je weniger sie meinte des eigentlichen Instruments, nämlich der Vernichtung der feindlichen Streitkräfte zu bedür-

---

[42] B. 1, K.2 (140 der 8. Auflage).
[43] B. 2, K. 1 (I. 84).

fen." ...[44] „Auf diese Weise sind wir in unserer Zeit nahe daran gewesen, in der Ökonomie des Krieges die Hauptschlacht als ein durch Fehler notwendig gewordenes Übel anzusehen, als eine krankhafte Äußerung, zu der ein ordentlicher, vorsichtiger Krieg niemals führen müßte. Nur diejenigen Feldherrn sollten Lorbeern verdienen, die es verständen, den Krieg ohne Blutvergießen zu führen, und die Theorie des Krieges, ein wahrhafter Bramindienst, sollte ganz eigens dazu bestimmt sein, dies zu lehren. Die Geschichte der Zeit hat diesen Wahn zerstört, aber kein Mensch kann dafür einstehen, daß er nicht hier und da auf kürzere oder längere Zeit zurückkehrt und die Führer der Angelegenheiten zu solchen Verkehrtheiten hinzieht, die der Schwäche zusagen, also dem Menschen näher liegen. Vielleicht, daß man in einiger Zeit Bonapartes Feldzüge und Schlachten wie Rohheiten und halbe Dummheiten betrachtet und noch einmal mit Wohlgefallen und Zutrauen auf den Galanteriedegen veralteter, zusammengeschrumpfter Einrichtungen und Manieren sieht. Kann die Theorie davor warnen, so hat sie denen, welche ihrer Warnung Gehör geben, einen wesentlichen Dienst geleistet. Möchte es uns gelingen, denen, die in unserem teuren Vaterlande berufen sind, eine wirksame Meinung in diesen Dingen zu haben" — (also doch Wohl den Staatsmännern und Kriegsleuten) — „die Hand zu reichen, um ihnen als Führer in diesem Felde zu dienen und sie zu einer redlichen Prüfung der Gegenstände aufzufordern ... Wir mögen nichts hören von Feldherrn, die ohne Menschenblut siegen. Wenn das blutige Schlachten ein schreckliches Schauspiel ist, so soll das nur eine Veranlassung sein, die Kriege mehr zu würdigen, aber nicht die Schwerter, die man führt, nach und nach aus Menschlichkeit stumpfer zu machen, bis einmal wieder einer dazwischen kommt mit einem scharfen, der uns die Arme am Leibe weghaut."[45] Nach allen diesen Äußerungen über die historische Kriegskunst des 18. Jahrhunderts kann es nicht überraschen, wenn Clausewitz in seiner strategischen Beleuchtung Gustav Adolphs von dem mutvollen Geist des Zeitalters spricht „der gewiß mehr wert ist, als die Afterkunst späterer Kriege." Und nun sein Urteil über Daun ganz persönlich: „Wenn in vielen Kriegen von schwacher Elementarkraft ein solches strategisches

---

[44] B. 4, K. 3.
[45] B. 4, K. 11.

Manövrieren so häufig vorkommt, so geschieht dies freilich nicht, weil der Fall, daß ein Feldherr sich am Ende seiner Bahn befände, eben so häufig wäre; sondern weil Mangel an Entschlossenheit, Mut und Unternehmungsgeist, Furcht vor Verantwortlichkeit oft die Stelle wahrer Gegengewichte vertreten, wobei wir nur an Feldmarschall Daun zu erinnern brauchen."[46] „Dauns Offensive sehen wir fast immer nur dann zum Vorschein kommen, wenn Friedrich der Große durch übertriebene Dreistigkeit und Geringschätzung ihn dazu einlud (Hochkirch, Maxen, Landshut). Dagegen sehen wir Friedrich den Großen fast in beständiger Bewegung, um das eine oder andere der Daunschen Korps mit einer Hauptarmee zu schlagen. Es gelingt ihm zwar selten, wenigstens sind die Resultate niemals groß, weil Daun mit seiner großen Überlegenheit eine seltene Vorsicht und Behutsamkeit verbindet: aber man muß nicht glauben, daß darum des Königs Bestreben ganz ohne Wirkung geblieben wäre. In diesem Bestreben lag vielmehr ein sehr wirksamer Widerstand, denn in der Sorgfalt und Anstrengung, zu welcher sein Gegner gezwungen wurde, um nachteiligen Schlägen auszuweichen, lag die Neutralisierung derjenigen Kraft, welche sonst zum Vorschreiten des Angriffs beigetragen haben würde. Man denke nur an den Feldzug von 1760 in Schlesien, wo Daun und die Russen vor lauter Besorgnis, vom Könige jetzt hier, dann dort angegriffen und überwältigt zu werden, zu keinem Schritt vorwärts gelangen konnten."[47] Ich bemerke hierzu, daß eine solche Vorsicht und Behutsamkeit an der Spitze großer Überlegenheit nach dem Gesamtinhalte der Clausewitzschen Lehre als ein völliges Versagen des Feldherrn aufgefaßt werden muß, und daher lautet auch das Schlußurteil über Daun folgendermaßen: „So gab es denn" — (nach dem falschen Urteil der Zeit) — „Größen und Vollkommenheiten aller Art und selbst Feldmarschall Daun, der hauptsächlich dazu beitrug, daß Friedrich der Große seinen Zweck vollkommen erreichte und Maria Theresia den ihrigen vollkommen verfehlte, konnte noch als ein großer Feldherr angesehen werden." ...[48] „Man denke nur an den Erfolg des siebenjährigen Krieges, wo die Österreicher das Ziel mit soviel Gemächlichkeit, Behutsam-

---

[46] B. 6, K. 24 (II 27S).
[47] B 6 K. 30.
[48] B. 8, K. 3 ad. B.

keit und Vorsicht zu erreichen suchten, daß sie es ganz verfehlten."[49]

Wenn Delbrück der Meinung ist, daß das ganze Kriegssystem des 18. Jahrhunderts überhaupt nicht ausgereicht hätte, um Preußen zu überwinden, daß auch ein viel bedeutenderer Mann als Daun nicht imstande gewesen wäre, Friedrich zu Boden zu drücken, so teilt also Clausewitz jedenfalls diese Ansicht nicht. Der Umfang der Mittel hätte den Verbündeten wohl gestattet, das Ziel zu erreichen, aber ihre Scheu vor dem Wagnis der Schlacht hat sie verhindert, den einzig möglichen Weg zu betreten. Delbrück wirft in jenem Aufsatze die Frage auf, was wohl geschehen wäre, wenn Daun mit seiner großen Überlegenheit dem König auf den Leib gegangen wäre, und er beantwortet sie dahin, daß Daun die schönsten Prügel bekommen hätte. Diese Antwort halte ich aber keineswegs für eine endgültige Lösung. Es ist völlig zuzugeben, daß Friedrich vielleicht noch die Gelegenheit zu einem oder dem anderen Siege erhalten hätte, im allgemeinen aber kann kein Zweifel darüber sein, daß ein kräftiger Gebrauch der verbündeten Streitkräfte das wirklich zureichende Mittel war, um auch diesen herrlichen Helden endlich zu Fall zu bringen. Ohne Blüchers fröhlichen Wagemut wäre Napoleon niemals überwunden worden. Hätte Daun die Luft am Raufen besessen, von der Blücher belebt war, so durfte auch er auf den Sieg rechnen. „Die Vernichtung der feindlichen Streitkräfte ist das Hauptprinzip des Krieges und für die ganze Seite des positiven Handelns der Hauptweg zum Ziel." Dieser Satz hätte also auch für Daun gelten müssen, wenn er in einem politisch auf Niederwerfung des Feindes gerichteten Angriffskriege sein Ziel erreichen wollte. Für den großen positiven Zweck Österreichs genügte es eben nicht, das eigene Streben mehr auf das Ermatten und Ausdauern als auf das Niederwerfen zu richten; es genügte nicht, sich mit dem Besitz von Land und von deckenden Stellungen zu begnügen.

Wenn in diesem Riesenkampfe des 18. Jahrhunderts einer der beiden Gegner zeitweise mit solchem Streben auskommen konnte, so war es Friedrich, weil er sich in der Verteidigung befand. Die Richtigkeit dieser Bemerkung wird sich aus der Betrachtung jener eigenartigen Gegenüberstellung von Angriff und Verteidigung ergeben, die einen weiteren Hauptteil der Clausewitzschen Lehre ausmacht

---

[49] B. 8, K. 9 (III 140).

und das ganze Gedankensystem derselben durchzieht.[50]

Die Verteidigung ist die stärkere Form mit dem negativen Zweck, der Angriff die schwächere Form mit dem positiven Zweck.[51]

Es ist wunderbar! Clausewitz gilt uns Deutschen unbestritten als der tiefste und schärfste Denker auf dem Gebiet des Krieges, die segensreiche Wirkung seiner Geistesarbeit wird allseitig anerkannt und gepriesen, — aber der mehr oder weniger scharfe Widerspruch gegen diesen Satz hört nicht auf. Und doch kann er aus dem Werke „Vom Kriege" ebensowenig herausgenommen werden, wie das Herz aus dem Leibe des Menschen! Unsere bedeutendsten und angesehensten Militärschriftsteller haben sich in solchen Gegensatz zu Clausewitz gesetzt. General Meckel sagt: „der Entschluß zur Verteidigung ist die erste Leitersprosse zur Ratlosigkeit.[52] General v. Blume erklärt: „die strategische Offensive ist hiernach die wirksamere Form der Kriegführung, die welche allein zum endlichen Ziel führt, mag der politische Zweck des Krieges ein positiver oder negativer sein."[53] General v. d. Goltz meint in seinem „Volk in Waffen","„daß die Vorstellung von der größeren Kraft der Verteidigung trotz allem auf Täuschung beruht," und erschließt den betreffenden Abschnitt mit

---

[50] Ich gehe absichtlich auf die persönliche Stellung Friedrichs des Großen zur Kriegskunst seiner Zeit nicht näher ein, weil mich dies ganz aus den gesteckten Grenzen herausführen würde. Delbrück vertritt in dieser Beziehung die Anschauung, daß Friedrichs Überlegenheit über seine Zeitgenossen nicht sowohl in einer eigenartigen und der Zeit vorauseilenden Erkenntnis vom Wesen des Krieges als vielmehr in der größeren Macht seines Charakters gelegen habe. Ich habe dieser Anschauung schon vor 20 Jahren nicht völlig ablehnend gegenübergestanden; ich kann heute noch einen Schritt weitergehen und zugestehen, daß die Delbrücksche Auffassung von Friedrich uns den Helden als eine völlig einheitliche Persönlichkeit zeigt, während die entgegengesetzte Meinung immerhin mit mancherlei inneren Widersprüchen in seinen Worten von verschiedenen Zeiten und verschiedenen Gelegenheiten zu rechnen hat. Ich will also nichts dagegen einwenden, wenn Friedlich als der echte und richtige Vertreter derjenigen Strategie angesehen wird, die dem 18. Jahrhundert eigentlich zukam. Umsomehr Gewicht ist dann aber darauf zu legen, daß seine Gegner von dieser Strategie himmelweit entfernt waren, und zwar Daun nicht minder, wie alle anderen. Sie waren wirklich krank an jener Vorliebe für das Manöver, die Bülow später in ein gelehrtes System gebracht hat, und darum haben sie ihr Ziel verfehlt.

[51] Nachricht" und B. 6, K. 1

[52] Allgemeine Lehre von der Truppenführung S, 35.

[53] Strategie S. 201.

dem Satze: „Krieg führen heißt angreifen.[54] In seinem neuesten Werke „Krieg- und Heerführung" habe ich einen so schroffen Gegensatz gegen Clausewitz nicht mehr gefunden, aber dieselbe Grundstimmung ist doch auch darin festgehalten.

Es ist gewiß nicht ohne Bedenken, so gewichtigen Stimmen entgegenzutreten, und ich setze mich zweifellos der Gefahr aus, in ganz besonderem Maße als „Theoretiker" zu erscheinen. Ich will es aber darauf hin wagen, weil ich ein solches Eintreten für Clausewitz für dringend notwendig erachte.

Zunächst erscheint es mir als eine Sache von ernster Bedeutung, das Vertrauen zur Verteidigung nicht zu erschüttern. Kein Feldherr und kein Führer irgendwelchen Ranges ist in der Lage, immer angriffsweise zu verfahren, und gerade wenn er durch die Umstände zur Verteidigung gezwungen wird, dann ist es im höchsten Grade erwünscht, daß er selbst und seine Untergebenen Vertrauen zu ihr haben. Wenn unser deutsches Reich sich einmal nach mehreren Seiten hin seiner Haut zu wehren haben sollte, wie Preußen im siebenjährigen Kriege, dann kann es des Vertrauens auf die Kraft der Verteidigung sicherlich nicht entraten, und es wäre tief zu bedauern, wenn dann in weiteren Kreisen das Gefühl herrschend würde, daß jetzt die Ratlosigkeit beginnt und daß die Sache schon halb verloren ist.

Sodann sehe ich nicht ein, warum man Clausewitz nicht den Gefallen tun will, die Dinge genau so zu verstehen, wie er sie meint. Nach seiner oft wiederholten Erklärung besteht die Verteidigung nicht nur in der Abwehr, sondern der Gegenstoß gehört in ihren Begriff ganz ebenso mit hinein, wie beim Schulfechten erst der Nachstoß oder Nachhieb in Verbindung mit der Deckung die Verteidigung ergibt. Die Verteidigung ist charakterisiert durch das Abwarten des ersten Angriffs, nicht durch Dulden und Leiden. „Ein schneller, kräftiger Übergang zum Angriff — das blitzende Vergeltungsschwert — ist der glänzendste Punkt der Verteidigung; wer ihn sich nicht gleich hinzudenkt, oder vielmehr, wer ihn nicht gleich in den Begriff der Verteidigung aufnimmt, dem wird nimmermehr die Überlegenheit der Verteidigung einleuchten."[55] Und dieser Clausewitzsche Begriff

---

[54] S. 276 u. 284.
[55] B. 6, K. 5.

der Verteidigung ist doch auch tatsächlich in das praktische Leben unseres Heeres übergegangen, wie sich in der glänzenden Bewährung unseres Offensivgeistes in allen defensiven Lagen von 1866 und 1870/71 gezeigt hat und wie es unsere Übungen im Gelände und auf der Karte fortwährend erweisen. Überall — strategisch und taktisch — denkt der in eine defensive Lage Hineingezwungene sofort daran, wie er den Gegenangriff einzurichten hat, ja wir erleben alle Augenblicke den Fall, daß diese Anschauung viel zu früh und unter Nichtachtung sehr erheblicher Bedenken hervortritt. Ich vermag also keine Gefahr zu erkennen, daß die Art und Weise, wie Clausewitz Angriff und Verteidigung gegenübergestellt hat, irgendwie den Unternehmungsgeist lähmen und die Führung veranlassen könnte, auf große Ziele zu verzichten. „Ist die Verteidigung eine stärkere Form des Kriegführens, die aber einen negativen Zweck hat, so folgt von selbst, daß man sich ihrer nur so lange bedienen muß, als man ihrer der Schwäche wegen bedarf, und sie verlassen muß, sobald man stark genug ist, sich den positiven Zweck vorzusetzen." ... „Wer stark genug zu sein glaubt, sich der schwächeren Form zu bedienen, der darf den größeren Zweck wollen: wer sich den geringeren Zweck setzt, kann es nur tun, um den Vorteil der stärkeren Form zu genießen."[56]

Bei dem Vorstehenden ist freilich vorausgesetzt, daß die Überlegenheit der verteidigenden Form über den Angriff auch an sich wirklich besteht. Und da will ich nun zugeben, daß die Gründe, welche Clausewitz in dem Buche von der Verteidigung anführt, nicht ausnahmslos überzeugen. Er hat das auch augenscheinlich selbst gefühlt, denn in seiner letzten Nachricht über sein Wert sagt er von diesem Buche (dem 6.) ganz ausdrücklich, daß es als ein bloßer Versuch zu betrachten sei und daß er es „ganz umgearbeitet und den Ausweg anders gesucht haben" würde. Damit kann er aber nur den Gang der Beweisführung gemeint haben, denn den in Frage stehenden Lehrsatz selbst führt er in demselben Aufsatz ganz ausdrücklich unter den Wahrheiten an, die sich mit voller Sicherheit hinstellen lassen.

Und so nehme ich keinen Anstand, das zweite Kapitel dieses Buches, wo das Verhältnis von Angriff und Verteidigung in der Taktik behandelt wird, als einigermaßen verfehlt zu bezeichnen. Clausewitz

---

[56] B. 6, K. 1.

erörtert dort diejenigen Momente der Überlegenheit, in deren sachgemäßer Ausnutzung so recht eigentlich die Kunst der Führung besteht, nämlich den Vorteil der Gegend (des Bodens), die Überraschung und den Anfall von mehreren Seiten. Er schließt Stärke und Güte der Truppen hierbei von der Betrachtung aus, weil sie dem Feldherrn als bestimmte Größen gegeben sind. Und jene drei Überlegenheitsmomente will er nun alle vorwiegend für die Verteidigung in Anspruch nehmen.

Daß der Vorteil der Gegend ganz vorzugsweise der Verteidigung zu gute kommt, das ist nun unzweifelhaft richtig. Sie sucht sich ihre Stellungen so aus, daß ihre Feuerwaffen zur vollen Wirkung kommen und daß zugleich die eigenen Truppen die bestmögliche Deckung genießen. Dieser Vorteil hat sich im Laufe des 19. Jahrhunderts in einer Weise gesteigert, von der man in dessen Beginn noch durchaus keine Ahnung haben konnte. Clausewitz erwartet zwar schon „daß Gegend und Boden jetzt mehr als je den kriegerischen Akt mit ihren Eigentümlichkeiten durchdringen werden": in welchem Maße aber die Verbesserung der Feuerwaffen diesen Satz bewahrheiten werde, das konnte er nicht wissen. Heutzutage spielt die Deckung eine geradezu entscheidende Rolle in allen Kämpfen. Sie erst ermöglicht die Ausnutzung der weittragenden Schnellfeuerwaffen und befähigt den Schwachen, sich mit dem Starken zu messen. Jeder Musketier weiß heute genau, welcher gewaltige Vorteil auf seiner Seite ist, wenn er in guter Deckung liegend mit aller Überlegung sein Gewehr gegen Feinde gebrauchen kann, die erst große Strecken ungedeckt zurücklegen müssen, ehe ihr Schießen auf ein kleines Ziel auch nur den geringsten Erfolg verspricht. Der Vorteil der Gegend und des Bodens ist heute so sehr auf der Seite der Verteidigung, daß der Clausewitzsche Ausspruch taktisch schon durch ihn allein gerechtfertigt wird.

Daß aber Überraschung und Anfall von mehreren Seiten auch wesentlich mehr zu Gunsten der taktischen Verteidigung als wie des Angriffs wirksam seien, das hat unser Verfasser nicht einleuchtend machen können. Er denkt sich die Verteidigung innig vertraut mit ihrem ausgesuchten Schlachtfelds, daher höchst geschickt in der Ausnutzung aller Geländevorteile, und er meint, daß sie darum im Laufe des Gefechts durch Stärke und Form ihrer Anfälle in höherem Maße zu überraschen und zu umfassen vermöge, als es der Angriff bei der Einleitung der Gesamthandlung zu tun vermag. Clausewitz übersieht aber, daß bei richtiger Ausbildung auch die Angriffstruppen eine hohe Geschicklichkeit in der Geländebenutzung besitzen können, und daß sie sich alsdann die Gelegenheit nicht entgehen lassen werden, auch im einzelnen mit der Überraschung und dem Anfall von mehreren Seiten zu wirken. Und was nun im besonderen den Anfall von mehreren Seiten in der Gesamthandlung betrifft, so hat sich seine Wirkung seit einem halben Jahrhundert in früher unabsehbarer Weise gesteigert. Konzentrisches Feuer aus Geschütz und Gewehr ist ein Mittel geworden, mit welchem der Angriff auch die stärksten Geländevorteile der Verteidigung siegreich zu überwinden vermag.

Bei der Gegenüberstellung von Angriff und Verteidigung in der Strategie ist Clausewitz zunächst wieder unbestritten im Recht, wenn er den Vorteil der Gegend und des Bodens abermals der Verteidigung zuspricht. Alle bedeutenderen Geländeobjekte, wie Flußlinien, Sumpfniederungen, ausgedehnte Waldungen, Gebirge, stellen sich zunächst als Bewegungshindernisse dar, die den Angriff erschweren und darum die Verteidigung begünstigen, was durchaus nicht ausschließt, daß die Verteidigung durch unrichtigen Gebrauch derselben ihres Vorteils verlustig gehen kann. Ein solcher unrichtiger Gebrauch ist es in der Regel, wenn die Verteidigung den Geländeabschnitt ganz unmittelbar für den Kampf mit ihren Hauptmassen als Stellung zu verwerten sucht. Sie muß dann fast immer die Erfahrung machen, daß sie selbst nur erfolgreich ist, wenn sie die ganze Linie behauptet, daß dem Angreifer aber der Sieg zufällt, sobald er an einer Stelle durchdringt. Bei richtiger Verwertung solcher Abschnitte stellt man sich hinter ihnen auf, sperrt vielleicht einen oder einige Übergänge ganz, läßt aber andere offen oder verteidigt sie nur scheinbar; den Schwerpunkt der Handlung aber verlegt man in den Gegenangriff auf den ersten größeren Heerteil des Feindes, der nach Überwindung des Abschnitts vor unserer Front erscheint.

Im unmittelbaren Anschluß an den Vorteil von Gegend und Boden ist die Unterstützung zu nennen, welche die Verteidigung im eigenen Lande durch die vorherige Einrichtung ihres Kriegstheaters findet, also durch die Festungen und Befestigungen, sowie durch die Nähe und Reichhaltigkeit ihrer Hilfsquellen. Heutzutage tritt in dieser Beziehung das eigene Eisenbahnnetz zu den Vorteilen der Verteidigung als ein hochwichtiger und äußerst wirksamer Faktor hinzu. Die Verteidigung rechnet ferner mit der gesamten Kraft des Volkes, sie kann Heeresorganisationen zweiter, dritter und vierter Linie, Reserve-, Landwehr- und Landsturmtruppen, in einem Maße verwenden, wie das dem strategischen Angreifer niemals möglich ist; sie kann aber auch die Unterkunft und Verpflegung viel leichter einrichten und wird mit Nachrichten über den Feind ganz anders bedient. Als Clausewitz sein Buch schrieb, war der heutige Begriff des Volkes in Waffen erst im Entstehen und das Maß gegenwärtiger Kriegsvorbereitung lag weit außerhalb seines Denkens. Zu voller Geltung in ihrem ganzen Umfang können diese Volkskräfte aber nur bei der Verteidigung des eigenen Bodens gelangen.

Wer den eigenen Boden verteidigt, kann endlich in weit höherem Maße auf politische Unterstützung durch andere Staaten rechnen, als der strategische Angreifer, weil ganz im allgemeinen eine bestimmte Tendenz des politischen Weltverkehrs dahin geht, die bestehenden Zustände nach Möglichkeit zu erhalten und jede einseitige Verschiebung derselben tunlichst zu verhindern.

Schwieriger wird die Frage, wenn es sich um den Anfall von mehreren Seiten auf strategischem Gebiete handelt. Clausewitz steht in dieser Beziehung ganz auf dem Standpunkte von Jomini, indem er sagt: „Es tritt in der Strategie des größeren Raumes wegen die Wirksamkeit der inneren, d. h. kürzeren Linien stärker hervor und bildet ein großes Gegengewicht gegen die Anfälle von mehreren Seiten."[57] „Hat die Verteidigung einmal das Prinzip der Bewegung in sich aufgenommen (einer Bewegung, die zwar später anfängt, als die des Angreifenden, aber immer zeitig genug, um die Fesseln der erstarrenden Passivität zu lösen), so wird dieser Vorteil der größeren Vereinigung und der inneren Linien ein sehr entscheidender und meistens wirksamer zum Siege, als die konzentrische Figur des Angriffs. Sieg aber muß dem Erfolg vorhergehen: erst muß man überwinden, ehe man an das Abschneiden denken kann. Kurz, man sieht, es besteht hier ein ähnliches Verhältnis, wie das zwischen Angriff und Verteidigung überhaupt; die konzentrische Form führt zu glänzenden Erfolgen, die exzentrische gewährt die ihrigen sicherer, jenes ist die schwächere Form mit dem Positiven, dieses die stärkere Form mit

---

[57] B. 6, K. 3.

dem negativen Zweck."[58]

Ich begnüge mich, hier darauf aufmerksam zu machen, daß wir früher bei Besprechung Jominis die Operation auf innerer Linie immer vorwiegend vom Standpunkte des Angriffs aus angesehen haben, der gegen die Mitte einer weit ausgedehnten strategischen Defensivaufstellung vordringt. Clausewitz zeigt sie uns als jene aktive Verteidigungsweise, mit der der große König und Herzog Ferdinand im siebenjährigen Kriege, Napoleon in der zweiten Hälfte seines Feldzuges von 1796 und in dem von 1814 so wesentliche Erfolge erzielten. Ich erinnere daran, daß man bis in die allerneueste Zeit hinein geneigt war, die Lage Benedeks an der Oberelbe ganz im Sinne der obigen Worte von Clausewitz als eine entschieden vorteilhafte anzusehen. In die Frage nach der Berechtigung dieser Auffassung für unsere heutige Zeit kann ich aber erst später eintreten.

Und nun die Überraschung auf strategischem Gebiet! Clausewitz will einen Vorteil darin erkennen, daß der Verteidiger die eigenen Maßnahmen nach denen des Gegners treffen könne, daß er in der Hinterhand sei,[59] und diese Behauptung hat von jeher ernsten Widerspruch erfahren. Sie knüpft an das Kartenspiel an, bei dem ja die Hinterhand zweifellos im Vorteil ist. Aber schon beim Schachspiel trifft die Sache nicht mehr zu und der Anzug kann hier in geschickter Hand ein Übergewicht gewähren, das im ganzen Spiel vorhält. Im Schulfechten hängt die Entscheidung der Frage bereits in hohem Maße von der Persönlichkeit der Fechter ab, und diese Erscheinung steigert sich beim Zweikampf mit scharfen Waffen. Im Kriege endlich, wo in der Seele jedes Handelnden neben der kalten Berechnung ein steter Kampf widersprechender Empfindungen hergeht, da ist die Vorhand, die Initiative, ein unendlich oft erprobtes Mittel, um den Gegner in Verwirrung zu bringen und zu täuschen. Da Clausewitz selbst auf das Ringen der geistigen Kräfte das höchste Gewicht legt, so gilt es sorgsam zu erwägen, auf welchem Wege er zu seiner Anschauung gelangt sein mag. Nach meiner Überzeugung unterscheidet er hier streng zwischen dem Denken bzw. Empfinden des Feldherrn und des Heeres. Und um sich die Stellung des Feldherrn zu dem Gegenstände klar zu machen, hat er, wie wohl in der Regel oder doch

---

[58] B. 6, K. 4
[59] B.6., K. 28 (II 312) und „Leitfaden zur Bearbeitung der Taktik" Nr. 516.

mit Vorliebe bei seinen Erwägungen, sich an die Beispiele Friedrichs des Großen und Napoleons gehalten. Da wird man ihm nun zugestehen müssen, daß diese beiden Feldherrn in allen zweifellos defensiven Lagen, in welche sie durch die Umstände gestellt waren, sich durch die Maßnahmen ihrer in der Vorhand befindlichen Gegner niemals imponieren ließen und daß ihr Spiel in der Hinterhand es trefflich verstanden hat, sich ein Übergewicht zu wahren. Nun meint Clausewitz einmal: „Was das Genie tut, muß gerade die schönste Regel sein, und die Theorie kann nichts besseres tun, als zu zeigen wie und warum es so ist."[60] Aber wir dürfen doch wohl Bedenken tragen, das moralische Übergewicht so großer Feldherrn in der Weise zu verallgemeinern, wie es durch die Lehre vom Vorteil der Hinterhand geschieht.

Was nun die Empfindung des Heeres betrifft, so will Clausewitz nicht bestreiten, daß aus dem Bewußtsein, zum Angreifenden zu gehören, ein Gefühl der Überlegenheit entspringe. „Dieses Gefühl geht aber sehr bald in dem allgemeinen und stärkeren unter, welches einem Heer durch seine Siege oder Niederlagen, durch das Talent oder die Unfähigkeit seiner Führer gegeben wird."[61] Auch das ist zuzugeben. Bis aber das höhere und stärkere Gefühl eines siegegewohnten Heeres sich gebildet hat — und nach jeder langen Friedenszeit muß es sich doch erst neu bilden — bis dahin ist jenes erhebende Gefühl, zum Angreifer zu gehören, immerhin eine höchst wertvolle Kraft, die nicht unterschätzt werden darf, die uns auch 1866 große Dienste geleistet hat.

Wenn wir nun aber auch dem Spiel in der Hinterhand einen eigentümlichen Vorteil nicht zugestehen wollen, das müssen wir Clausewitz doch einräumen, daß dem Abwarten, dieser charakteristischen Eigenschaft der Verteidigung ein anderer, wesentlicher Vorzug innewohnt. Es ist der „daß alle Zeit, welche ungenützt verstreicht, in die Wagschale des Verteidigers fällt. Er erntet, wo er nicht gesät hat. Jedes Unterlassen des Angriffs aus falscher Ansicht, aus Furcht, aus Trägheit, kommt dem Verteidiger zu gute ...

Dieser Vorteil hat den preußischen Staat im siebenjährigen Krie-

---

[60] B. 2, K. 2 Nr. 13.
[61] B. 6, K. 3.

ge mehr als einmal vom Untergang gerettet."[62]

Es muß hier ein Ergebnis vorausgenommen werden, dessen logische Entwicklung eigentlich erst in die Betrachtung des Angriffs gehörte, welches aber andererseits so ausnahmslos durch jeden Blick in die Geschichte bestätigt wird, daß ich mich auf eine ganz kurze Angabe der Gründe beschränken kann. Es ist die Erfahrung „daß jeder Angriff sich im Vorgehen schwächt."[63] Der Angreifer muß Festungen des Verteidigers einschließen und beobachten, muß das hinter ihm liegende Land besetzen, um sich dort die Herrschaft zu sichern und den eigenen Verkehr mit dem Heimatlande zu decken; er kann endlich seine Gefechts- und Marschverluste nicht annähernd in demselben Maße ergänzen, wie sie eintreten. Er kann das auch heutzutage und trotz der Eisenbahnen nicht, weil in Feindesland die Eröffnung der rückwärtigen Bahnverbindung schwerlich gleichen Schritt halten wird mit den Fortschritten des siegreichen Heeres. Und weil dem so ist, darum kommt das Rollen der Zeit an sich der Verteidigung zu gut, darum ist es ihr gutes Recht, jenes „Ermatten und Ausdauern des Gegners" in ihren Plan aufzunehmen, das im 18. Jahrhundert fehlerhafter Weise auch im Angriff eine so bedeutende Rolle gespielt hat. Darum kann endlich das Verschieben des Entscheidungskampfes für sie zu einem wohlbegründeten Mittel werden, um größere Erfolge zu erzielen.

Clausewitz unterscheidet vier Widerstandsarten:[64]

1. „indem das Heer den Feind angreift, sobald er in das Kriegstheater eindringt; ...

2. indem es eine Stellung nahe an der Grenze einnimmt und abwartet, bis der Feind zum Angriff vor derselben erscheint, um ihn dann selbst anzugreifen;

3. indem das Heer in einer solchen Stellung nicht bloß den Entschluß des Feindes zur Schlacht, d. h. das Erscheinen im Angesicht unserer Stellung, sondern auch den wirklichen Angriff abwartet; ...

4. indem das Heer seinen Widerstand in das Innere des Landes verlegt." ...

Die beiden ersten Fälle liegen einander wohl sehr nahe, sind aber

---

[62] B. 6, K. 1.
[63] Nachricht, B. 7, K. 1 u. B. 7 Schluß.
[64] B. 6, K. 8

doch deutlich genug zu unterscheiden. Der allererste wird nur durch das Nichtüberschreiten der Grenze als strategische Verteidigung charakterisiert, ist so offensiv wie nur irgendmöglich und muß heutzutage voraussichtlich zu taktischen Begegnungskämpfen führen. Im anderen Falle hat der Feldherr nicht nur den Verzicht auf den Einfall in Feindesland für nötig erachtet, sondern er will sich auch des Beistandes von Gegend und Boden in einem Maße versichern, wie es bei dem allerersten Verfahren nicht möglich ist. Er stellt sich also so auf, daß er den vor ihm erscheinenden Gegner unter besonders günstigen Verhältnissen angreifen kann, z. B. wenn der Gegner noch mit solchen Schwierigkeiten zu kämpfen hat, wie sie der Durchzug durch Gebirgs- oder Flußdefileen bedingt.[65]

Der dritte Fall ist die eigentliche Verteidigungsschlacht, zu der man sich das Gelände nicht nur aussucht, sondern auch vorbereitet, und deren Schlußakt durch den machtvollen Gegenstoß gebildet wird.

Die letzte Form des Widerstandes, der Rückzug ins Innere des Landes, geht ganz unmittelbar auf die Herabminderung der Stärke des Angreifers aus und muß in der Regel und jedenfalls bei der heutigen Organisation des Kriegswesens zugleich zu einem ganz unmittelbaren Anwachsen der eigenen Streitkräfte führen. Sie ist zugleich diejenige Form, mit welcher der Verteidiger die strategische Flankenwirkung am leichtesten verbinden kann, indem er aus der Hauptrichtung seitlich abbiegt, die nach dem Schwerpunkt seines eigenen Landes führt. Je weiter zurück der Punkt liegt, auf welchem die Verteidigung den Umschwung anstreben will, desto mehr Land fällt freilich inzwischen in die Hände des Angreifers und muß die Leiden des Krieges auf sich nehmen; aber desto größer werden natürlich auch die Folgen des von der Verteidigung wirklich errungenen Sie-

---

[65] Da General v. d. Goltz in „Krieg- und Heerführung" sich dahin ausspricht, daß strategisch-defensive und taktisch-offensive Haltung nur schwer vereint zu denken sei (S. 24), so mache ich hier darauf aufmerksam, daß unsere eigene Lage uns diesen Gedanken doch sehr nahe legt. Die französische Grenze gegen uns ist durch Befestigungen so sehr verstärkt, daß wir jedenfalls unserer Gesamtkraft bedürfen, um den dort zu erwartenden Widerstand in strategisch-taktischer Offensive überwinden wollen. Dagegen können wir auch in einem Doppelkrieg sehr wohl daran denken, dem Gegner sofort entgegenzurücken und ihn anzugreifen, so wie er selbst aus dem Schutz seiner Grenzbefestigung heraustritt und die Offensiv-Operationen gegen uns eröffnet.

ges, desto furchtbarer wird der Rückschlag für den Angreifer, der sich so weit von seinem heimischen Gebiet entfernt hat. Der größte Erfolg, den jemals eine Verteidigung erzielte, ist 1812 auf diesem Wege errungen worden! Die völlige Vernichtung des wahrhaft ungeheuren Angriffsheeres unter dem gewaltigsten, d. h. zugleich erfahrensten und rücksichtslosesten Vertreter der strategischen Offensive war hier der Lohn eines solchen Verfahrens. An der hier hervorgetretenen Stärke der Verteidigung ist tatsächlich die Weltherrschaft Napoleons gescheitert.

Diese Erkenntnis ist um so bedeutungsvoller, wenn man sich überzeugt, daß das Verfahren Napoleons in jenem gigantischen Kampfe dabei das vollkommen richtige, ja das einzig mögliche war, daß jeder Versuch, die Lösung der gestellten Aufgabe auf zwei Feldzüge zu verteilen, mit dem Verzicht auf den Endzweck identisch gewesen wäre. Daß dem so ist, das hat unser Kriegsphilosoph mit der ihm eigenen Klarheit unwiderleglich dargetan.[66] Ich komme nunmehr zu den Ausführungen von Claufewitz über die positive Form der Kriegführung, über den Angriff, und ich brauche wohl für deutsche Leser kaum besonders zu bemerken, daß wir in ihnen die Anschauungsweise Napoleons I., des praktischen Lehrmeisters jener Zeit, auf jeder Seite wieder» finden.[67]

Sieg in der Schlacht und Ausnutzung des Sieges in kräftiger Verfolgung, das ist der Hauptinhalt dieser Lehren ganz ebenso wie es der Kern der Jominischen Theorie ist. Auch hier wird immer erneut betont, daß der taktische Erfolg auf dem Schlachtfelde das erste und wichtigste Ziel aller Anstrengungen sein muß und daß er unter allen Umständen immer den höchsten und bedeutendsten Wert behält. Ebenso wird die Gewinnung des feindlichen Rückens als der erste Schritt zu einer gewaltigen Steigerung des Erfolges angesehen, und die Schlacht mit verwandter Front als das entscheidende Mittel be-

---

[66] B. 2, K. 8.
[67] Ein unger französischer Stabsoffizier — Camon — hat im Journal des sciences militaires von 1900 in einer Studie über Clausewitz neuerdings wieder einmal den Beweis von der Schwierigkeit geliefert, die es für unsere Nachbarn hat, sich in fremdes Denken zu versetzen. Nach seiner Darstellung hat Clausewitz nicht nur den Kaiser in keiner Weise begriffen, sondern er erscheint auch als ein ganz unklarer Kopf, den man unmöglich ernst nehmen kann. — Wir können uns ja eigentlich nur darüber freuen, wenn den Franzosen die Quellen unserer Kraft auch fernerhin verschlossen bleiben

trachtet, um den Feind von seiner Rückzugslinie abzudrängen und in der Verfolgung aufzureiben. Und endlich wird es klar ausgesprochen, daß Einschließungen und Belagerungen feindlicher Festungen in ganz besonderem Maße zur Schwächung des Angriffs beitragen und daher nach Möglichkeit zu vermeiden sind.

Dagegen ist allerdings ein sehr wesentlicher Unterschied zwischen Clausewitz und Jomini hier hervorzuheben, der in den beiderseitigen Auffassungen über das Wesen der einfachen strategischen Umgehung liegt. Clausewitz hütet sich durchaus, die grundsätzliche Bedingung anzunehmen, die Jomini aufgestellt hat, daß man die feindliche Verbindung gewinnen soll, ohne die eigene zu gefährden, er vermeidet es also, eine Forderung zu erheben, die nur bei immerhin seltener Gunst der geographischen Verhältnisse wirklich zu erfüllen ist. Er ist vielmehr der Meinung, daß Schlachten mit umfassenden Linien oder gar mit verwandter Front, welche eigentlich die Folge eines vorteilhaften Verhältnisses der Verbindungslinien sein sollten, gewöhnlich die Folge von moralischer und physischer Überlegenheit sind"[68] und damit wird seine Lehre vom Angriff vor allen Übertreibungen eines geometrischen Prinzips sicher bewahrt. Aber freilich sieht er es auch nicht mehr als einen besonders merkwürdigen Lichtblick des Genius an, wenn ein Feldherr vor Beginn einer einigermaßen gewagten strategischen Bewegung seine Vorkehrungen so trifft, daß er bei etwaigem Verlust der bisherigen Verbindung den Verkehr mit den Hilfsquellen in einer anderen Richtung wiedereröffnen kann; er gerät nicht in Verzückung über den „Wechsel der Verbindung" und über die neue „ligne accidentelle", wie Jomini das tut; sondern er sieht darin nur eine jener unzähligen Proben des Charakters, die der Feldherr fortwährend liefern muß, wenn er einen an sich höchst einfachen Gedanken durchführen will.

Wie Clausewitz in seinem Buche von der Verteidigung die defensive Verwertung von Fluß- und Gebirgslinien, zumal das Wesen der Flußverteidigung in besonders gründlicher und überzeugender Weise erörtert hat, so verdanken wir auch seinem Buche vom Angriff verschiedene Begriffsbestimmungen und Erklärungen, die für die Wissenschaft von hohem Werte geworden sind. Ich rechne dahin seine Abhandlung über die verschiedenen Grade der Verfolgung, vor allem

---

[68] B. 7, K. 7.

aber die Erörterung über den Kulminationspunkt des Sieges[69], über den Punkt, wo die vorher schon berührte Abnahme seiner Kraft den Angriff mit der Gefahr des Umschwungs bedroht, und wo daher selbst ein starker und von höchster Energie erfüllter Sieger sich genötigt sehen kann, das weitere Vorschreiten aufzugeben und sich mit dem Erhalten des bis dahin Erreichten und Errungenen zu begnügen. Für den Zweck der hier vorliegenden Untersuchung brauche ich auf diese Dinge nicht näher einzugehen.

Dagegen wende ich mich jetzt zu der schon früher berührten Frage, in welcher Weise Clausewitz den endgültigen Ausbau seines Werkes vorzunehmen gedachte. In der dem Werk „Vom Kriege" vorgedruckten Nachricht spricht sich der Verfasser dahin aus, daß er die doppelte Art des Krieges schärfer im Auge behalten wolle. „Diese doppelte Art des Krieges ist nämlich diejenige, wo der Zweck das Niederwerfen des Gegners ist, sei es daß man ihn politisch vernichten, oder bloß wehrlos machen und also zu jedem beliebigen Frieden zwingen will, — und diejenige, wo man bloß an den Grenzen seines Reiches einige Eroberungen machen will, sei es, um sie zu behalten, oder um sie als nützliches Tauschmittel beim Frieden geltend zu machen. Die Übergänge von einer Art in die andere müssen freilich bestehen bleiben, aber die ganz verschiedene Natur beider Bestrebungen muß überall durchgreifen und das Unverträgliche voneinander sondern," Aus diesem Gesichtspunkte heraus wollte er zunächst die tatsächlich nur vorhandenen flüchtigen Skizzen zu den Büchern vom Angriff und vom Kriegsplan ausarbeiten und dann erst auf die bereits ausgearbeiteten ersten sechs Bücher zurückkommen, welche nacheinander die Natur des Krieges, die Theorie des Krieges, die Strategie im allgemeinen, das Gefecht, die Streitkräfte und die Verteidigung behandeln.

Delbrück glaubt nun,[70] daß Clausewitz bei Erwähnung der zweiten Art des Krieges, bei der man einige Eroberungen an den Grenzen des Reiches machen will, die historische Strategie des 18. Jahrhunderts im Sinne gehabt habe, und zwar nicht nur die Strategie des großen Königs, sondern auch diejenige seiner Gegner, also auch jene

---

[69] B, 7, K. 5 und Schluß des Buches.
[70] Zeitschrift für preuß. Geschichte und Landeskunde, 1881, Heft 11/12 S. 555 und „Historische und politische Aufsätze von H. Delbrück III. Abt., S. 10/12. 1886,

Kriegskunst, welche ihre Aufgabe mehr im Ermatten und Ausdauern, als im Niederwerfen des Feindes, mehr im Manöver als im Schlagen fand. Nach dieser Anschauung hätte Clausewitz bei der beabsichtigten Umarbeitung ganz unbedingt auch alle jene scharfen Urteile über die strategischen Irrtümer der vorangegangenen Kriegsepoche und zumal diejenigen über Daun wieder streichen müssen, die ich dem Leser früher vorgeführt habe.

Ich dagegen bin der Meinung, daß Clausewitz zwar dem auf völlige Niederwerfung des Feindes gerichteten Angriff einen solchen „mit beschränktem Ziel" entgegenstellen wollte, daß er aber auch für diesen Angriff mit beschränktem Ziel an seinem zweiten Fundamentalsatz festzuhalten gedachte: die Vernichtung der feindlichen Streitkräfte ist das Hauptprinzip des Krieges und für die ganze Seite des positiven Handelns der Hauptweg zum Ziel.

Als ich mich vor 20 Jahren über diesen Gegenstand äußerte, schrieb ich die folgenden Sätze: „Vielleicht wollte Clausewitz zunächst seinem auf völlige Niederwerfung Frankreichs gerichteten Kriegsplan, bei dem er die vereinten Kräfte Österreichs, Preußens, des übrigen Deutschlands, der Niederlande und Englands voraussetzt, einen anderen Plan zur Seite stellen, in welcher Weise etwa der deutsche Bund allein und von mißtrauischen Nachbarn an der vollen Kraftentwicklung nach einer Seite hin gehemmt, seine Streitmacht zu gebrauchen hätte, um in einem neuen Kriege mit Frankreich die Streitfrage auf feindlichem Gebiete auszutragen, also den Krieg zwar offensiv zu führen, aber in Anbetracht des beiderseitigen Stärkeverhältnisses doch ohne die Wahrscheinlichkeit eines dritten Einzugs in Paris? Vielleicht waren es die an einem solchen Beispiel sich kristallisierenden Ideen, die er dann in dem bereits ausgearbeiteten Material durchschimmern lassen wollte, die er bei der Ausführung des noch skizzenhaften Stoffs zu berücksichtigen gedachte? Um uns an Clausewitz' eigene Stoffeinteilung zu halten, so wäre dann der Angriff mit beschränktem Ziel[71] einer sorgfältigen Ausarbeitung unterzogen worden und das hätte auf den Abschnitt von der Verteidigung und auf die allgemeinen Abschnitte zurückgewirkt. Und hierin könnte man in gewissem Sinne eine Vervollkommnung des Werkes sehen. Denn der auf völlige Niederwerfung des Gegners gerichtete Angriff

---

[71] Der Begriff kommt in den Skizzen zum 8. Buche vor, Kap. 5 u. 7.

setzt doch in irgendeiner Weise eine wirkliche, und zwar eine bedeutende Überlegenheit voraus, sei es der Zahl, der Bewaffnung, der Organisation oder der Qualität von Führung und Truppe; und bei dem eifrigen Bestreben aller Großmächte, sich hierin auf gleicher Höhe zu erhalten, ist der Fall sehr wohl denkbar, daß man sich zwar stark genug fühlen kann zum Angriff, aber nur zum Angriff mit beschränktem Ziel, d. h. zu einem Angriff, der im Bewußtsein seiner eigenen abnehmenden Kraft freiwillig darauf verzichtet, seine ersten Erfolge über große Räume hin auszubeuten, der vielmehr Gewicht darauf legt, auf dem Kulminationspunkt des Sieges über gut zusammengehaltene Massen zu verfügen."

Die in diesen Sätzen niedergelegte Anschauung hat inzwischen eine Bestätigung erfahren, mit der ich sehr zufrieden sein kann. In der „Militärischen Korrespondenz Moltkes vom Jahre 1859" ist nämlich als Anhang eine Denkschrift von Clausewitz veröffentlicht worden, die dieser im Winter 1830/31 verfaßt hat. Man mußte damals in Preußen einen Krieg mit Frankreich für sehr wahrscheinlich halten und Clausewitz hatte die Aussicht, in diesem Kriege als Chef des Generalstabs bei dem Oberfeldherrn Feldmarschall Gneisenau zu wirken. Die unter diesen Umstanden, also von durchaus praktischen Gesichtspunkten aus verfaßte Denkschrift ist ein solcher Kriegsplan für den Angriff mit beschränktem Ziel, wie ich ihn in den obigen Sätzen für möglich gehalten habe, und in diesem Kriegsplan steht das Streben nach der Schlacht durchaus im Mittelpunkte des Denkens und es fällt seinem Verfasser nicht im entferntesten ein, etwa nach deckenden Stellungen zu suchen, vermöge deren der Angriff seinen Schwerpunkt in das Ermatten und Ausdauern verlegen könnte.

Die Gegenüberstellung der beiden Clausewitzschen Kriegspläne gegen Frankreich gibt uns einen sicheren Anhalt zur Lösung der Frage, nach welcher Richtung hin die Umarbeitung des Werkes vom Kriege erfolgen sollte, und ob dabei der historische oder der praktisch-lehrhafte Gesichtspunkt ausschlaggebend war.

Der auf völlige Niederwerfung Frankreichs gerichtete Kriegsplan[72] setzt die allgemeine politische Lage aus der Zeit der heiligen Allianz voraus, welche Österreich und Preußen gestattet, nahezu die

---

[72] B. 8, K. 9. Zeit der Abfassung wahrscheinlich 1828,

Gesamtheit ihrer Kräfte nach Westen zu wenden. Zu diesen Heeresmassen treten die vier Bundes-Armee-Korps der übrigen deutschen Staaten, die Truppen der vereinigten, d. h. Belgien mitumfassenden Niederlande und eine englische Hilfsarmee. Im Ganzen ergibt dies 725 000 Mann eigentlicher Feldtruppen, also ohne die Ersatz- und Besatzungstruppen im Inneren der Verbündeten Länder. Da deren Bevölkerung zusammen etwa 75 Millionen umfaßte, betrug die zum Kampf in vorderster Linie bestimmte Macht etwa 1% derselben und nach demselben, damals allgemein angenommenen Maßstabe mußte man auf ein sofort verfügbares französisches Feldheer von 300 000 Mann gefaßt sein. Hinter dem französischen Feldheer gab es zwar eine im Frieden vorgeübte Organisation nach Art unserer Landwehren nicht; dagegen war damit zu rechnen, daß die zahlreichen Festungen Frankreichs ihren Hauptbedarf an Besetzungen aus der — ungeübten — Nationalgarde zu decken vermochten, und außerdem war mit Sicherheit vorauszusehen, daß im Laufe des Feldzuges dem Feldheere sehr bedeutende Verstärkungen aus der Altersklasse des laufenden Jahres und aus Freiwilligen erwachsen würden. Das französische Heer war im Frieden mit Offizieren und Unteroffizieren ungewöhnlich reich ausgestattet, es war also imstande, seine Ersatztruppen und Neuformationen mit leistungsfähigen Führerkräften zu versehen und aus der Napoleonischen Zeit hatte man zweifellos noch die volle Erinnerung aller jener durchgreifenden Maßregeln, mit denen man Hunderttausende in verhältnismäßig kurzer Zeit soweit brachte, daß sie im Rahmen des kriegstüchtigen Heeres ihren Platz wohl auszufüllen vermochten.

Die 725 000 Verbündeten konnten nun allerdings nicht sämtlich die französische Nord- und Ostgrenze überschreiten. 50 000 Österreicher waren in den italienischen Gebieten des Kaiserstaats für alle Fälle zu belassen; 25 000 Engländer konnten zweckmäßig die langgestreckte Küste Frankreichs bedrohen, um hier erheblich stärkere Kräfte des Feindes zu fesseln; endlich rechnet Clausewitz noch 50 000 Mann zur Verstärkung der Besatzungen in den Grenzfestungen ab. Es verbleiben dann 600 000 Mann. Ihre Vereinigung zu einem einzigen Heere, die nach der Gesamtanschauung von Clausewitz ihm die erwünschteste Anordnung wäre, kann gleichwohl nicht in Betracht kommen, weil dadurch zu große Umwege und zu bedeutende Zeitverluste entstehen würden und auch die Schwierigkeit der Verpflegung allzu bedeutend erscheint. Daher sollen 300 000 Preußen, Norddeutsche, Niederländer und Engländer in den Niederlanden, genauer in Belgien, 300 000 Österreicher und Süddeutsche am Oberrhein versammelt werden. Die erstere Armee soll geraden Weges auf das damals noch unbefestigte Paris, die andere in der allgemeinen Richtung über die obere Seine nach der Loire oberhalb Orléans vordringen. Bei dieser allgemeinen Bestimmung der Richtungen kann man sicher sein, die Hauptkräfte des Feindes unterwegs zu finden, zumal wenn man den Wunsch und das Bestreben hat sie zu treffen und zu schlagen. Das aus Belgien kommende Heer hat bis Paris etwa 30, das vom Oberrhein kommende bis Orleans etwas über 50 Meilen zurückzulegen; erst wenn das erstere über Paris weiter gegen Süden vordringt, können sie in Berührung treten. Keines soll bis dahin von dem andern abhängen, jedes soll völlig selbständig handeln, als wenn es allein auf der Welt wäre, wie denn Clausewitz die weit auseinander liegenden Gegenden, durch welche beide Heere im Beginn des Feldzuges ziehen, vollständig als zwei getrennte Kriegstheater ansieht. „Unsere beiden Angriffe haben jeder ihr Ziel, die darauf verwendeten Kräfte sind höchst wahrscheinlich den feindlichen an Zahl merklich überlegen; geht jeder seinen kräftigen Gang vorwärts, so kann es nicht fehlen, daß sie gegenseitig vorteilhaft auf einander wirken. Wäre einer der beiden Angriffe unglücklich, weil der Feind seine Macht zu ungleich verteilt hat, so ist mit Recht zu erwarten, daß der Erfolg des anderen dieses Unglück von selbst gutmachen werde, und das ist der wahre Zusammenhang beider. Einen Zusammenhang, welcher sich auf die Begebenheiten der einzelnen Tage erstreckt, können sie bei der Entfernung nicht haben; sie brauchen ihn auch nicht und darum ist die unmittelbare oder vielmehr die gerade Verbindung von keinem so großen Werte." Immerhin soll aber ein vorwiegend auf Kavallerie bestehendes Zwischenglied von geringer Stärke (10 bis 15 000 Mann) den Raum zwischen beiden Heeren von feindlichen Parteigängern freihalten. — „Wir sind fest überzeugt, daß auf diese Weise Frankreich jedesmal niedergeworfen und gezüchtigt werden kann, wenn es sich einfallen läßt, den Übermut, mit welchem es Europa hundertundfünfzig Jahre lang gedrückt hat, wieder anzunehmen. Nur jenseits Paris, an der Loire, kann man von ihm die Bedingungen erhalten, die zu Europas Ruhe nötig sind".

Und nun der Angriff mit beschränktem Ziel vom Winter 1830/31!

Nach der Juli-Revolution in Frankreich gährt und brodelt es in Europa an allen Ecken und Enden. Die Belgier haben sich von Holland losgerissen und wünschen sich zum König einen Prinzen des Hauses Orléans, das in Frankreich gerade zur Herrschaft gelangt ist. Die Polen sind aufgestanden und haben Anfangserfolge errungen, welche Rußland zu großen Anstrengungen zwingen und die Ausdehnung der Bewegung auf die ehemals polnischen Gebietsteile Österreichs und Preußens sehr wahrscheinlich machen. In Italien endlich besteht ein Netz geheimer Verbindungen, von dem die österreichische Regierung sofort ernste Schwierigkeiten für sich oder die befreundeten Kleinstaaten erwarten muß, sobald sie selbst in schwere Kämpfe verwickelt wird. Auf Österreich ist also bei einem Krieg gegen Frankreich sehr wenig zu rechnen. Die Streitmacht der Niederlande ist erheblich vermindert und die Mitwirkung Englands wird von Clausewitz für fraglich angesehen. Den Franzosen aber sind die Kräfte Belgiens zugewachsen und außerdem ist anzunehmen, daß die soeben geglückte Revolution das französische Volk zu leidenschaftlicher Anteilnahme an der Landesverteidigung hinreißen wird.

Der vorher erörterte Kriegsplan ist durch die veränderten Verhältnisse völlig ausgeschlossen. Wohl aber ist zu erwägen, ob man etwa alle verfügbaren Streitkräfte Deutschlands am Mittelrhein zu einem Heere versammeln und von hier aus auf Paris (50 Meilen) vorrücken soll. Die holländischen Streitkräfte spielen dabei natürlich gar nicht mit, ja sie genügen nicht einmal, um eine etwaige belgisch-französische Unternehmung gegen die offen daliegende preußische Rheinprovinz wirksam zu verhindern. Bei der Schwäche der gesamtdeutschen Organisation ist ferner nicht zu erhoffen, daß die süddeutschen Staaten sich am Oberrhein auf den Schutz durch den Stromlauf verlassen werden, man muß vielmehr erwarten, daß sie stärkere Kräfte zu defensivem Zweck hier für nötig erachten. Clausewitz zweifelt daher daran, daß es gelingen werde, vom Mittelrhein aus mit zureichender Kraft vor Paris zu erscheinen, mit einer Streitmacht, die auch dort noch den Sieg in einer Hauptschlacht einigermaßen verbürgt und mit der man auch noch über Paris hinaus vorzuschreiten wagen darf. Eine Offensive aber, welche vor den Toren der Hauptstadt umkehren müßte, oder welche sie gar nicht einmal erreicht, würde ein völliges Scheitern der ganzen Unternehmung bedeuten.

Daher geht Clausewitz' Vorschlag dahin, die Eroberung von Belgien zum eigentlichen Gegenstand des Angriffs zu machen. „Dieses Land von mäßiger Größe und großen Hilfsquellen ist von Holland und Deutschland umfaßt; es bildet also nach seiner Eroberung die darin aufgestellte Macht keine in ein weites feindliches Gebiet vorgeschobene Spitze und deswegen kann diese Eroberung auch unter gewöhnlichen Verhältnissen und auf die Dauer behauptet werden. Die Stimmung in Belgien, wenn sie auch beim ersten Abfall noch so leidenschaftlich und feindselig war, ist doch nicht ohne Parteiung, namentlich dürfte in Antwerpen und Gent ein politischer Umschwung in dieser Beziehung nahe sein; auch dies würde die Behauptung erleichtern. Alle diese Umstände tragen natürlich mit bei, die Eroberung zu erleichtern. Die Franzosen mögen sich noch so stark in Belgien aufstellen, so würden sie in ihren Verhältnissen dort immer schwacher sein wie mitten in ihrem eigenen Lande. Hat man sich zum Herren der Maas bis zum Einfluß der Sambre gemacht, so kann man die Eroberung Belgiens im wesentlichen als geschehen betrachten: denn wenn auch die längs der Grenze in gerader Linie liegenden Festungen Mons, Tournay, Courtray usw. noch nicht in den Händen der Verbündeten sind, so können diese sich doch in Belgien behaupten. An der Maas aber ist Venlo, Lüttich und Namur zu nehmen, wovon nur die letztere Festung einen längeren Widerstand tun würde. Wir glauben also, daß wenn die Waffen der Verbündeten irgendwo einen Sieg erringen können, und dieser muß bei jeder offensiven Absicht notwendig vorausgesetzt werden, dieser Sieg in der Eroberung Belgiens das leichteste und am meisten gesicherte Resultat geben würde."

Der Gedanke, daß es vor allem auf einen Sieg in der Schlacht ankommt, wird in der Denkschrift noch verschiedentlich in jeden Zweifel ausschließender Deutlichkeit wiederholt, nirgends aber findet sich auch nur die leiseste Andeutung, aus der man auf eine Hinneigung zu den passiveren Formen der Verteidigung, also für starke oder gar unangreifbare Stellungen schließen könnte. Natürlich muß in diesem Falle nach dem Siege in der Hauptschlacht die Wegnahme einiger Festungen in den Vordergrund treten, und wahrend dieser Zeit muß die Hauptarmee bereit sein, feindliche Entsatzversuche abzuwehren. Sie kann sich dazu aber der alleraktivsten Form der Verteidigung bedienen, wobei man sofort angreift, sobald der Gegner in das eigene Kriegstheater eindringt; sie braucht sich durchaus nicht auf Behauptung von deckenden Stellungen zu beschränken.

Clausewitz nimmt an, daß Preußen zwei seiner Armee-Korps zurücklassen muß, das vom Rhein am weitesten entfernte I. Korps zur Aufrechterhaltung der Ordnung im eigenen polnischen Gebiet, ferner das am spätesten kriegsfertig werdende Garde-Korps zur allenfallsigen Verstärkung des I. Korps oder für sonstige unvorhergesehene Fälle.[73] Mit sieben preußischen Korps und den beiden norddeutschen Bundeskorps (IX. und X.) will er aus der preußischen Rheinprovinz in Belgien einrücken und hier die Entscheidungsschlacht suchen. Er erwartet diese Hauptschlacht spätestens beim Übergang über die Maas zu finden, zieht aber auch den Fall in Betracht, daß die Franzosen noch weiter entgegenkommen könnten. Den süddeutschen Streitkräften (VII. und VIII. Bundeskorps) und dem österreichischen Kontingent, dessen Stärke ihm durchaus zweifelhaft erscheint, fällt der unmittelbare Schutz Süddeutschlands zu, und er hofft, daß diese Armee sich mit ihren Hauptkräften in der Pfalz versammeln und von hier aus auf die obere Mosel vorgehen wird, um dadurch den Feind zur Teilung seiner Kräfte zu veranlassen. Je kühner eine solche Unternehmung auftrete, um so vorteilhafter müsse sie sein, sie bleibe aber doch immer eine untergeordnete Sache und ihr etwaiges Scheitern könne auf den Gang der Haupthandlung, wie sie einmal geplant sei, schwerlich einen entscheidenden Einfluß üben. Je mehr man sich in diesen Kriegsplan vertieft, desto mehr kommt man zum Bewußtsein der außerordentlichen Klarheit der Auffassung und des lebendigen Sinnes für das Wirkliche, die Clausewitz auszeichnen, um so mehr muß man sich überzeugen, daß 1831 gerade der hier vorgeschlagene Weg der unbedingt und allein richtige war. Was hier erstrebt wurde, das blieb innerhalb der Grenzen der Möglichkeit und gab doch Gelegenheit zu kräftigen, vielleicht glänzenden Siegen. Dieser Plan nahm für das preußische Heer unter Gneisenaus bewahrter Führung ohne weiteres die Hauptaufgaben in Anspruch und bereitete dadurch der preußischen Politik in bester Weise den Weg. Es war ein Angriff mit beschränktem Ziel, der aber zu einer wichtigen

---

[73] Aus dem sogenannten Tagebuch von Clausewitz aus jener Zeit geht hervor, daß er den Gedanken der Zurücklassung eines weiteren Armee-Korps neben dem 1. an maßgebender Stelle vergeblich bekämpft hatte; hier hat er dann mit den gegebenen Verhältnissen gerechnet. Vergl. Schwatz: Clausewitz II, S. 308 und 311.

Etappe werden konnte auf dem Wege, den Preußen in unseren Tagen gewandelt ist. Da die Mehrzahl der angesehendsten Militärschriftsteller der Gegenwart mit Bestimmtheit den Grundsatz vertritt, daß im Kriege immer das Äußerste angestrebt werden müsse und daß jedes grundsätzliche Zurückbleiben hinter dieser Linie mehr oder weniger Schwäche sei, so kann ich nicht umhin, ganz ausdrücklich zu betonen, daß mir die Weisheit der Clausewitzschen Anschauung ein hohes Maß von Bewunderung einflößt.

Wenn ich nun der Meinung bin, daß der Ausbau des Werkes „Vom Kriege" im Sinne dieses oben erörterten Gegensatzes zweier verschiedener Angriffsarten erfolgen sollte, die gleichwohl beide auf den Satz gegründet bleiben, nach welchem die Vernichtung der feindlichen Streitmacht das erste und wichtigste Mittel des Erfolges ist, so kann man mir einen Einwand von einiger Wirkung allerdings machen. Es findet sich nämlich in den Skizzen zum 7. Buche ein kurzes Kapitel (16), das vom „Angriff eines Kriegstheaters ohne Entscheidung" spricht, und in welchem die Schlacht kaum erwähnt ist, jedenfalls nicht im Vordergrunde steht, das also ganz zweifellos unserem Verfasser zu dem Zwecke gedient hat, sich die im 18. Jahrhundert herrschend gewesene Anschauung einmal völlig klar zu machen. Auf diesen Einwand kann ich nur antworten, daß dieses Kapitel eben in besonderem Maße eines von jenen Werkstücken ist, die ohne vorher gemachten Plan entstanden sind, wie Clausewitz uns selbst ganz ausdrücklich erklärt hat, daß wir uns also nicht allzusehr wundern dürfen, wenn es mit anderen Stellen des Werkes im Widerspruch steht. Prüft, man andererseits im Buche über den Kriegsplan, bzw. in den Skizzen zu diesem Buche diejenigen Stellen, wo von dem Angriff mit beschränktem Ziel die Rede ist,[74] so fällt trotz ihres unfertigen Charakters doch sofort ins Auge, wie gut sie zu dem jetzt bekannt gewordenen Kriegsplan von 1831 passen. Und darum bin ich nicht im Zweifel: bei der geplanten Umarbeitung des 7. Buches wäre der Angriff eines Kriegstheaters ohne Entscheidung ganz sicher gefallen und hätte dem Angriff mit beschränktem Ziele Platz gemacht. Sobald diese Änderung erfolgt ist, wird das Gesamtwerk zur vollkommenen Einheit, zum durchaus geschlossenen, in sich übereinstimmenden Bau und zu der Kriegslehre für Staatsmänner und

---

[74] B. 8, K. 5 und 7.

Feldherrn, wie sie der wissenschaftlichen Erkenntnis und dem Stande der Erfahrung von 1830 entsprach. Delbrück legt selbst Gewicht darauf, daß Clausewitz zuerst und vor allem Militärschriftsteller, erst in zweiter Linie Historiker war.[75] Von diesem militärischen Standpunkte mußte Clausewitz aber den Ausbau seines Werkes gerade so beabsichtigen, wie es dem praktischen Bedürfnis am meisten entsprach.[76] —

Wie wir nun diese bedeutendste aller Kriegstheorien bis jetzt in ihren großen Grundzügen kennen gelernt haben, darf man ihr wohl mit einigem Rechte eine dauernde Gültigkeit zuschreiben. Nunmehr muß ich meinen gütigen Lesern aber noch ein Gebiet derselben vorführen, von dem sich ein Gleiches nicht sagen läßt.

Ich habe schon früher berührt, daß Clausewitz die Anschauung Jominis von der Überlegenheit der inneren Operationslinie über die äußeren vollständig teilt. Auch er hält das Vorgehen mit geteilter Heeresmacht mit der Absicht strategischer Umfassung für sehr gewagt und für ratsam nur bei ausgesprochener großer Überlegenheit, worunter er aber natürlich nicht ausschließlich eine größere Streiterzahl, sondern ein Übergewicht in der Gesamtsumme der materiellen und moralischen Kräfte versteht. Außerdem gesteht Clausewitz den äußeren Linien auch noch dann eine wirkliche Berechtigung zu, wenn die Verteilung der Streitkräfte eine solche ist, daß ihre unmittelbare Vereinigung allzu große Umwege und damit gar zu bedeutenden Zeitverlust bedingen würde.[77] Seine Anschauung von der Überlegenheit der Lage auf innerer Linie, in der Mitte der Gegner, steigert sich bis zu dem Satze, „daß das Einfangen schwerer ist als das Durchschlagen."[78] An den Übergang über die Beresina knüpft er die Betrachtung an, wie schwer das wirkliche Abschneiden sei, „da sich der Abgeschnittene unter den denkbar ungünstigsten Umstanden doch noch den Weg gebahnt hat.[79] In seinem „Leitfaden zur Bearbeitung der Taktik" wägt er die Vor- und Nachteile von taktischer Um-

---

[75] Historisch-politische Aufsätze, III. Abth. S. 9.
[76] Im III. Kapitel wird gezeigt werden, daß Moltke den Angriff mit beschränktem Ziel gleichfalls als eine notwendige Form der Kriegführung angesehen hat.
[77] B. 8, K. 9 und viele andere Stellen, z. B. I 147, 194; II 4, 130, 308, 311; III 13, 32, 169, 188.
[78] B. 5, K. 16
[79] B. 8, K. 9

fassung und taktischem Durchbruch mit größter Gewissenhaftigkeit ab. Der Zentrumsdurchbruch wird dabei von der Bedingung einer übertriebenen Frontbreite beim Gegner abhängig gemacht; sobald diese Bedingung aber gegeben ist — und wenn der Gegner etwa Umfassung anstrebt, so kann sie leicht eintreten — wird ihm unbedenklich ein Vorzug eingeräumt, weil der Einfluß des Feldherrn auf die Gestaltung der Dinge hierbei ein größerer sei.[80] Und in den Grundzügen für die Verteidigungsschlacht[81] tritt die gleiche Anschauung ebenfalls hervor. Clausewitz fordert zwar eine große Tiefe der Aufstellung, damit man imstande sei, die etwaige Umfassung von Seiten des Angreifers selbst wieder zu umfassen und zu flankieren und dadurch in ihrer Wirksamkeit zu hemmen und zu brechen. Den eigentlichen Gegenstoß aber, den Entscheidungsakt der Schlacht, denkt er sich doch in erster Linie als ein Vorgehen aus der Mitte der Verteidigungslinie heraus gegen eine schwache Stelle in der Front des Angriffs. Napoleons Gegenangriffe vom 2. Dezember 1805 auf die Höhen von Pratzen und vom 16. Oktober 1813 auf Liebertwolkwitz und Groß-Pößnau sind ihm unverkennbar die eigentlich typischen Beispiele und er unterläßt nicht, darauf hinzuweisen, daß die Trennung der geschlagenen Teile des Angreifers die wertvolle Frucht des Sieges ist, der unter solchen Umständen erstritten wird. Und so mußte Clausewitz auch denken, wenn er dem zu seiner Zeit bestehenden Verhältnis des Feuerkampfes zum Kampf mit den blanken Waffen in richtiger Weise Rechnung trug! Was wollte denn damals die doppelte Feuerwirkung als Vorteil der Umfassung eigentlich bedeuten? Das glatte Steinschloßgewehr schleuderte sein Geschoß allerhöchstens bis auf den zehnten Teil der Entfernung, auf der wir unsere Handfeuerwaffen schon mit Nutzen verwenden. Und dabei war seine Bedienung schwerfällig und mancherlei Zufällen unterworfen, bei nasser Witterung ganz in Frage gestellt. Die alte Kanonenkugel reichte allenfalls über ein Fünftel oder ein Viertel des Raumes, den wir mit unseren heutigen Streugeschossen beherrschen, und dabei ahnte man damals noch nichts von der Sicherheit, mit der man heutzutage seine einzelnen Schüsse beobachten kann, mit der man also auch imstande ist, in kürzester Frist durchschlagende Wir-

---

[80] Leitfaden usw. Nr. 500 ff.
[81] B. 6, K. 9.

kung zu erzielen. Man hatte endlich damals noch erheblich weniger Artillerie und der jetzt so hochgeschätzte Vorteil der Umfassung, daß sie den Raum zur Aufstellung einer größeren Geschützzahl gewährt, kam damals noch gar nicht in Betracht.[82]

Alles in allem war es also in jener Zeit sehr berechtigt, wenn man bei Anordnung einer Umfassung eine lebhafte Sorge vor dem Durchbrochenwerden empfand, und diese Sorge mußte bei Gliederung einer Armee ganz im allgemeinen dazu führen, ihr mehr Tiefe als Breite zu geben und die Reserven hinter die Mitte zu stellen. Ich erinnere an meine Ausführungen im Kapitel über Jomini und kann mich daraufhin hier ganz kurz fassen.

Clausewitz will einer Armee von vier, fünf oder sechs Gliedern (Armeekorps oder Divisionen) die nachstehende Operationsgestalt geben:[83] Etwaige weitere Glieder werden nach seiner Ansicht in der Regel eine besondere Verwendung als Flügelschutz oder zu ähnlichen Zwecken finden. Acht Glieder, ohne die etwaigen besonderen Reserven an Kavallerie und Artillerie, sieht er andererseits als die äußerste Zahl an, die von einem Oberkommando noch direkt geleitet werden kann. Da es ihm nun durchaus als Grundsatz gilt, auf einem Kriegstheater wenn irgend möglich nur eine einzige Armee zu haben,[84] so will er bei sehr großer numerischer Stärke derselben seine einzelnen Armee-Korps stärker machen, bei einem schwachen Heere aber auf den Korpsverband verzichten und die Divisionen direkt unter das Armee-Kommando stellen. Ich gehe auf diese Gedankenreihe nicht näher ein, weil sie zur Zeit keinen praktischen Wert hat. Unsere preußische Heeresorganisation aus der Zeit nach den Befreiungskriegen ist auf dem festen, schon im Frieden so kriegsähnlich wie nur möglich bestehenden Korpsverbande aufgebaut und hat sich ganz zweifellos bewährt. Ich werde später noch zu zeigen haben, daß dieser Verband auch durchaus nichts so willkürliches ist, wie Clausewitz wohl meint. Jetzt will ich nur noch bemerken, daß ein Heer, welches aus der oben angegebenen tiefen Anmarschformation zu einer Schlacht mit Umfassung übergehen will, dazu unbedingt einer besonderen Schlachtdisposition und wahrscheinlich auch der seitli-

---

[82] Leitfaden usw. No. 376.
[83] B. 5, K. 5 und III. Anhang „Über die Organische Einteilung der Streitkräfte".
[84] B. 5, K. 2.

chen Verschiebung eines seiner Heerteile in nächster Nähe des Feindes bedarf. Für die strategisch wirksamste Form der Angriffsmacht erklärt Clausewitz diejenige mit verwandter Front, wenn das Gesamtheer in einer Front dem Gegner in die strategische Flanke fällt und ihn im Siege von der Rückzugslinie abdrängt. Wo eine solche Lage aber nicht zu erzielen ist, wo der Anmarsch uns vor die strategische Front des Gegners geführt hat, da sieht er in der taktischen Umfassung, in der Herstellung einer Offensivflanke, das gegebene Mittel, um das Abdrängen des Feindes wirksam vorzubereiten, und er erklärt ganz ausdrücklich, daß die taktische Umfassung durchaus nicht die Folge der strategischen zu sein brauche, daß sie keineswegs durch einen entsprechenden Anmarsch mit geteiltem Heere von langer Hand vorbereitet sein müsse.[85] Er ist also der Meinung, daß die seitliche Verschiebung, eines Heerteils in die Flanke des Gegners auch durch die Schlachtdisposition noch ohne jede Schwierigkeit auszuführen sei, und um diese Meinung zu verstehen, müssen wir uns abermals den Unterschied früherer und heutiger Feuerwirkungen gegenwärtig halten. Damals konnte noch eine verhältnismäßig kurze Bewegung dazu führen, daß man mit einem ansehnlichen Heerteil die Flanke des Verteidigers gewann: heute wäre für den gleichen Zweck eine langwierige und umständliche Operation erforderlich und auf ihr Gelingen wäre nur zu rechnen bei einem durchaus passiven Verteidiger, der weder an die Gegenoffensive noch an die seitliche Verschiebung seiner Streitkräfte denkt.

Und damit kann ich das lange Kapitel über Clausewitz schließen. Sein scharfes und folgerichtiges Denken hat die Natur des Krieges so klar und einfach entwickelt, wie es vor ihm niemals geschehen, und seine Kenntnis der Menschenseele hat ihn befähigt, auf diesem Gebiete, wo das Urteilen so leicht und das Handeln so schwer ist, ein wirklich praktischer Lehrmeister zu werden. Wo wir aber heute gezwungen sind, ihm die Gefolgschaft zu versagen, da ist es einzig und allein, weil inzwischen in der Technik Erfindungen gemacht worden sind, die zu seiner Zeit weit außerhalb der Möglichkeit alles Denkens lagen.

---

[85] B. 7, K, 7 u. 15.

VI. Willisen

So groß auch der Eindruck gewesen ist, den das Werk von Clausewitz in Deutschland machte, das Prinzip der geometrischen Kriegstheorie mit streng positivem Ziel war doch nicht mit einem Schlage zu vernichten. Die Vorliebe für eine gelehrte Form und das Verlangen nach einem „erfrecklichen Satz, der auch was setzt", wirkten zusammen, um diesem Prinzip das Leben zu fristen. Und der neue Vertreter, der ihm erstand, war für diesen Zweck in besonderem Maße geeignet, sowohl durch das, was er besaß, wie durch das, was ihm fehlte.

Wilhelm von Willisen, zehn Jahre jünger als Clausewitz, hatte den Feldzug 1806 im preußischen Heere mitgemacht, war demnächst als Untertan des neuen Königreichs Westphalen zum Dienstaustritt gezwungen worden und studierte in Halle, entzog sich 1809 der ihm drohenden Aushebung für den Dienst des Königs Jérome und focht in Österreich gegen die Franzosen. Dann wurde er zwei Jahre später in Preußen wieder angestellt. Von 1813 bis 1815 gehörte er zum Generalstabe des Blücherschen Hauptquartiers.

Seine „Theorie des großen Krieges", die 1840 erschien, ist die Ausarbeitung von Vorträgen, die er einige Jahre vorher auf der Kriegsschule zu Berlin (jetzt Kriegs-Akademie) gehalten hatte. Das Buch zeigt einen in der Schule Hegelscher Philosophie gebildeten Geist mit allen Vorzügen gründlicher Übung im Entwickeln und Zerlegen des verschiedentlichsten Denkstoffs. Seine Ausführungen haben vielfach etwas geradezu Blendendes an sich, und da ich mit der Tendenz des Buches nicht einverstanden sein kann, so halte ich es für ein großes Glück, daß die Sicherheit und Gewandtheit des Verfassers in der Handhabung von Begriffen ihn an einer Stelle dazu verführt hat, geradezu Fangball mit vier Begriffen zu spielen und durch Hin- und Herwerfen derselben nach einem bestimmten Schema immer neue und immer überraschendere Figuren zu bilden. Mit dieser indischen Gaukelei ist er zu einem Äußersten gelangt, in dem sich die Wirkung des Ganzen umkehren mußte. An solchem Beispiel wurde erkennbar, wie vorsichtig man sein muß, wenn man auf einem so ungemein praktischen Gebiete, wie der Krieg, eine Lehre entwickeln will. Willisen hat ja unzweifelhaft recht, wenn er in seinem

Vorwort sagt: „Der Gedanke, das Gedachte oder das zu Denkende (und das ist allein das Theoretische eines Praktischen) ist überall das erste. Es kann keine praktische Wahrheit geben, keine von außen her, die nicht zuerst innerlich geschaut worden wäre, und dies innere Schauen oder Erschauen, das bedeutet Theorie auch wörtlich und nichts anderes ... Theorie ist also die Lehre, die Aussage von dem Wahren, die Entwicklung des Wahren an einer Sache. Auch eine solche Lehre, welche von außen her mit der Erfahrung anfängt und alles von ihr abstrahiert, wird zur Theorie, sowie sie zu Resultaten zu kommen sucht, was sie doch muß, um Lehre zu werden." Aber, so müssen wir heute fortfahren, es ist doch ein ungeheurer Unterschied zwischen den Systemen zweier Forscher, von denen der eine — Clausewitz — bei jedem Schritt prüfend auf die Erfahrung schaut, während der andere — Willisen — unaufhaltsam von Schluß zu Schluß zum Ziele eilt und nur ganz gelegentlich einen recht kurzen Blick auf die Welt der Tatsachen wirft.

Studiert man die „Theorie des großen Krieges", so fällt alsbald auf, daß Willisen historische Beispiele allermeistens nur in jener flüchtigen Weise anführt, welche Clausewitz geradezu als einen Mißbrauch bezeichnet, weil die meisten Tatsachen bei derartiger oberflächlicher Berührung zur Vertretung der entgegengesetzten Ansichten gebraucht werden können.[86] Demnächst aber muß man erkennen, daß Willisen — gerade wie Jomini — über Friedrich den Großen in durchaus schiefer Weise urteilt. „Wäre der große König" — so sagt Willisen — „bei seinen Studien, anstatt auf die unergiebigen Feldzüge des Marschalls Luxemburg, auf die der großen Feldherrn des 17. Jahrhunderts gefallen, und hätten dadurch seine strategischen Konzeptionen einen ebenso großartigen Charakter bekommen, wie seine taktischen, er hätte noch größere Dinge geleistet wie Napoleon, da er zugleich mit der entschiedenen taktischen Überlegenheit seiner Truppen aufgetreten wäre, was bei jenem durchaus nicht der Fall war. Die Magazin-Fesseln, welche er sich selbst ohne Not anlegte, und in welche sich zu seinem Glücke seine Gegner, durch seinen Ruhm geblendet, noch enger einschnürten wie er, machten jeden großartigen Erfolg, welcher nur auf strategischen Wege errungen werden kann, unmöglich. Diese Fesseln aber konnte

---

[86] Clausewitz, Vom Kriege, B. 2, K. 5, Schluß

er jede Stunde abwerfen, in seiner Zeit lag dafür ebenso wenig ein Hindernis wie in der späteren. Die Länder konnten seine kleinen Armeen auf einem schnellen Verfolgungszuge nach einem seiner großen Siege noch besser ernähren, als die großen der späteren Zeit; dann hätte jeder der drei schlesischen Kriege sein schnelles Ende in Wien gefunden. Nach Mollwitz, nach Hohenfriedberg, vor und nach Lowositz hielt ihn nichts zurück, als das Fehlen des Gedankens, welcher Napoleon so groß gemacht.[87] Davon, daß Friedrich im zweiten schlesischen Kriege vergeblich den Versuch gemacht hatte, sich aus den Banden des damaligen Operationssystems zu befreien, weiß Willisen ebenso wenig etwas wie Jomini. Und wenn Willisen, der mit Jomini das Operieren auf äußeren Linien grundsätzlich verwirft, Friedrichs Einmarsch in Böhmen im Jahre 1757 ohne weiteres den „fehlerhaftesten Entwurf" nennt, „welchen der große König jemals gemacht hat,"[88] so zeigt dies Beispiel doch auch, wie sehr es ihm an ruhiger Objektivität fehlt. Dies letztere Urteil ist um so auffallender, als Clausewitz bereits dargelegt hatte, daß die moralischen Größen überlegener Führung und höherer Truppentüchtigkeit, daß Überraschung und Selbstvertrauen im Jahre 1757 eine ganz andere Rolle gespielt haben, als die geometrische Figur des Anmarschs[89] und als Clausewitz außerdem in seinem vortrefflichen Kapitel über Kritik mit Nachdruck davor gewarnt hatte, Lob und Tadel auszusprechen, so lange man die entscheidenden Ursachen nicht ganz genau kennt. Es kann also keinem Zweifel unterliegen, daß Willisen nicht zu jener Freiheit und Sicherheit des historischen Urteils durchgedrungen war, die uns bei Clausewitz immer wieder mit Bewunderung erfüllen. Sein Urteil ist vielmehr überall durchaus von dem Eindruck der Taten beherrscht geblieben, deren Zeuge er selbst gewesen war.

Willisen nennt sich zwar ausdrücklich selbst einen eifrigen Schüler Jominis'[90] aber er hat doch immerhin sehr viel Eigenart und so muß ich auf den Inhalt seiner Theorie hier näher eingehen.

„Eine Armee ist zuvorderst ein Apparat von Menschen und Tieren, dessen erste und durchgehendste Eigenschaft die ist, ungeheure Bedürfnisse zu haben, an deren täglicher oder doch zeitgemäßer Be-

---

[87] I 106,
[88] I 68.
[89] B. 8, Kap. 9.
[90] I 75.

friedigung ihre Existenz hängt. Bedürftigkeit ist also die erste Haupteigenschaft einer Armee. Eine Armee ruht auf dem Magen, sagt die alte Regel."[91] Der Befriedigung dieser Bedürfnisse dienen die rückwärtigen Verbindungen des Heeres, und an sie, an ihre Verwertung für das eigene Heer, an die Unterbrechung und Wegnahme der Verbindungen des Feindes knüpft sich eine Reihe von Sätzen und Regeln, die nach Willisens Ansicht ewige Gültigkeit haben. Sie bilden zusammen die Strategie, als die „Lehre von den Verbindungen."

„Armeen aber haben neben ihrer Bedürftigkeit, an deren Befriedigung ihre Existenz zu jeder Zeit hängt, eine zweite große, durchgehende Eigenschaft; die eigentlich aktive, kriegerisch tätige, die, daß sie sich schlagen können, Schlagfähigkeit; diejenige Eigenschaft, durch welche sie mit ihrer Tätigkeit auf das Schlachtfeld gewiesen sind,[92] Dieser zweiten Eigenschaft entspricht die Lehre vom Schlagen, die Taktik. Ihr schreibt Willisen ewige Gültigkeit nicht ausdrücklich zu, ja er bringt sogar schon den höchst beachtenswerten Satz, daß „große Erfindungen dem Gefecht eine andere Gestalt geben könnten.[93]

Neben den beiden Eigenschaften stehen nun gleichzeitig zwei verschiedene Tätigkeiten (Funktionen) der Heere. Die eine erwächst aus der Bedürftigkeit, strebt die eigene Erhaltung an, ist also abwehrend, verteidigend: die andere erwächst aus der Tragfähigkeit, strebt die Vernichtung des Feindes an, ist vorgehend, angreifend. Ich mache ganz besonders darauf aufmerksam, daß Willisen in absichtlich scharf hervorgekehrtem Gegensatz zu Clausewitz die Verteidigung nur als Abwehr, nicht als Abwehr mit Gegenstoß charakterisiert. „Wenn sie etwas anderes will, muß sie Offensive werden und also aufhören zu sein, was sie ist. Die defensive Strategie will nichts anderes als ihre Verbindungen sichern, die defensive Taktik ihre Stellung behaupten."[94]

Und nun kommt das Gaukelspiel, von dem ich vorher sprach.[95] Willisen geht zuerst von den beiden Eigenschaften Bedürftigkeit und Schlagzähigkeit aus, verbindet nacheinander mit jeder einzelnen die

---

[91] I 82.
[92] I 32
[93] I 31
[94] I 45.
[95] 40/45.

Funktionen der Erhaltung und der Vernichtung und gelangt dadurch einerseits zur strategischen Defensive und Offensive, andererseits zur taktischen Defensive und Offensive. Demnächst legt er die Funktionen der Erhaltung und Vernichtung zu Grunde, verbindet mit jeder einzelnen nacheinander die Eigenschaften der Bedürftigkeit und Schlagzähigkeit und gelangt damit zur Defensive in Strategie und Taktik, dann zur Offensive auf beiden Gebieten.

Die dritte Variation geht wieder von der ersten Grundlage aus und verbindet ihre Ergebnisse zu den vier Lebensmomenten: 1. strategische und zugleich taktische Defensive: 2. strategische Defensive mit taktischer Offensive; 3. strategische Offensive mit taktischer Defensive: 4. strategische und zugleich taktische Offensive.

Ein viertes Schema zeigt dann, daß man auch von den Funktionen ausgehend zu den gleichen Lebensmomenten kommt.

Ein fünftes endlich stellt die Ergebnisse der vier Lebensmomente im Falle des Sieges und der Niederlage dar. Dieses Schema muß ich hierhersetzen:

Lebens-momente :	a) strategisch defensiv und taktisch defensiv	b) strategisch defensiv und taktisch offensiv	c) strategisch offensiv und taktisch defensiv	d) strategisch offensiv und taktisch offensiv
Daraus ergeben sich Resultate:				
1. für die gewonnene Schlacht:	völlige Unentschiedenheit;	Sieg auf dem Schlachtfelde ohne Resultate für das Ganze des Feldzugs oder Kriegs;	günstige allgemeine Stellung für einen Sieg, der aber ohne Resultate, weil die Schlagfähigkeit des Feindes erhalten ist;	Vernichtung des Feindes, Eroberung seines Landes.
2. für die verlorene Schlacht:	eigene Vernichtung und Verlust des Landes;	Rückzug, um von neuem in die taktische Offensive Überzugehen;	Abwehren der Folgen durch eine günstige strategische Stellung;	momentanes Aufgeben der begonnenen Dinge.

Nach wenigen erläuternden Sätzen fährt der Verfasser fort: „Wenn es also eine Verfahrungsart gibt, welche mir im Siege auf dem Schlachtfelde nichts bringt, als daß ich eben nicht weiter zurückkomme, die Niederlage aber mich völlig über den Haufen wirft, so ist das eine so verwerfliche, daß ich nur durch einen großen Fehler oder als Folge schon gehabter Unglücksfälle in eine solche hineingeraten darf und nach nichts so sehr trachten muß, als aus ihr wieder herauszukommen. Gibt es dagegen andere Kombinationen der Handlungsweisen, aus welchen mir im Fall des Sieges die größten Erfolge entgegenwinken, im Fall des Mißlingens aber mir nichts geschieht, als daß ich an den Anfang zurückgeworfen werde, so sind diese gewiß die wünschenswertesten, und ich muß all mein Trachten dahin richten, nie aus einer solchen Lage herauszukommen, oder wenn ich herausgekommen war, muß ich suchen, mich sobald als möglich wieder hineinzuarbeiten. Von den beiden Kombinationen auf den Flügeln des Schemas zeigt nun die eine die ungünstigsten, die andere die günstigsten Folgen, so dagegen die beiden mittleren solche, welche sich paralysieren. Die nähere Betrachtung dieses Schema gibt aber überhaupt zu den interessantesten Bemerkungen Veranlassung und läßt leicht für den, welcher sich die Resultate auf einem lebendigen Wege, als echtes inneres Eigentum erworben hat, die sichere Hoffnung auftauchen, in ihm einen Wegweiser gefunden zu haben, der ihm in allen Lagen auf eine höchst kompendiöse Weise andeutet, wohin und wonach er zu trachten habe. Der Wert aber einer solchen beständigen Anmahnung zu dem Rechten und Besten kann für das Handeln auf unserem Gebiete hier wohl ebenso wenig abgeleugnet werden, als auf jedem anderen. Jedenfalls müßte sehr dagegen protestiert werden, wenn jemand diese Versuche, die wichtigsten Verhältnisse, auf welche es ankommt, zur sinnlichen Anschauung zu bringen, für nichts gelten lassen wollte, als für ein, wenn auch nicht gefährliches, doch wertloses Spiel des Witzes. Wer weiß es nicht, daß oft nur das eine rechte Wort nötig ist, um eine ganze Reihe glücklicher Gedanken daran anzuknüpfen. Wieviel muß es also wert sein, in gedrängter Kürze die Ausdrücke vor sich zu haben, welche unmittelbar gleich in die wichtigste und entschiedenste Gedankenreihe einführen und sogar den Weg angeben, auf welchem immer die richtigste gefunden werden kann."

Man kann die aufrichtige und ehrliche Überzeugung schätzen, die aus diesen Sätzen spricht, aber es ist gerade in diesem Falle ungemein leicht, ihre völlige Unrichtigkeit nachzuweisen.

Als Willisen im Jahre 1850 als Feldherr an die Spitze des schleswig-holsteinschen Heeres gestellt war, hatte ihm seine Regierung aus — zweifellos ungenügenden — politischen Ursachen die Ergreifung der strategischen Offensive untersagt. Er war sofort entschlossen, sich wenigstens der taktischen Offensive zu bedienen, sobald der Gegner vor seiner Aufstellung erschien. Seine ersten Anordnungen für die am 25. Juli stattfindende Schlacht bei Idstedt sind in diesem

Sinne sehr sachgemäß und würden ihm bei richtiger Durchführung höchst wahrscheinlich den Sieg über das an Zahl stärkere dänische Heer verbürgt haben. Dafür, daß die Durchführung nicht seinen Absichten entsprach, ist er persönlich kaum verantwortlich zu machen. Er hat anfänglich nur darin gefehlt, daß er sich zu sehr auf das richtige Funktionieren einer Fanallinie verließ. Das Versagen der Offensive lag zuvorderst daran, daß ein zu selbständiger Tätigkeit berufener Unterführer nicht die nötige Willenskraft zeigte, sich vielmehr durch eine schwächere feindliche Abteilung fesseln ließ: ferner in einer Panik, die im entscheidenden Augenblick zwei seiner Bataillone ergriff; endlich im unrichtigen Eingreifen eines seiner Generalstabsoffiziere, wodurch eine erfolgreich vordringende Brigade von ihrem Siegesläufe abberufen wurde. Durch diese Mißgeschicke war das schleswig-holsteinsche Heer (oder Armeekorps) in die Verteidigung geworfen und damit begann für seinen Führer die eigenartige Prüfung. Es stand ihm zur Durchführung der taktischen Defensive ein sehr günstiges Gelände, eine starke und gute, in ihrer Wirkung bis jetzt durchaus überlegene Artillerie zur Verfügung, und eine der Zahl nach ausreichende Infanterie, die in ihrem weitaus größten Teile auch an diesem Tage wieder die Probe hingehendster Tapferkeit abgelegt hatte. Seine Lage war daher durchaus nicht verzweifelt, wenn er auch freilich nicht wissen konnte, daß sein Gegner in eben demselben Augenblicke bereits dicht vor dem Entschlusse gestanden hat, die Schlacht verloren zu geben. Hätte Willisen es auf hartnäckigen Widerstand in seiner Hauptstellung ankommen lassen und jenem selbständigen Unterführer, der bisher den nötigen Schneid vermissen ließ, die bestimmte Weisung zu rücksichtslosem Angriff erteilt, so hätte sich die Schlacht sehr wahrscheinlich zum Siege gestaltet. Willisen hatte aber die Geringschätzung der Verteidigung so lange gelehrt, daß er selbst keinerlei Vertrauen zu dieser Form haben konnte. „Wo der große Krieg sich schlägt, da greift er an; wo er sich nicht schlagen will, stellt er sich unangreifbar auf oder entzieht sich dem Angriff durch Bewegung",[96] so lautet eine der Hauptsentenzen seines Buches. Da nun die Stellung am Idstedter Holze zwar gut, mit Rücksicht auf die Feuerwirkung in die vorliegende Ebene sogar sehr gut war, aber doch nicht unangreifbar, so befahl Willisen den Abbruch

---

[96] I 192.

des Kampfes und den Rückzug, und zwar gab er diesen Befehl in demselben Augenblicke, in welchem sich der Feind auf etwa 1 km. Abstand vor der Stellung zum Angriff formierte. Die Durchführung dieses Angriffs verwandelte dann den schleswig-holsteinschen Abmarsch in eine vollständige Niederlage und so ist der Tag von Idstedt zum entscheidenden Tage des Feldzugs geworden.[97]

Willisen ist also unzweifelhaft an der Einseitigkeit seiner positiven Lehre gescheitert und es ist daher höchst beachtenswert, daß Theodor v. Bernhardi dieses Ereignis schon 9 Jahre früher vorhergesehen hatte. Er verwarf damals die „Theorie des großen Krieges" völlig und mit scharfen Worten, wollte aber den Hegelianern die Freude gönnen, sofern sie in der Familie bliebe. „Aber sollte Willisen jemals Einfluß auf die Leitung eines deutschen Heeres gewinnen, so wäre das ein großes Unglück. Er verhält sich zu unserer Zeit gerade so wie Phull und Massenbach zu der ihrigen und wäre also gerade der rechte Mann dazu, solche Tage wie die von Jena und Prenzlau wieder herbeizuführen."

Willifens Lehre vom Angriff, zu der ich mich jetzt wende, ist in durchaus mathematischer Form nach dem Vorbilde von Bülow und Jomini durchgeführt und wird durch zahlreiche Figuren erläutert. Da die Zahl der technischen Ausdrücke nicht entfernt an diejenige Jominis heranreicht, so ist es nicht allzuschwer, den Ausführungen zu folgen. Ich verzichte aber auch hier auf jedes nähere Eingehen, weil diese Art der Behandlung taktisch-strategischer Dinge heutzutage glücklicherweise völlig in Verruf geraten ist, weil ich also durchaus nicht darauf rechnen dürfte, daß ein von mir gemachter Auszug gelesen würde. Nur eines muß ich erwähnen, daß nämlich Willisen unverkennbar sehr geneigt wäre, den Bülowschen Satz von dem Winkel von 60° an der Spitze des Operations-Dreiecks als richtig anzuerkennen, daß er es aber doch nicht wagt, nachdem Clausewitz gerade an diesem Punkte die Unbrauchbarkeit der mathematischen Abstraktionen so klar auseinandergesetzt hat, und daß er daher mit einer etwas gewundenen Erklärung um diesen leider nicht mehr verwendbaren Satz herumgeht.[98]

Auch Willisen stellt als die drei Grundformen des strategischen

---

[97] Vergl. Beiheft des Mil. Wochenblatts für das III. Quartal 1851.
[98] I 54-57.

Angriffs die einfache Umgehung, die doppelte Umgehung und das Durchbrechen (die Operation auf innerer Linie) fest und beurteilt sie fast genau so wie Jomini:

a) „Das einfache Umgehen, welches sich mit ganzer Macht auf einen Flügel wirft, hat Hoffnung, den Feind einzeln zu er drücken; im schlimmsten Falle aber stößt es mit ganzer Macht gegen ganze Macht, wobei ihm dann wenigstens der Vorteil der günstigeren strategischen Lage bleibt, d. h. einer Lage, welche die Folgen des Sieges ins Ungeheure steigern, die einer Niederlage aber auf ein Minimum reduzieren kann." (Dabei muß man sich der wissenschaftlichen Forderung erinnern, daß der Umgehende die eigene Verbindung gerade hinter sich behalten soll.)

b) „Das doppelte oder konzentrische Umgehen täuscht dagegen nur mit der Berechnung, als könne es auf einmal alle Verbindungen des Feindes in seine Gewalt bekommen und ihn am Tage der Schlacht in die Mitte nehmen, — es setzt sich ganz im Gegenteile, wegen der fast unmöglichen Übereinstimmung der Bewegung zweier oder vieler, durch große Räume getrennter Teile, und wegen der nicht vorauszusetzenden völligen Untätigkeit des in der Mitte stehenden Feindes, jedesmal der Gefahr aus, geschlagen zu werden. Es setzt freiwillig den Feind in eine Lage, welche dieser nach der dritten Verfahrungsart, der des Durchbrechens, als die möglichst günstige auf alle Weise herbeizuführen sucht.

d) Das strategische Durchbrechen endlich setzt für den Tag der Schlacht der umgekehrten Gefahr aus, taktisch in die Mitte genommen zu werden, was ebenso gefährlich ist, als es auf größeren Räumen unbestritten am ersten die Möglichkeit zeigt, durch schnelle Bewegungen rechts und links den Feind einzeln zu schlagen.

So zeigt sich also das einfache strategische Umgehen, weil es an keinem der an den andern Methoden gerügten Gebrechen leidet und dennoch eben so große Resultate verspricht, als nie fehlerhaft, als immer gut, — wogegen die beiden andern Verfahrungsarten nur gut sein können durch Fehler, welche der Feind gemacht hat, oder durch besondere Umstände, besonders durch die Stärkeverhältnisse. Mißlingen sie, so geschieht es, weil sie in sich fehlerhaft sind bei nur einiger Virtuosität des Feindes schieben sie im günstigsten Falle die Entscheidung hinaus, haben also mehr eine defensive als eine offensive Kraft."[99]

Nach diesem letzten Satze stimmt Willisen also darin ganz mit Clausewitz überein, daß die Operation auf innerer Linie in Sonderheit eine geeignete Form für aktive Verteidigung sei; er schreibt aber merkwürdigerweise zugleich auch der doppelten Umfassung einen solchen einigermaßen defensiven Charakter zu. Der Grund ist augenscheinlich der, daß dem sogenannten Trachenberger Operationsplan vom Herbst 1813 der ausgesprochen defensive Gedanke des Ausweichens vor dem Stoße Napoleons tatsächlich beigemischt war, ein Auskunftsmittel, zu welchem die Furcht vor der überlegenen Persönlichkeit des Kaisers den Anlaß gegeben hatte, das aber mit dem Wesen dieser Operation an sich nichts zu tun hat. Indem Willisen aber auf diese Möglichkeit des Ausweichens bei doppelt umfassendem Vorgehen ein besonderes Gewicht legt, findet er, daß die beiden Systeme des Durchbrechens und der doppelten Umfassung sich gegenseitig paralysieren oder doch paralysieren können. „Die einfache strategische Umgehung aber führt die Entscheidung notwendig herbei, weil für den Umgehenden kein Grund vorhanden ist, dem Weichenden nicht zu folgen, bis er steht, und weil der Weichende, sich am Ende doch stellen muß, wenn er nicht ohne Schlacht sein Land preisgeben will." So ist also nach dieser Auffassung die einfache Umgehung der vollkommenste Ausdruck jenes großen Grundsatzes, der jedem Angriff innewohnen soll: „Stärke gegen Schwäche, Front gegen Flanke, Übermacht gegen Mindermacht, Massen auf den entscheidenden Punkt.[100]

Für die Durchführung der Angriffsschlacht legt Willisen noch ein besonderes Gewicht auf zwei taktische Mittel, die ich nicht übergehen darf, auf den falschen Angriff (die Demonstration) und auf den verdeckten Anmarsch hinter Terraingegenständen oder bei Nacht.

Mit dem eindringlichsten Ernst zeigt er endlich, wie erst eine kräftige Ausnutzung des Sieges durch nachhaltige Verfolgung die vollständige Lösung der Angriffsaufgabe ergibt, daß die Beine des Soldaten es sind, mit denen der Feldherr seine größten Erfolge erringt. Er macht dabei Bemerkungen über Bekleidung und Ausrüstung, die auch heute noch sehr zum Nachdenken anregen könn-

---

[99] I 71—78.
[100] I 81, 82 ff.

ten,[101] er verlangt, daß der Luxus in die Güte des Materials gelegt werde, und befürwortet unter anderem die Einführung fahrbarer Feldküchen, um die Mannschaften besser und sicherer, sowie unter Schonung ihrer Kräfte zu verpflegen und womöglich dadurch eine Steigerung der Marschleistungen zu erzielen.[102]

Bei der überaus strengen Einheitlichkeit in Willisens System muß die strategische Verteidigung naturgemäß durch die gleichen Gedanken bestimmt werden wie der Angriff, nur in umgekehrter Anwendung. Die taktische Verteidigung ist bekanntlich ausschließlich als Abwehr gedacht, bedarf daher unbedingt der Geländeverstärkung und zwar womöglich bis zu dem Grade, daß der Angriff völlig aussichtslos wird. Die Verteidigungsschlacht im Sinne von Clausewitz, bei der man den Feind in guter aber angreifbarer Stellung erwartet, um im letzten Akt der Schlacht selbst offensiv zu werden, kommt in Willisens „Theorie des großen Krieges" nicht vor. Man könnte sie vielleicht in ganz moderner Weise hineindenken, indem man annimmt, daß ein Teil des Heeres sich in stark verschanzter Stellung auf die reine Abwehr beschränkt, während der andere seitlich rückwärts bereitgestellt ist, um eine Angriffsschlacht zu schlagen. Da Willisen aber von einer solchen Teilung der Arbeit selbst nichts sagt, vielmehr die Gesamthandlung seines Heeres als eine durchaus gleichartige, abwechselnd defensive und offensive zeichnet, so sind wir auch gezwungen, für die Verteidigungsfälle, die er vorsieht, das ganze Heer in tunlichst bis zur Unangreifbarkeit verschanzter Stellung anzunehmen.[103]

Greift der Feind trotzdem an, so soll nach Erschöpfung der feindlichen Kräfte die Verteidigung aufhören und der Angriff an ihre Stelle treten. Greift der Gegner aber nicht an, sondern umgeht er die Stellung, so wird der strategische Verteidiger voraussichtlich durch die Gefahr für seine Verbindung zum Rückzug gezwungen werden.

Wie nun die Angriffsbewegung am besten so angesetzt wird, daß sie — als einfache Umgehung — schräg auf die Verbindung des Verteidigers trifft und diesen in der strategischen Flanke faßt, so soll

---

[101] I. 111
[102] Dieser Vorschlag erscheint heutzutage, wo wir „Lebensmittel-Wagen" ständig mitführen, doppelt beachtenswert; die Feldküchenwagen müßten an deren Stelle treten.
[103] I, 185—194.

der Rückzug wenn möglich in der Art nach der Seite erfolgen, daß man beim Frontmachen die allgemeine Vormarschrichtung des Angreifers flankiert (exzentrischer Rückzug).[104] Dabei ist aber zu beachten, daß die Verteidigung der Geländeunterstützung dringend bedarf, und daher setzt dieser wünschenswerteste Fall geographische Verhältnisse voraus, die nicht immer zutreffen. Eine ungemein günstige geographische Unterlage für ein solches Verfahren findet sich im Westen Deutschlands am Rhein und ist uns heute aus Moltkes Arbeiten näher bekannt."[105] Es ist Willisens Verdienst, dieses Verhältnis zuerst erkannt und erörtert zu haben.

Wenn ein deutsches Heer sich nach Verlust des linken Rheinufers hinter dem Main bei Frankfurt ausstellt, so kann es im ungünstigsten Falle weiterer Niederlagen auf dem rechten Rheinufer an Koblenz und Köln entlang stromabwärts weichen. Unsere befestigte Rheinfront hat eine solche Stärke, daß sie mit ganz geringen Truppenkräften zu einer völlig sicheren Flankenanlehnung gemacht wird. Die Bewegung auf dem rechten Rheinufer abwärts lenkt den Feind aus seiner gefährlichsten Vormarschrichtung ab und gewährt uns mit dem Augenblicke, wo wir in einer Hauptschlacht den Sieg errungen haben, einen weiteren, ganz außerordentlich großen Vorteil. Wir können dann nämlich sofort durch unsere gesicherten Brückenköpfe am Rhein auf das linke Stromufer hinübergehen und uns auf nächstem Wege auf die Hauptverbindungen (Rückzugslinien) des geschlagenen Feindes setzen, der dann einer großen Katastrophe kaum zu entgehen vermag.

Als Willisen im Jahre 1840 diese Lage besprach, hat er eine Bemerkung gemacht, die von großem Scharfsinn zeugt. Das militärische Urteil war zu jener Zeit noch im höchsten Grade uneinig über den Wert der eben aufkommenden Eisenbahnen und es ist damals von solchen Leuten, die alles Neue zunächst für Torheit halten, gar manches höchst törichte Wort über dieses neue Verkehrsmittel gesagt worden. Nun war damals die Rede von zwei Bahnlinien von der Elbe nach dem Rhein, von denen die eine über Magdeburg und Minden nach dem Unterrhein, die andere über Halle und Kassel nach dem Mittelrhein gehen sollte; es war aber fraglich, ob beide zugleich

---

[104] I, 131—138.
[105] Taktisch-strategische Aufsätze, S. 272 und Korr. 1870/71, Nr. 4.

gebaut werden könnten. Willisen befürwortet, sofern man sich auf eine Bahn beschränken müßte, die Linie von Magdeburg über Minden nach Wesel, welche dem exzentrischen Rückzug am Rhein eine vorzügliche, im höchsten Grade leistungsfähige Verbindung mit dem Hauptkörper des Landes gewährt. Der Gedanke ist vortrefflich und trifft den Punkt, wo militärisch die größte Bedeutung der neuen Erfindung liegt.

Die Verteidigung mittelst Flankenstellung und seitlichen Rückzugs bildet so sehr einen Hauptteil der Willisenschen Theorie, daß es mir berechtigt erscheint, hier gleich auf ein praktisches Beispiel großartiger Vorbereitung einer derartigen Landesverteidigung hinzuweisen, das unsere Beachtung sowieso in ganz besonderem Maße verdient. Von der neuen französischen Landesbefestigung weiß man bei uns im allgemeinen wohl, daß die deutsche Grenze dort nahezu hermetisch abgeschlossen worden ist und daß Paris eine Erweiterung erfahren hat, die eine Erneuerung der Einschließung so ziemlich unmöglich machen muß. Von dem dritten Grundgedanken der Riesenbefestigungen in Frankreich, von der Vorbereitung des Rückzugs nach Süden ist aber meines Wissens in der deutschen Militärliteratur bisher kaum jemals die Rede gewesen.

Der Gedanke wurde zuerst ausgesprochen im Jahre 1873 durch den damaligen Major Ferron vom französischen Genie-Korps. Ferron fordert in seinen Considérations sur le sytème défensif de la France nicht nur den verbesserten Schutz von Paris, nicht nur den Abschluß der deutschen Grenze, sondern außerdem eine zuverlässige Grenzbefestigung gegen die Schweiz und endlich eine vollständige Öffnung der Grenze gegen Belgien.[106] Die Grenzbefestigung gegen Deutschland verlangt er im allgemeinen als eine lückenlose Kette von Forts, deren Feuerkreise sich berühren müssen und deren Überwindung nur mit Hilfe schwerer Artillerie möglich ist; so daß der Feind jedenfalls nicht in breiter Front vordringen kann, sondern darauf angewiesen bleibt, sich allmählich durch die hergestellte Bresche in der chinesischen Mauer hindurchzuziehen. Hinter dieser Barriere soll die französische Armee in geeignetem Abstand bereitstehen, um den Feind da anzugreifen, wo ihm der Durchbruch gelungen ist und während er noch mit seiner Entwicklung, mit dem erneuten Aufmarsch zu tun

---

[106] Nur die Handelsmetropole Lille will er geschützt wissen.

hat. Werden die Franzosen hierbei geschlagen, so sollen sie den Rückzug nicht auf Paris nehmen, sondern an der befestigten Ostgrenze entlang nach Süden und Südwesten. Diese Rückzugsrichtung soll entweder den Feind von der Hauptstadt abziehen oder seinen Vormarsch dorthin in der Flanke bedrohen. Die Öffnung der belgischen Grenze aber soll den deutschen Angriff dazu verlocken, über Belgien zu gehen. Das spricht Ferron zwar nicht ausdrücklich aus, man kann es aber leicht als seine Meinung erkennen. Der Marsch über Belgien ist nicht nur ein Umweg für die Deutschen, sondern treibt voraussichtlich auch das neutrale Belgien auf die Seite der Franzosen und führt zu einer Schwächung des deutschen Heeres. Der Hauptvorteil für die Franzosen aber würde sich in diesem Falle erst einstellen, wenn sie im nordöstlichen Grenzgebiet hinter ihrer umgangenen Fortlinie einen entscheidenden Sieg erringen sollten. Es würde dann eine starke Armee aus der befestigten Ostgrenze heraus sofort auf den nächsten Wegen in Deutschland einbrechen können, um hier auf den deutschen Verbindungen die Ausnutzung des erzielten Erfolges zu suchen.

Ferrons Gedanken fanden im Anfang nur eine teilweise Berücksichtigung. Die Nordgrenze wurde nicht geöffnet, sondern im Gegenteil erheblich verstärkt. Zu taktisch-offensiver Schlachtanlage hatte man kein Vertrauen; daher wurden die großen Defensiv-Schlachtstellungen inmitten der Grenzbefestigung, die beiden „Trouées" von Epinal und Verdun geschaffen, und dahinter sah man in den Befestigungen auf der Falaise de Champagne eine weitere Reihe von Forts und Batterien entstehen, die zu Ferrons Gedanken in keiner Weise paßte. Die sichere Flankendeckung für den Rückzug nach Süden und die direkte Unterstützung desselben durch mancherlei Befestigungsanlagen ist aber von Anfang an in den umfassenden Plan aufgenommen worden, nach welchem Frankreich seine Landesverteidigung neu geregelt hat. Und als dann Ferron allmählich in maßgebende Stellungen kam — er war von 1883—85 Souschef des Generalstabes, von 1887—89 Kriegsminister — sind auch seine Ansichten über die Gesamtkriegführung zum Durchbruch gelangt. Die Nordgrenze ist schon heute nahezu völlig geöffnet, die Falaisebefestigung La Fère — Reims wird demnächst eingehen, und mit der Wiederkehr des Vertrauens zur eigenen Tüchtigkeit wird vermutlich auch die große Mehrzahl derjenigen Werke allmählich wieder verschwinden, die man ganz unmittelbar als taktische Flügelanlehnung für die Defensivschlacht in fester Stellung gedacht hatte. Der Gedanke des Rückzugs nach Süden aber wird sicher bestehen bleiben, nachdem seine allenfallsige Durchführung einmal so gründlich erwogen und vorbereitet worden war. Seine Beibehaltung ist um so sicherer, als er mit der Neubefestigung von Paris in inniger Wechselwirkung steht. Die Verlegung des Rückzugs nach Süden sichert Paris am wirksamsten vor der Gefahr, daß die feindliche Hauptmacht vor der Hauptstadt erscheint. Das französische Haupttheer kann sich aber um so beruhigter auf den Süden basieren, als der Feind heute 400 000 Mann brauchen würde, um Paris so einzuschließen, wie es 1870 geschah.

Von dieser Betrachtung über die neue französische Landesverteidigung kehre ich mit dem Bemerken zu Willisen zurück, daß er nicht nur den Gedanken des seitlichen Rückzugs in großem Maßstabe vertrat, sondern daß er auch der erste strategische Schriftsteller war, der in Deutschland einem das ganze Land umfassenden System der Befestigung nach streng einheitlichem Gesichtspunkte das Wort geredet hat.

Sein Ausgangspunkt ist die damals ganz neue Erscheinung der Festung mit einem Kranze selbständiger, dem Gelände richtig angepaßter Forts. Diese kleinen aber starken und sich wechselseitig unterstützenden Werke sollten einerseits das Bombardement von der Kernbefestigung fernhalten und die Dauer der förmlichen Belagerung verlängern, andererseits aber die Offensivtätigkeit der Besatzung oder eines sich auf die Festung stützenden Heerteils erleichtern.

Es liegt auf der Hand, daß eine gewöhnliche Flußfestung (als doppelter Brückenkopf) eine ganz wesentliche Steigerung ihrer bisherigen Bedeutung erfuhr, wenn man auf jeder Stromseite aus der Fortlinie heraus in breiter Front zum Angriff vorgehen konnte. Befindet sich die Festung am Zusammenfluß zweier Ströme, bildet sie also einen dreifachen Brückenkopf, und stellen sich die Flußtäler wohl gar noch als bedeutende Abschnitte dar, so könnte durch eine derartige Festung mit Forts einem schwächeren Heere sehr wohl die Gelegenheit gegeben werden, auch dem an sich stärkeren Gegner auf einer der drei Fronten mit Überlegenheit entgegenzutreten. In diesem Sinne schreibt Willisen der sogenannten Lagerfestung oder dem verschanzten Lager einen hohen Wert für die Landesverteidigung zu. Will man diese seine Ansicht heutzutage richtig würdigen, so muß man durchaus davon absehen, daß die Erfahrungen von Metz, Paris und Plewna die Durchbruchsschlacht aus einer Festung heraus so ziemlich ins Fabelbuch verwiesen haben. Man muß sich vielmehr erinnern, daß damals, als Willisen schrieb, der Zentrumsdurchbruch noch die angesehenste Form der Schlacht war, sowohl für den Angreifer schlechtweg als für den ursprünglichen Verteidiger. Und darum wurde damals ein Heerteil, der in einer guten Lagerfestung stand, zunächst und für längere Zeit als ein sehr gefährlicher Gegner angesehen, und auch ein wesentlich überlegenes Einschließungsheer empfand es als einen großen Übelstand, wenn es durch die Verhältnisse gezwungen war, sich auf mehrere Einschließungsabschnitte mit beschränkten Querverbindungen zu verteilen. Dieses Verhältnis änderte sich erst dann, wenn es dem Einschließungs-Heere allmählich gelang, sich derart zu verschanzen, daß die Gefahr des Überranntwerdens auch für die Minderheit in jedem Einzelabschnitt ausgeschlossen war.

Willisen denkt sich nun schon die einfache Lagerfestung mit Ausdehnungen, wie wir sie damals tatsächlich bei keiner unserer Neuanlagen verwirklicht haben. Er schlägt eine Befestigung von Trier vor, die nach dem einfacheren seiner Entwürfe denselben Durchmesser gehabt haben würde wie Paris 1870, während nach dem erweiterten Plan durch Verschmelzung von Trier und Luxemburg ein Ganzes mit mehr als dem doppelten Durchmesser zustande kommen sollte.

Schon Clausewitz hatte die Frage erwogen, ob es unter Umständen ratsam sein könne, mehrere Festungen im Abstand einiger Tagemärsche um einen gemeinschaftlichen Mittelpunkt zu gruppieren, und er hatte gefunden, daß eine Armee inmitten dieser ihr gehörigen Festungsgruppe allerdings sehr große Vorteile genießen würde. Willisen verlangt nun, daß die Festungen grundsätzlich in solchen Gruppen angelegt werden, um die Feldarmee im Kampfe gegen feindliche Invasionsheere nach Möglichkeit zu begünstigen. Die Feldarmee soll sich dann jedesmal, wenn ihr der Kampf nicht zusagt, demselben entziehen, indem sie sich unter Umständen im vollen Kreise innerhalb oder außerhalb ihrer Festungsgruppe herumbewegt, sie soll aber sofort zum taktischen Angriff übergehen, sowie der Gegner irgend eine Unvorsichtigkeit begeht und ihr dadurch die Gelegenheit zum vorteilhaften Schlagen gibt.

Der Raum gestattet mir nicht, auf die Vorschläge einzugehen, die Willisen hiernach für die Befestigungsanlagen in Deutschland gemacht hat.[107] Es ist manches Gute darin, aber das Eine spricht sehr dagegen, daß nämlich sehr viel Befestigungen gefordert werden. Dies Ergebnis ist sehr natürlich, denn wenn man dem Feinde die eine Operationsrichtung durch Festungsbauten verlegt, so wird er damit indirekt auf eine andere verwiesen, und dann stellt sich sehr bald der Wunsch ein, ihm auch diese zu verwehren. Moltkes Urteil über Festungsgruppen. So müssen schließlich ungeheure Befestigungen mit sehr großen Ansprüchen an Besatzung und Unterhaltungskosten entstehen, und das Humoristische an der Sache ist, daß die Forderung so außerordentlich kostspieliger Verteidigungsanlagen von einem Manne ausgeht, der immer die Offensive im Munde führt und die Defensive mit ausgesprochener Geringschätzung behandelt. Willisen ist nun allerdings der Meinung, die Festung habe in der Hauptsache ihre Schuldigkeit getan, sobald sie überhaupt zum förmlichen Angriff zwingt, auf die Dauer ihres Widerstandes komme es gar nicht an, und daher könne man an der Stärke der einzelnen Plätze vieles abziehen.[108] Da entsteht aber doch gleich das sehr erhebliche Bedenken, daß Behauptung oder Verlust einer Festung im Kriege eine sehr große moralische Bedeutung haben, die annähernd so zählt wie die von Sieg oder Niederlage in der Schlacht.

Für uns muß es von ganz besonderem Interesse sein, daß Moltke zu den Willisenschen Ansichten bestimmte Stellung genommen hat. Sein Aufsatz über „Flankenstellungen" ist ganz unverkennbar durch Willisens Abschnitt über die Landesverteidigung angeregt und er gelangt darin zu folgendem Endergebnis: ...„Steht der Verteidiger in starker Flankenstellung auf der einen Operationslinie, so wählt der Angreifer die andere. Wollten wir auch wirklich mehrere solcher Stellungen vorbereiten, so würden wir doch nur eine besetzen können und dann gerade in dieser nicht angegriffen werden. Hierin liegt der Grund, weshalb verschanzte Lager so selten Anwendung finden.

Unstreitig würde eine Gruppe nahe zusammenliegender Festun-

---

[107] I, 175-182.
[108] I 162/3.

gen das vortrefflichste verschanzte Lager bilden. Sie würde aber fast immer nur dem feindlichen Vordringen eine andere Richtung zuweisen. Die Verwendung so großer Mittel scheint nur da gerechtfertigt, wo der Feind mit dem Operationsobjekt zugleich das Kriegsobjekt erreicht, also in der Regel bei der Hauptstadt des Landes. Dort ist keine Flankenverteidigung im strategischen Sinne, aber auch keine zweite Operationslinie für den Feind mehr möglich. Dort ist man sicher, daß er jedenfalls angreifen wird und daß jedenfalls die fortifikatorische Grundlage zu unseren Gunsten zur Geltung kommt. Für das verschanzte Lager an der Hauptstadt wird auch jederzeit ein Verteidigungsheer vorhanden sein, wenn überhaupt noch Widerstand möglich ist.

Nirgends kann man sicherer auf die Wirkung einer verschanzten Stellung rechnen, als bei der Hauptstadt des Landes und doch folgt daraus noch keineswegs, daß die Hauptstadt befestigt werden muß. Die unermeßlichen Kosten und die großen Übelstände dieses Unternehmens sind nicht erforderlich, wenn wir die begründete Hoffnung hegen dürfen, den Feind schon an den Grenzen festzuhalten und die Entscheidung dort herbeizuführen.

Und für diesen Zweck halte ich Festungslinien für vorteilhafter als Festungsgruppen, wenn jene zugleich die Übergange über die großen Ströme beherrschen.[109]

---

[109] Taktisch-strategische Aufsätze S. 266.

VII. Die Technik des 19. Jahrhunderts

Vier neue Erscheinungen sind es, die von der Mitte des 19. Jahrhunderts ab einen entscheidenden Einfluß auf die große Kriegführung üben: 1. das vervollkommnete Straßennetz, 2. die Eisenbahnen, 3. die elektrische Telegraph und 4. die weittragenden und schnellfeuernden Gewehre und Geschütze. Es versteht sich von selbst, daß jeder einzelne dieser neuen Faktoren nur langsam und allmählich zur Geltung gekommen ist, und von dem letzten muß man sogar sagen, daß sein Einfluß noch nicht als endgültig abgeschlossen vor uns liegt, daß wir uns nach dieser Richtung auch heute noch innerhalb der Entwicklung befinden. Aber gleichwohl ist es zulässig, das Ende der fünfziger Jahre des vorigen Jahrhunderts als den einheitlichen Zeitpunkt zu bezeichnen, zu welchem alle diese neuen Erscheinungen bereits wirken und in Folge ihres Wirkens die überlieferte Napoleonische Strategie ihre unbedingt herrschende Stellung zu verlieren beginnt.

1. Das vervollkommnete Straßennetz, die Frucht stetig steigender Kultur und wachsenden Wohlstandes, bietet jetzt der Heeresbewegung überall eine ganze Reihe brauchbarer Wege dar, wo früher nur einzelne solche verfügbar waren. Nicht nur zwischen den größeren Städten und in den Hauptrichtungen des überlieferten Verkehrs gibt es gut unterhaltene Steinstraßen, welche Hügel und Berge in bequemer Steigung überwinden, auch von Dorf zu Dorf ziehen sich nunmehr die gebesserten Verbindungen hin und immer mehr verschwinden die unzuverlässigen Brücken und jene schwierigen „Steigen", wo jedes Fuhrwerk des Vorspanns, oft des doppelten und dreifachen Vorspanns bedurfte.

Mit diesem Ausbau des Straßennetzes mußte die früher erörterte Napoleonische Marschtechnik aus den Tagen der Entscheidung allmählich verschwinden. Wenn brauchbare Wegeverbindungen in reichlichem Maße vorhanden sind, kann niemand mehr auf den Gedanken kommen, die Masse der Armee, die Infanterie und Kavallerie, von den Straßen herunter zu werfen und sie mehrere Meilen weit in aufgeschlossenen Zugkolonnen querbeet marschieren zu lassen, eine Maßregel, die unbedingt immer mit hohen Marschverlusten verbunden sein muß. Die Bewegung in Marschkolonnen gemischter

Waffen auf Straßen wird also jetzt beibehalten bis dicht an das Schlachtfeld heran. So bleiben aber auch die einzelnen Divisionen immer in ihrer richtigen Waffenmischung vereinigt in der Hand ihres Führers und es fällt einer der Gründe fort, die bei jenem Napoleonischen Verfahren einen besonderen Schlachtaufmarsch stets unvermeidlich machten. Wenn andererseits Jomini die Marschlänge größerer Verbände — wohlverstanden für die Tage der Entscheidung — noch ausschließlich nach der Zeit berechnet, welche ihre Artillerie zum Ablaufen braucht, und wenn er aus diesem Grunde für ein Armeekorps von 30000 Mann nur zwei Stunden ansetzt, so legt die Truppenführung von jetzt ab andere Berechnungen zu Grunde. Auf den Generalstabsreisen des preußischen Generalstabes bildet die Generalstabswissenschaft, die Logistik Jominis, ihre neuen Grundsätze aus. Marschlängen und Aufmarschzeiten der mit Artillerie sehr viel stärker ausgestatteten Heerkörper werden sorgfältig festgestellt und es ergibt sich in der Handhabung dieser Größen, daß das Armeekorps von rund 30 000 Mann eine naturgemäße strategische Einheit ist, weil es diejenige Heeresabteilung darstellt, deren Marschlänge in einer Kolonne der normalen Länge eines Tagemarschs entspricht. 30 000 Mann werden auf einer Marschstraße etwa drei Meilen lang, und drei Meilen sind die gewöhnliche Tagesleistung eines Korps, für welche die durchschnittliche Ausdauer des schwerbepackten Fußgängers maßgebend bleibt. Ein solches Korps kann also an jedem Morgen aus einer versammelten Aufstellung aufbrechen und am Nachmittage drei Meilen weiter wieder in einer versammelten Aufstellung stehen; es kann hierbei auch in Fühlung bleiben mit seinen Bagagen, Kolonnen und Trains, die hinter ihm folgend Munition und Lebensmittel nachführen und welche gegenwärtig in Folge des vermehrten Bedarfs an Munition und des höheren Gewichts der Artillerie-Geschosse, sowie infolge reichlicherer Fürsorge für Verpflegung und Sanitätsdienst mindestens vier- bis fünfmal so viel Fahrzeuge zählen wie zu Anfang des Jahrhunderts.

Soll und muß mehr geleistet werden, so kann man das Korps besonders früh aufbrechen lassen, so daß es um Mittag am Zielpunkt versammelt steht; man kann die Zahl der unmittelbar folgenden Trains und Kolonnen auf das allernotwendigste beschränken und statt der Masse der Impedimenta dieses vorderen Korps kann dann am Nachmittage ein anderes Armeekorps dieselbe Wegestrecke benutzen. Das ist der Ausnahmefall der heutigen Zeit und steht zur normalen Heeresbewegung in demselben Verhältnis, wie ein Beispiel aus der Jominischen Logistik, welches die Bewegung von 2. 60 000. also von 120 000 Mann an einem Tage und auf einer Straße — oder vielmehr längs einer Straße — naher erörtert.[110]

Es wird hieraus ersichtlich, daß die früher berührten Betrachtungen von Clausewitz über die zweckmäßigste Einteilung einer Armee in der gegenwärtigen Zeit auf ernste Hindernisse stoßen, und es kann darin nichts ändern, daß selbst Moltke sich nach 1866 vorübergehend für die Gliederung der mobilen Streitmacht in Armeen und Divisionen und für den Wegfall des Korpsverbandes im mobilen Heere erwärmt hat.[111] Der Divisionsverband ist für Heere von großer Kopfstück in keiner Weise ausreichend, weil die auf eine Straße verwiesene Heeresabteilung des einheitlichen Befehls nur schwer entraten kann; und wenn das Korps im Frieden eine harmonisch eingelebte Gesamtheit, eine wirkliche Individualität geworden ist, so wird man auf diesen Vorteil auch in den seltenen Fällen nicht verzichten wollen, wo sich die Zwischeninstanz des Generalkommandos vielleicht vom operativen Standpunkt aus als überflüssig erweist.

Aber freilich gehört nur der Korpsverband selbst und die jetzige Stärke des Korps zu den wirklichen strategischen Notwendigkeiten, über seine Einteilung und Gliederung läßt sich sehr wohl streiten. Wenn unser Armee-Korps aus drei Divisionen bestände, deren jede drei Infanterie-Regimenter stark wäre, so würde diese Dreiteilung den Bedürfnissen der Truppenführung in hohem Grade entgegenkommen und wäre der jetzigen absoluten Zweiteilung bei weitem vorzuziehen.

Obgleich es eine kleine Abschweifung von meinem eigentlichen Thema bedeutet, so will ich diesen Gedanken doch noch ein wenig weiter verfolgen, weil gerade jetzt Fragen der Heeresorganisation vielfach erörtert werden.

Die Einteilung des Armeekorps in drei schwächere Infanterie-Divisionen würde sich fast ohne jede weitere Vermehrung des Heeres und ohne erhebliche Mehrkosten durchführen lassen, da schon

---

[110] Précis Kap. 88 (II 114). Auch Napoleon spricht sich in seiner Zusatznote zur 13. Schlußbemerkung von Rogniat ganz in demselben Sinne wie Jomini aus. Vergl. darüber auch Lewal, Stratégie de marche S. 98.

[111] Taktisch-strategische Aufsätze S. 155.

jetzt die Zahl der Infanterie-Regimenter mehr als ausreichend für diesen Zweck ist.

Zu jeder Infanterie-Division von 8 oder 9 Bataillonen müßte im Kriege ein Feld-Artillerie-Regiment zu 6 Batterien gehören, während das vierte Feld-Artillerie-Regiment jedes Korps die Korps-Artillerie zur Verfügung des Generalkommandos zu bilden hätte.

Jeder Infanterie-Division wäre eine Eskadron Meldereiter (Jäger zu Pferde) und eine Kompagnie Radfahrer zuzuteilen. Radfahrer können der Kavallerie einen großen Teil ihrer Aufklärungs-, Sicherungs- und Melde-Aufgaben abnehmen und können gerade auf diesem Gebiet ganz ausgezeichnete Dienste leisten. Die Fälle, wo grundlose Wege die Radfahrer völlig lahmlegen, werden nicht viel häufiger sein als jene, wo Glatteis die Reiterei an der Erfüllung ihrer Aufgaben hindert. Reiter und Radfahrer müssen sich für gewöhnlich nach Maßgabe der Örtlichkeit in ihre gemeinsame Aufgabe teilen.

Zu jeder Infanterie-Division würden endlich die erforderlichen Spezialformationen, wie Pionier-Kompagnie, Sanitäts-Kompagnie usw. gehören.

Im Frieden würde das Armee-Korps folgende Organisation erhalten: drei Infanterie-Divisionen, bestehend aus je einer Infanterie-Brigade zu drei Regimentern und aus je einer Landwehr- Inspektion zu etwa 4-6 Landwehr-Bezirken: bei zwei Infanterie-Divisionen jeden Korps würde ferner je eine Feld-Artillerie-Brigade organisch eingeteilt sein. Den vierten Hauptkörper jeden Armee-Korps würde eine Kavallerie-Division zu zwei Brigaden von je zwei Regimentern bilden. Für Jäger, Pioniere, Fuß-Artillerie könnte es bei der bisherigen Friedensorganisation bleiben, für den Train würde ich die Angliederung an die Feld-Artillerie für wünschenswert halten, weil ich für den Krieg eine nähere Verbindung der Artillerie- und der Train-Kolonnen als vorteilhaft ansehe.

Im Kriegsfall hätten sich in den Kommando-Verhältnissen folgende, aus dem vorstehenden noch nicht ersichtliche Änderungen zu vollziehen: die Kommandeure der Infanterie-Brigaden übernehmen das Kommando der betreffenden Reserve-Division, die Landwehr-Inspekteure, sämtlich aktive Generalmajors, übernehmen die höheren Kommandostellen bei den Landwehrtruppen. Der ältere Brigade-Kommandeur der Feld-Artillerie tritt als Kommandeur der Artillerie zum Generalkommando, der jüngere Artillerie- Brigade-

Kommandeur übernimmt den Befehl über die Kolonnen und Trains. Eine ständige einheitliche und starke Befehlgewalt hinter der Front des Armee-Korps ist geradezu eine dringende Notwendigkeit und kann selbst bei ununterbrochener Vorwärtsbewegung nicht ohne ernste Nachteile entbehrt werden.

Die Kavallerie-Division gehört nach der Kriegsgliederung zum Armeekorps; doch hat das Armee-Kommando nicht nur das allgemeine und selbstverständliche, sondern ein noch ganz besonders betontes Recht, sie allemal dann durch unmittelbare Befehle zu leiten, sobald es ihm erwünscht scheint. Sollte das Oberkommando mehrere Kavallerie-Divisionen zu einheitlicher Tätigkeit vereinigen wollen, so übernimmt ein ihm zugeteilter General der Kavallerie das Kommando so lange, als der besondere Zweck es erfordert. Es ist das diejenige Form der Kavallerie-Massen-Verwendung, die Moltke in seiner Denkschrift vom 25. Juli 1868 (Taktisch.strateg. Aufsätze S. 124) vorgeschlagen hatte.

2. Die Eisenbahnen haben vor allem den Begriff der Basis völlig verändert. In wenigen Tagen befördert die Eisenbahn Menschen, Pferde, Fuhrwerke und Güter aller Art aus den entferntesten Gegenden nach jedem beliebigen Punkte unseres Gebiets, und es kann niemandem mehr einfallen, ungeheure Vorräte aller Art auf einzelne befestigte Punkte der eigenen Grenze zusammenhäufen zu wollen, um sich bei den Operationen auf diese Punkte zu basieren. Wir basieren uns heute nicht mehr auf einen bestimmten Landstrich, der dazu besonders vorbereitet wird, sondern auf unser ganzes Land, das durch die Eisenbahnen zu einem einzigen Magazin mit getrennten Lagerräumen geworden ist.

Natürlich kommt dieser Unterschied gegen früher in ganz besonderem Maße zur Geltung, wenn wir uns innerhalb unseres Landes oder ganz in der Nähe seiner Grenzen befinden. Sobald wir weiter in Feindesland hineindringen, stellt sich dem unzweifelhaften Vorteil des neuen Verhältnisses sofort ein ausgesprochener Nachteil zur Seite: die Eisenbahnverbindung auf feindlichem Gebiet, die vom Feinde verlassene, vielleicht zerstörte und von uns erst mühsam wiederhergestellte Bahnlinie, auf der wir mit unserem militärischen Betriebspersonal und mit Maschinen und Wagen aus unserer Heimat den Verkehr bewirken, sie ist eine ganz ungemein empfindliche Verbindung zu nennen. Nun ist die Inanspruchnahme der Verbindung im

Laufe des 19. Jahrhunderts ganz erheblich gewachsen und für 1870/71 traten in dieser Beziehung Zahlen auf, die früher unbegreiflich gewesen wären. Unser deutsches Feldheer hat die Grenzen in der Stärke von rund 520 000 Mann überschritten und ist durch das Nachfolgen ganzer Truppenkörper allmählich auf etwa 600 000 Mann gewachsen. Für diese Stärke sind auf der Eisenbahn nach und nach 2200 Offiziere, 220 000 Mann und 22 000 Pferde als Ersatz für eingetretenen Abgang nachgeschoben worden[112] Nach der Heimat zurück fuhren im Laufe der Zeit 240 000 Verwundete und Kranke von Freund und Feind[113] und ebenso hat der weitaus größte Teil der 384 000 Kriegsgefangenen, die wir in Deutschland unterbringen mußten, die Eisenbahn schon auf französischem Boden oder dicht an der Grenze bestiegen.[114]

Das sind gewaltige Zahlen für den Verkehr im Rücken des Heeres, und neben ihnen bleibt der Transport von 80 Millionen Gewehrpatronen und 362000 Schuß der Feld-Artillerie eine verhältnismäßig geringfügige Leistung.[115]

Dagegen hat die Beförderung der gewaltigen Belagerungs-Parks, der zahlreichen schweren Geschütze und der ungeheuren Lasten zugehöriger Munition die Eisenbahnen im Kriegsbetrieb vor große Aufgaben gestellt. Ist doch allein bei der Belagerung von Straßburg etwa dreimal so viel Geschoßgewicht verfeuert worden, als zusammen in allen Feldschlachten und Gefechten des ganzen Krieges.[116]

Hält man diesen Zahlenangaben über die Benutzung unserer Eisenbahnverbindungen die Tatsache gegenüber, daß schon ein einzelner Mann imstande ist, einen Bahnzug zur Entgleisung zu bringen, und daß eine kühne Streifschar sehr wohl eine Bahnzerstörung ausführen kann, die auf Wochen hinaus den Verkehr völlig unmöglich macht, so ergibt sich, wie sehr die heutige Verbindung in Feindesland des steten Schutzes bedarf und wie empfindlich auch ein heutiges Heer berührt werden kann, wenn ihm der Feind die Verbindung ernstlich bedroht.

Man muß daher die Verhältnisse der strategischen Defensive und

---

[112] Generalstabswerk V, Anlage Nr. 198.
[113] V, 1508
[114] V, 1540 (in der Zahl sind 12000 Offiziere enthalten).
[115] V, 1460/1. Anmerkung
[116] V, 1476

Offensive streng unterscheiden.

Für die Verteidigung im eigenen Lande haben die Eisenbahnen die schon früher vorhandene Bewegungsfreiheit in hohem Maße gesteigert. Bei dem Verkehr auf den Verbindungen, bei der Versorgung des Heeres mit Ersatz an Mannschaft und Pferden, mit Munition und Lebensmitteln, bei dem Abtransport der Verwundeten und Gefangenen spielen die etwaigen Umwege der Eisenbahnen gar keine Rolle, und nur das Gebiet, das der Feind selbst schon unmittelbar in Besitz genommen hat, geht für unsere Zwecke verloren. Die volle Unterordnung aller Eisenbahnen unter die militärische Leitung ist in so ausgiebiger Weise gesichert und die Militär - Eisenbahn - Behörden sind so beweglich organisiert, daß jeder wünschenswerte Wechsel der Verbindungen sich auf kurzen Befehl hin mit der größten Leichtigkeit und Schnelligkeit zu vollziehen vermag. Ein besonderer Vorteil ist es ferner für die Verteidigung auf eigenem Boden, daß die leistungsfähige Bahnverbindung überall bis dicht an die Aufstellungen des eigenen Heeres heranreicht. Man kann also die Bedürfnisse aller Art gleich von der Eisenbahn auf die, Kolonnen und Trains der Armee-Korps verladen oder gar unmittelbar an die Truppen ausgeben, und es kommen nicht nur die improvisierten Wagenparks in Wegfall, die sonst unentbehrlich sind, sondern man wird oft in der Lage sein, einen Teil der Trains in größerer Entfernung von der Truppe zu halten. Daß Rückzugsbewegungen im eigenen Lande auf diese Weise sehr erleichtert werden können, ist von nicht geringer Bedeutung.

Im Gegensatz hierzu darf der strategische Angriff in Feindesland hinein natürlich niemals mit einiger Sicherheit darauf rechnen, daß die Bahnverbindung seinem Vorschreiten stetig folgt. Der Feind wird die Bahnen teils durch Befestigungen gesperrt, teils wird er sie zerstört haben, und der Bau von Aushilfestrecken ist eine schwierige und zeitraubende Arbeit. Immerhin kann man mit schmalspurigen Straßenbahnen in verhältnismäßig sehr kurzer Zeit eine Verbindung herstellen, die auf weite Strecken hinaus zur Beförderung von Armee-Material Bedeutendes zu leisten vermag. Ist die Bahnverbindung bis zur Feld-Armee in Feindesland hin wirklich eingerichtet, so hat die Führung damit zu rechnen, daß sie schwer zu verlegen ist. Jener berühmte Wechsel der Verbindung (Overationslinie), den auch Napoleon gelegentlich für das geschickteste Manöver der Kriegskunst erklärt,[117] wird dort kaum noch ausführbar sein. Wir werden also in Zukunft wieder häufiger Fälle sehen, daß gelegentlich ganze Heerteile seitlich entsendet werden müssen, um die Verbindung eines Heeres zu schützen, und auch der Fall ist wieder denkbar, daß ein Heer sich ganz vorzugsweise zu dem Zwecke schlägt, um seine Verbindung zu erhalten, obgleich es nach Lage der Verhältnisse für seinen Rückzug nicht die leiseste Sorge empfindet. Stellen wir uns vor, daß 1870 um die Mitte des Oktober, also vor dem Falle von Metz, ein bedeutendes französisches Heer von Süden her in der allgemeinen Richtung auf Chalons s. Marne vordrang, so ist ein solches Beispiel gegeben. Diese Bewegung des Feindes bedrohte alsdann die unentbehrliche Bahnverbindung unserer vor Paris befindlichen Hauptheeresmasse, und eine solche Bedrohung war um so gefährlicher, als die künftige Beschießung und Belagerung von Paris ganz unbedingt von der Brauchbarkeit der eben eingerichteten Bahnlinie abhing. Wir hatten unzweifelhaft eher die Einschließung von Paris aufgegeben, als daß wir die Zerstörung unserer Verbindung zuließen. Die Frage des Rückzugs aber hätte dabei gar keine Rolle gespielt. Im Gegenteil: unsere Heeresleitung würde es sicher als eine Art von Entschädigung empfunden haben, wenn sie die Gelegenheit erhielt, mit verwandter Front zu schlagen und damit dem unbequemen Gegner den Rückzug ins Innere Frankreichs zu nehmen.

Ich habe die Eisenbahnen zuerst in ihrer Bedeutung als Verbindung betrachtet, weil sich in dieser Beziehung ihr Einfluß auf die Kriegführung am nachhaltigsten äußert. Einen zunächst sehr viel mehr in die Augen fallenden Einfluß üben sie aber auf die Bereitstellung der Heere zum Kriege und darum auch auf den Kriegsplan aus. Die früher fast überall unentbehrliche längere Periode der Kriegsvorbereitung ist für die großen Kontinentalstaaten Europas jetzt mehr oder weniger zur Mythe geworden. Überall gilt der Grundsatz, die Einberufung des wehrfähigen Volkes zu seinen Fahnen bis zu dem Augenblick zu verzögern, wo über den Entschluß zum Kriege kein Zweifel mehr bestehen kann, dann aber mit der höchsten Schnelligkeit zu handeln. Mit peinlichster Sorgfalt ist nicht nur die eigentliche

---

[117] Vergl. 10. Bemerkung Napoleons zum siebenjährigen Kriege, in welcher Napoleon, allerdings ohne jeden fachlichen Grund, die Schlacht bei Leuthen als Beispiel obiger Geschicklichkeit bezeichnet.

Mobilmachung, sondern auch der Aufmarsch des Heeres bis in die kleinsten Einzelheiten hinein ausgearbeitet und das wichtige Interesse der Ordnung gebietet, an diesen Anordnungen festzuhalten. Alle Verhältnisse und Umstände werden dabei sorgfältig gegeneinander abgewogen, um die größtmögliche Leistung zu erzielen, um die Gesamtheit des Heeres in kürzester Frist zur Verwendung bereitzustellen. Man hat zuweilen gute Gründe dafür, einen bestimmten Heerteil an eine bestimmte Stelle zu befördern, man bringt ihn aber doch an eine andere, weil er hier mehrere Tage früher verwendbar ist. Die großen Grundgedanken des künftigen Kriegs-Plans, die Transportbereitschaft der Truppen und die Leistungen des Bahnnetzes wirken hier vielfältig bestimmend aufeinander ein, um das Endergebnis zu liefern.

Im allgemeinen kann man eine Seite dieses Endergebnisses leicht als besonders charakteristisch erkennen: je breiter der Aufmarsch ausgeführt werden darf, um so rascher ist er beendet; je schmaler der Raum ist, auf dem er bewirkt werden muß, um so länger wird er dauern. Mit anderen Worten: der Eisenbahnaufmarsch strebt in die Breite.

Und nun habe ich noch eine dritte Seite der Eisenbahnen zu berühren, ihre unmittelbare Verwendbarkeit in der strategischen Operation. Der franko-sardinische Flankenmarsch von 1859 hat wohl eines der ersten Beispiele dieser Art geliefert, indem die Infanterie eines ganzen Armeekorps die Bahn benutzte und — freilich im Schütze eines großen Stroms, aber doch auf erstaunlich geringen Abstand von den feindlichen Vorposten — an der Front des Feindes entlang fuhr. Sie schonte ihre Kräfte und entlastete die stark in Anspruch genommenen Straßen, ein Zeitgewinn war mit ihrer Bahnbeförderung aber nicht verbunden. Es ist leicht zu verstehen, daß der Eisenbahnapparat seinen eigentlichen Nutzen für größere Massen mit Roß und Wagen nur dann entfalten kann, wenn es sich um große Strecken handelt; auf einige wenige Märsche kommt ein Armeekorps mit dem Fußmarsch rascher ans Ziel. Stellen wir uns aber den Fall vor, daß Deutschland einmal nach zwei Seiten zu kämpfen gezwungen ist, so wird sich sein treffliches Bahnnetz im Dienste der Operationen sicher aufs beste bewähren. Man kann dann je nach dem Stande der Dinge mit großer Schnelligkeit größere Heereskörper von einer Seite zur anderen verschieben und damit das Spiel auf innerer Linie in höherem und bedeutenderem Sinne als früher erneuern. Da ich vorher die sorgfältige und peinlich genaue Vorbereitung der Aufmarschtransporte erwähnt habe, so könnte der Laie glauben, daß auch in solchen Fallen eine längere Vorbereitungszeit unumgänglich nötig sei und zum Nachteil der Sache in Ansatz gebracht werden müsse. Das ist aber nicht der Fall. Die Militärfahrpläne sind so übersichtlich und sinnreich eingerichtet, daß es möglich ist, völlig ausreichende und jeden Zweifel ausschließende Befehle zur Vorbereitung wie zur Ausführung des Transportes ganzer Armeekorps im Telegrammstil zu erteilen, und die Militär-Eisenbahnbehörden wie die Bahnverwaltungen sind durch die sich alljährlich wiederholenden Mobilmachungsvorarbeiten so vollständig mit dem Wesen der Sache vertraut, daß man völlig beruhigt auch für solche Fälle auf die Selbsttätigkeit der Ausführungsstellen rechnen darf. —

3. Die Telegraphie darf ich in allerknappester Form erwähnen, ihre Bedeutung aber ist riesengroß: sie hat die Gefahren der Trennung völlig beseitigt. Es ist schon an früherer Stelle gezeigt worden, daß Napoleon den Gedanken einer Operation auf mehreren Operationslinien, „in von einander getrennten Richtungen ohne Verbindungen untereinander",[118] ganz unbedingt verworfen hat, weil es unmöglich sei, daß die verschiedenen Kolonnen in Übereinstimmung handeln. Er hat diese Überzeugung wiederholt ausgesprochen und keinen Zweifel darüber gelassen, welche Bedeutung sie für ihn hat. Sie ist der Ausgangspunkt seiner ganzen Massenstrategie, welche grundsätzlich immer die Hauptkräfte so eng zusammenhält, als Bewegung und Unterkunft es gerade noch gestatten, und welche stets das gleiche Ziel erstrebt, sich mit der versammelten Macht nacheinander auf Teile des Feindes zu stürzen.

Die früher tatsächlich vorhandene Gefahr fehlender Übereinstimmung beim Handeln mit getrennten Heerteilen ist nun durch die Telegraphie nahezu völlig beseitigt. Mag der Feind auch so zwischen unseren Heeren oder Heerteilen stehen, daß kein Reiter von einer Seite zur anderen gelangen kann, wir verkehren auf einem Bogen von zwanzig oder fünfzig oder achtzig Meilen auskömmlich miteinander. Überall legt der Feldtelegraph seine Leitungen ebenso schnell wie der Marsch der Truppen erfolgt und an jedem Abend

---

[118] Vergl. S, 29

kann die Oberleitung genau erfahren, wie es auf den einzelnen Punkten der Gesamthandlung steht, und sie kann darnach ihre Weisungen erteilen.

Aber, so wird mir vielleicht ein Leser einwerfen, wir haben ja an früherer Stelle bei Erörterung des Operationsplans der Verbündeten im Herbstfeldzuge von 1813 gehört, daß eine solche tägliche Erteilung von Weisungen und Befehlen gar nicht einmal das Richtige sei, daß sich die Feststellung eines allgemeinen Planes mit selbständiger Bewegungsfreiheit damals trefflich bewährt habe und daß die Oberleitung sich auf Erteilung von Direktiven beschränken müsse. Der Einwurf ist nicht unberechtigt. Als der Telegraph zuerst in die Truppenführungsmittel eintrat, war die Besorgnis sehr weit verbreitet, es könne damit eine neue Ära des Hofkriegsrats herbeigeführt werden, und unser Moltke selbst hat einmal gelegentlich den Feldherrn bedauert, dem ein „Telegraphendraht im Rücken" die Freiheit des Handelns gefährdet.[119] Man mußte eben diese Klippe vermeiden und mußte es lernen, aus dem täglichen Verkehr der hohen Kommandobehörden miteinander den entsprechenden Nutzen zu ziehen, ohne die Selbständigkeit der Unterführer zu beeinträchtigen. Und in dieser Beziehung hat gerade Moltke eine Schule geschaffen, die ganz den Stempel seines eigenen edlen Charakters und seiner wahrhaft vornehmen Denkweise trägt. Die deutsche Befehlsgebung nach Moltkes Mustern geht davon aus, daß der Untergebene seine Sache gründlich versteht! Sie hilft ihm mit allen Nachrichten, die sie ihm geben kann, und hütet sich vor jeder Anordnung, die er selbst zu treffen vermag. Wenn man Napoleonische Operationsbefehle studiert, muß man ja immer und immer wieder die durchgreifende Geistesarbeit des Kaisers bewundern, die an alles denkt und für alles sorgt; aber man kommt doch auch in kurzer Frist zu dem Ergebnis, daß Führer auf diesem Wege niemals zu erziehen waren. Die Unselbständigkeit und Ungeschicklichkeit seiner Marschälle gegenüber wirklichen Führungsaufgaben ist wahrlich kein zufälliges Mißgeschick, sie ist die Folge der rücksichtslosen, ja tyrannischen Behandlung, die der Kaiser ihnen zu teil werden ließ, ihrer ständigen Gängelung durch viel zu kategorische Befehle und der Grausamkeit, mit der er jede Ab-

---

[119] Vergl. das vom preuß. Generalstab herausgegebene Werk über den Feldzug von 1859, S. 8

weichung von seinem Willen ahndete. Auf solche Weise erzieht man sich keine Gehilfen für schwere Arbeit und ernste Lagen; und daß ihm solche Gehilfen fehlten, das war das Unglück des Kaisers in den gewaltigen Kämpfen, die zu seinem Sturze führten. Wem diese Tatsache nicht völlig klar ist, dem kann die Beschäftigung mit Napoleonischen Operationsbefehlen leicht zum Nachteil gereichen.

4. Daß die weittragenden und schnellfeuernden Waffen die Taktik völlig verändern mußten, kann ich hier als bekannt voraussetzen. Über den Umfang aber, in welchem diese Änderung erfolgt ist, muß ich doch einige Worte sagen.

Die Infanterie-Gewehre vom Schluß des 19. Jahrhunderts tragen ungefähr zehnmal soweit als diejenigen aus der Napoleonischen Periode, können in derselben Zeit mindestens dreimal so viel gezielte Schüsse entsenden als früher, und gestatten dem Schützen im Liegen zu laden und dadurch Deckungen zu verwerten, die früher als solche nicht brauchbar waren.

Geht eine Infanterie-Schützenlinie über freie Ebene rein frontal gegen einen gedeckt liegenden Verteidiger vor, so wird sie sich in abwechselnden Sprüngen bewegen, um auch liegend zu schießen und die Vorbewegung, bei der die aufrechte Haltung nicht zu vermeiden ist, durch schnellen Lauf nach Möglichkeit abzukürzen. Der Angreifer sieht dabei immer nur ein kleines Ziel und bietet — so oft er sich auch niederwerfen mag — doch auf jedem Punkte der Bewegungslinie seinerseits das größte, das überhaupt möglich ist. Er verliert durch die schnelle Laufbewegung die Möglichkeit guten Zielens, während der Verteidiger durch die deutlich sichtbaren Erfolge zu immer größerer Ruhe in der Abgabe seines Feuers gelangt. Der Angreifer kann endlich nur während eines Teils der Ruhepausen feuern, wenn sich das vom Laufen heftig pochende Herz wenigstens einigermaßen beruhigt hat; er kann also nur einen Bruchteil der Patronen-Massen verschießen, die der Verteidiger gleichzeitig in wohlgezieltem Feuer entsendet. Nach den Ergebnissen der Schießlehre ist der Angreifer bei diesem Verfahren mindestens dem zwanzigfachen Verluste ausgesetzt, als wie er selbst ihn dem liegenden Gegner beizubringen vermag. Mit anderen Worten: der altüberlieferte Sturmangriff der Infanterie über freie Ebene ist heute unmöglich, wenn er auch äußerlich noch so sehr modernisiert wird. Die heutigen Feldgeschütze wirken etwa fünfmal so weit als die aus dem Anfang des 19.

Jahrhunderts, sie übertreffen jene ganz bedeutend in der Schnelligkeit des Feuers[120] und sie sind an sich die besten Entfernungsmesser, sie treffen daher mit einer Sicherheit, die früher unbekannt war. Ihr Hauptgeschoß, das Schrapnel, ist ein Streugeschoß, das ganz besonders darauf konstruiert ist, gegen Infanterie-Kolonnen zu wirken, und das daher auch zur Folge gehabt hat, die Kolonne allmählich vollständig von allen dem Feinde sichtbaren Teilen des Schlachtfeldes zu verbannen, das aber auch der unsichtbaren Kolonne gefährlich werden kann, sofern man nur ihren Standpunkt weiß. Im Beginn des Jahrhunderts auf der Ebene von Wagram die enggeschlossene Phalanx aus mehr als fünfzig Bataillonen, die nur durch den Druck der Masse zu wirken bestimmt ist, die zwar anfänglich durch das umfassende Feuer der Verteidigung zum Zurückweichen gezwungen wird, die dann aber bei erneutem Vordringen trotz alledem den Triumph des Bajonetts über die Feuerwaffe erzielt; und am Schluß des Jahrhunderts auf den Ebenen Südafrikas die lang ausgedehnten Schützenlinien, die es bei mehrfacher Überlegenheit vergeblich versuchen, an die ganz dünne Linie der feindlichen Einzelkämpfer heranzukommen, — das ist der Gegensatz der Waffenwirkung von einst und jetzt. Der Einfluß der jüngsten Verbesserung der Handfeuerwaffen ist jedenfalls viel größer als es einst der Einfluß ihrer Erfindung gewesen ist. In Betreff des Geschützes kann man das Gleiche wohl nicht sagen, aber die Fortschritte der Neuzeit sind doch riesengroße zu nennen.

Mit dieser Verbesserung der Feuerwaffen ist der rein frontale Angriff, der taktische Zentrumsdurchbruch, nahezu aus dem militärischen Wörterbuche gestrichen. Nur wo gerade in der Mitte der feindlichen Schlachtlinie das Gelände dem Angriff besondere Vorteile bietet, oder wo es deutlich erkennbar ist, daß der Verteidiger große Fehler begeht, wird man sich versucht fühlen, die eigenen Anstrengungen auf das Zentrum des Gegners zu richten. Zumal wenn auf langen Linien mehrere Tage hintereinander gefochten wird, wenn sich der Angreifer dazu entschlossen hat, mit dem Spaten in der Hand nach dem Muster des Festungskrieges immer näher und naher an die Stellung des Verteidigers heranzufühlen und sich heranzuar-

---

[120] Ich unterlasse hier eine nähere Angabe, weil gerade jetzt ein neuer Fortschritt auf diesem Gebiete bevorsteht.

beiten, dann werden auch solche Fälle denkbar sein.

Im allgemeinen aber muß der Angriff sich sagen, daß er der Umfassung bedarf, um die gewaltig gesteigerte Feuerwirkung der Verteidigung wirksam zu dämpfen. Wie der Durchbruch mit der blanken Waffe der Gipfelpunkt aller Taktik im Beginn des Jahrhunderts war, so ist an seinem Ende die Feuerwirkung von zwei Seiten her zum Gipfelpunkt aller Taktik geworden. Es ist ein vergebliches Bemühen, solchem Wechsel gegenüber eine goldene Mittelstraße halten zu wollen. Der Wechsel ist so ungeheuer groß, daß es sich nicht mehr um vorsichtig tastende Änderungen handeln kann; es muß gebrochen werden mit allem, was dem Geiste der Gegenwart nicht mehr entspricht. —

Und wie wirkt nun diese gesamte Technik des 19. Jahrhunderts auf die Strategie?

Die in der Mehrheit der Fälle geradezu unvermeidliche Breite des Eisendahnaufmarschs zwingt zur Teilung der Gesamtkraft in mehrere selbständige Heere auch dann, wenn die Zahl der Armee-Korps vielleicht noch die Leitung durch ein Oberkommando gestattete.

Bei der Bewegung der Heere geht das natürliche Streben dahin, jedem Armee-Korps seine eigene Straße zu geben, und es müssen besondere Gründe sein, die eine Abweichung hiervon herbeiführen.

Der Telegraph erlaubt vollständige Übereinstimmung des Handelns auch bei ausgedehnter Front.

Die Schlacht wird in der Regel am besten vorbereitet, wenn man dem eigenen Heere die Umfassung durch Anmarsch aus zwei Richtungen ermöglicht. Aus dem allen ergibt sich zunächst: das Jominische carré stratégique und die Vierecks- oder auch Kreuzesform, in welcher Clausewitz das Heer bewegen will, haben ihre frühere Bedeutung verloren.

Ferner: die Bewegung verschiedener Heere auf konzentrischen (äußeren) Operationslinien ist nicht mehr mit den früheren Gefahren verbunden. Endlich: die Operation auf innerer Linie ist im höchsten Maße gefährlich geworden, weil sie dem Feinde leicht Gelegenheit gibt, in der Umfassung die hohe Vollkommenheit moderner Feuerwaffen zur Geltung zu bringen. Sie ist jedenfalls nicht mehr in früherer Weise das Mittel, um dem Schwächeren zum Siege zu verhelfen, sie kann mit Erfolg eigentlich nur angewandt werden, wenn sie durch besondere Umstände begünstigt wird.

VIII. Moltke im Gegensatz zu Napoleon

Die Frage, ob ein Gegensatz zwischen Napoleon und Moltke besteht, ist in letzter Zeit wiederholt und nicht ohne einige Schärfe erörtert worden. Um gerade die letztere, in wissenschaftlichen Untersuchungen zumeist recht nachteilige Zutat zu vermeiden, will ich meine Kapitelüberschrift gleich völlig klarstellen. Nach meiner Überzeugung ist ein sehr bedeutender Unterschied zwischen den beiden Männern vorhanden, aber selbstverständlich ist er auch nur ein relativer. Vergleicht man die Strategie beider mit derjenigen Friedrichs des Großen, so tritt die Einheit des 19. Jahrhunderts gegenüber dem 18. in den Vordergrund. Führt man aber Alexander, Hannibal und Cäsar auf den Plan, so müssen ihnen gegenüber die Feldherrn der neuen Zeit wieder als gleichartig erscheinen, weil ihre gemeinsamen Unterschiede gegen die Heerführer des Altertums besonders ins Auge fallen. Bei abermals erhöhtem Standpunkte wird man endlich eine Reihe gemeinschaftlicher Züge in den Heroen aller Zeiten ganz zweifellos zu erkennen imstande sein.

Auch das will ich gleich vorausschicken, daß Moltke selbst sich über den Gegensatz nicht näher geäußert hat, der hier entwickelt werden soll. Das liegt in erster Linie an seiner hohen Bescheidenheit, die ihm verwehrte, seine Abweichung von dem Napoleonischen Vorbilde besonders zu betonen und der von ihm ungemein hochgeschätzten Clausewitz'schen Kriegstheorie nach bestimmter Richtung hin förmlich die Gefolgschaft aufzukündigen.

Zu diesem Schritt konnte er sich wohl um so weniger entschließen, als Clausewitz an manchen Stellen einzelne Äußerungen getan hat, die aus dem Rahmen seiner Gesamtanschauung beinahe heraustreten und wie Vorahnungen einer späteren Zeit klingen.

Es kommt aber noch etwas anderes hinzu. Wir werden später sehen, daß Moltke die Grundsätze, mit denen er die bisherigen Gleise der Strategie verließ, mit aller Schärfe und Bestimmtheit ausspricht. Da es aber in einer allerhöchsten Dienstvorschrift — der Instruktion für die höheren Truppenführer — geschieht, bei der die knappe Fassung höchst wesentlich und die noch dazu nicht einmal für die Öffentlichkeit bestimmt war, sondern geheim gehalten werden mußte, so hatte er selbstverständlich gar keine Veranlassung, die Neuheit seiner Lehre etwa in der Weise zu erörtern, wie es bei Herausgabe einer Lehrschrift im gewöhnlichen Sinne unvermeidlich gewesen wäre.

Uns aber liegt es ob, uns völlig klar darüber zu werden, wie sich seine Anschauungen zu dem stellen, was er vorgefunden hat, und inwieweit der erprobte Künstler in der praktischen Strategie auch bahnbrechend gewesen ist für einen Fortschritt der Wissenschaft.

Moltkes militärische Korrespondenz ist für die Beantwortung dieser Frage eine unübertreffliche Fundgrube, und ganz besonders lehrreich sind die zahlreichen Denkschriften, in denen er jede einzelne Kriegsfrage immer wieder und wieder geprüft und nach allen Richtungen hin klargelegt hat. Denn Moltke war ein ungemein fleißiger Arbeiter und bei jeder wahrnehmbaren Veränderung der politischen und militärischen Lage nahm er stets aufs neue die Feder in die Hand, um in jedem Augenblicke völlig vorbereitet und zur Erteilung seines Verantwortlichen Rates befähigt zu sein.

Da es 1859 nicht zum Kriege gegen Frankreich gekommen ist, werde ich die betreffenden Vorarbeiten Moltkes später im Zusammenhang mit denen für den Krieg von 1870/71 besprechen.

Der Krieg gegen Dänemark im Jahre 1864 bietet für unsere Zwecke keine besondere Ausbeute, weil der eigentliche Kern der Frage, die uns beschäftigt, die Führung moderner Massenheere bleibt und von ihr auf dem engbegrenzten Kriegsschauplatz nicht die Rede sein konnte. Immerhin ist es nicht ohne Bedeutung, daß Moltkes Feldzugsentwurf[121] auf eine doppelte Umfassung des Feindes hinausgeht, also auf eine Form, die Napoleon bei Anlage seiner Operationen für einen ganzen Feldzug niemals angewendet und die er grundsätzlich verworfen hat.

Unsere Betrachtung richtet sich also zuvörderst auf den Krieg gegen Österreich. Da ist es gleich von besonderem Interesse, zu wissen, wie Moltke sich zu dem uns bekannten Gedanken Jominis stellt, daß die preußische Offensive gegen Wien aus Oberschlesien heraus zu führen sei und ihr Ziel in 10 bis 12 Märschen erreichen könne.

Moltke hat diesen Gedanken wiederholt geprüft[122] und bezeichnet eine solche Operation mit etwa 6 bis 7 Korps — während eins zum

---

[121] Moltkes Mil. Korresp. 1864 Nr. 2, Denkschrift von 1862.
[122] M. K. 1866 Nr. 1 u. S, Denkschrift von 1860 u. 1865/66.

Schütze von Berlin und ein bis zwei Korps zum Schutz der Rheinprovinz beansprucht werden — einmal geradezu als das richtigste, was gemacht werden könne. Es wäre das dann ganz eine Operation im Napoleonischen Stile geworden, mit auf einer Operationslinie massiertem Heere, und wenn man die Friedensverteilung der österreichischen Streitkräfte im Gesamtkörper des Reiches berücksichtigt, so wäre es wohl eine Operation auf innerer Linie geworden.

Aber ein solcher Kriegsplan hätte zur Voraussetzung gehabt, daß Preußen in tiefster Stille seine Vorbereitungen traf, daß es nach Beginn der Truppentransporte mit kluger Diplomatie jedes Mittel zur Täuschung und Hinhaltung des Feindes benutzte und dabei mit höchstem Eifer in der Heeresversammlung fortfuhr, daß es endlich unbedingt losschlug, sobald die letzte Truppe und das gerade unentbehrliche Maß von Kolonnen und Trains eingetroffen war, — und Moltke wußte genau, daß sein erhabener Kriegsherr auf solche Gedanken nicht eingehen würde. König Wilhelm wollte den Krieg gegen den einstigen Bundesgenossen nur führen, wenn Österreichs Verhalten ihn dazu zwang, und darum war Moltke genötigt, auf einen solchen Offensivplan völlig zu verzichten.

Die nächste Folge hiervon mußte die sorgfältige Erwägung sein, wie Österreich die ihm etwa gelassene Initiative verwerten könne. Bei der Lage von Böhmen zur preußischen Hauptstadt war zu erwarten, daß der Feind sich mit beträchtlichen Kräften im nördlichen Teil dieser Provinz versammeln werde, um auf dem nächsten Wege die Entscheidung zu suchen. Aus dem Inneren Österreichs heraus nach Böhmen gab es zwar nur eine einzige Bahnlinie: durch das Bündnis mit Bayern aber wurde eine weitere Linie verfügbar. Für die Truppen, die man auf keiner der beiden Linien befördern konnte, war Olmütz ein gegebener Versammlungspunkt, weil hierhin eine dritte Eisenbahn aus Ungarn führte (die freilich an der March eine Strecke weit mit der zuerst genannten Linie von Wien nach Prag zusammenfiel), und weil außerdem auch die galizische Bahn in dieser Gegend ausmündete. Weil Moltke die hohe Bedeutung der Eisenbahnen für die Bereitstellung der Heeresmassen vollkommen erkannt hatte, darum glaubte er auch bei dem Gegner diejenige Gestalt des Aufmarschs annehmen zu müssen, durch welche das vorhandene Bahnnetz am zweckmäßigsten ausgenutzt wurde, und so hat er von Anfang an immer mit zwei feindlichen Heeresgruppen in Böhmen und in Mähren gerechnet.

Ihnen gegenüber waren die preußischen Streitkräfte so aufzustellen, daß nicht nur Berlin gedeckt, sondern daß auch die Provinz Schlesien gegen feindlichen Einfall geschützt wurde. Die preußische Mobilmachung war erheblich schneller als die der Österreicher, und wenn man die in Schlesien und in der Mark stehenden Truppen in der Hauptsache auf den Fußmarsch verwies und auf fünf vorhandenen Bahnlinien gleichzeitig fünf Armee-Korps beförderte, so war ein sehr schneller Aufmarsch des Heeres völlig gesichert. Aber freilich war damit auch die Aufstellung in breiter Front, die Gliederung in mehrere selbständige Heere und ein demnächstiges getrenntes Handeln unbedingt gegeben.

Nach Moltkes Überzeugung durfte Preußen den Mobilmachungsbefehl unbedenklich so lange hinausschieben, bis der Umfang der österreichischen Rüstungen die feindliche Absicht auch für die weitesten Kreise deutlich erkennbar machte. Nur wirkliche Versammlungstransporte durfte man dem Gegner nicht gestatten, ohne selbst zu handeln. Sobald aber einmal die Mobilmachung ausgesprochen wurde, hielt Moltke die Scheu vor der „Aggression" für in hohem Grade bedenklich, und deshalb entwickelt er in wiederholten Eingaben an den allerhöchsten Kriegsherrn, daß von diesem Augenblick an der militärische Gesichtspunkt in den Vordergrund treten müsse.[123] Mit dem 25. Mobilmachungstage müsse der Krieg wirklich beginnen.

Alsdann durfte man für etwa zwei Wochen auf die numerische Überlegenheit rechnen und konnte darin die Unterlage für wesentliche Erfolge sehen. Erlaubte man dagegen dem Feinde ein größeres Maß von Kriegsvorbereitung, ließ man es zu, daß er brauchbare Heere bildete, ehe bei uns der Mobilmachungsbefehl erfolgte, oder zögerte man aus politischen Gründen, die bereitgestellten Heere zu gebrauchen, dann freilich ging der Vorteil unserer besseren Organisation verloren; und wenn man dem Feinde die Initiative überließ, so waren alsdann auch schwierige Lagen nicht zu vermeiden.

Moltke hat jede irgendmögliche Lage bis in ihre letzten Folgerungen mit größter Sorgfalt durchdacht. In mehr als zwanzig Denkschriften und kleineren Übersichten hat er in den Monaten März,

---

[123] M. K. 1866, S. 128, 135 und 178 (am 13./4,, 27./4. und 25./5.

April und Mai des Jahres 1866 jede Schwankung, jeden Wechsel der politisch-militärischen Verhältnisse genau berücksichtigt. Zunächst beschäftigt er sich mit der Möglichkeit, daß der Gegner mit den zuerst fertig werdenden Heerteilen den preußischen Aufmarsch zu stören sucht. Dringt eine österreichisch-sächsische Armee zu sehr frühem Zeitpunkt auf dem nächsten Wege, also auf dem rechten Elbufer, gegen Berlin vor, so will er eine preußische Armee von drei Korps südlich von Berlin frontal entgegenstellen, während eine andere Armee von vier Korps von Torgau aus dem Feinde in die Flanke fällt,[124] ein bis zwei weitere Korps Schlesien decken. In einem anderen Projekt ist die Armee zur Deckung von Berlin vier Korps stark gedacht, während von der Elbe aus nur zwei Korps in die Flanke wirken."[125] Es kommt aber auch die Variante vor, daß die eigentliche Flankenwirkung nicht von Westen her, sondern von Osten aus der Gegend von Görlitz durch eine Armee von zwei Korps erfolgt, während gleichzeitig zwei weitere Korps von Schlesien aus in Böhmen einfallen.[126]

Das feindliche Vorgehen auf Berlin könnte nun auch mit einem Vormarsch auf dem linken Elbufer beginnen. In diesem Falle würde ein Korps, auf die Festungen Wittenberg und Torgau gestützt, sich dem Elbübergang frontal entgegenstellen, während eine Armee von drei Korps von der Mulde aus flankierend vordringt. Die Hauptkräfte aber würden von der Lausitz und Schlesien aus in Böhmen einrücken und alles vor sich hertreiben, was zum Schutz der feindlichen Verbindung zurückgeblieben ist. Sie würden dann den aus der Richtung auf Berlin zurückkehrenden Gegner zum Kampfe mit verwandter Front empfangen.[127]

Will sich der Feind gegen das Zentrum des preußischen Aufmarschs wenden, das sich bei Görlitz bilden muß, so kann er dasselbe zweifellos zurückdrängen, ja es kann nötig werden, die Ausschiffung der hierhin bestimmten Truppen nicht nur bis Sorau und Guben, sondern bei nachhaltigem Vordringen des Feindes selbst bis Frankfurt (Oder) zurückzuverlegen. Wenn dann aber das Görlitzer Heer seine volle Stärke erlangt hat und selbst zur Offensive übergehen

---

[124] M. K, 1866, Nr. 16.
[125] Nr, 38, I A.
[126] Nr. 49.
[127] Nr, 88 II Ac.

kann, so wird gleichzeitig eine preußische Armee von vier Korps bei Dresden weit im Rücken der vorgedrungenen Österreicher zum Einrücken in Böhmen bereit stehen, und unter Umständen wird das schleiche Heer bereits dorthin vorgedrungen sein.[128]

Richtet sich endlich die österreichische Offensive gegen Schlesien und zwar sowohl von Böhmen wie von Österreichisch-Schlesien aus, so will Moltke nach Lage des besonderen Falles die Entscheidung darüber vorbehalten wissen, ob die bei Görlitz und an der Elbe stehenden preußischen Hauptmassen sich mit Linksabmarsch nach Schlesien begeben sollen, um hier, mit der schleichen Armee vereinigt, die Entscheidungsschlacht zu schlagen, oder ob es besser ist, mit diesen Hauptkräften sofort nach Böhmen hinüberzugehen und dadurch das österreichische Offensivheer zurückzurufen.[129] Er erwägt aber auch den Fall, daß die schlesische Heeresabteilung an Breslau vorbei hinter die Oder zurückweichen müsse, und daß nun das Zentrum von Görlitz aus über Liegnitz zu ihrer Unterstützung herbeieilt, während die Armee des rechten Flügels ihrerseits an der Operation nach Böhmen hinein festhält.

Versucht man den Grundgedanken aller dieser Entwürfe in wenige Worte zusammenzufassen, so darf man sagen: der preußische Aufmarsch erfolgt freilich in ungewöhnlich breiter Front, und nach überlieferter Anschauung könnte dem Feinde der Versuch wohl lohnend erscheinen, über einen Endpunkt oder die Mitte dieser einigermaßen tordonartigen Aufstellung herzufallen und ihre Teile einzeln (en detail) zu schlagen. Aber heutzutage haben wir den Telegraphen und die Gewöhnung der Unterführer an selbständiges Handeln. Also wird es zweifellos gelingen, Übereinstimmung in das Auftreten der getrennten Heere zu bringen, und dann mag der Gegner sich hüten!

Jedenfalls geht unverkennbar aus Moltkes Arbeiten hervor, daß er gerade die frühzeitige Offensive des Gegners am wenigsten fürchtet.[130] Es liegt ihm durchaus fern, die taktische Defensive für eine bedenkliche Form des Handelns anzusehen, und ebenso wenig gehört er zu den Leuten, die einen Rückzug für ehrenrührig oder anstößig halten. Gerade wie Napoleon von jeder Truppe und jedem Führer die

---

[128] Nr. 88 II Ab.
[129] Nr. 6 ad 1.
[130] Vergl. besonders Nr. 39 (S. 111—114) und Nr. 41 (S. 122).

Fähigkeit forderte, im Rückzugsgefechte dem Feinde den Boden Schritt für Schritt streitig zu machen, so sieht es Moltke als ganz selbstverständlich an, daß jeder Heerteil sich je nach Umständen ganz ebenso gut im Stehen und im Zurückgehen schlägt, wie im Vorgehen, und er hält es einfach für die unweigerliche Pflicht des höheren Truppenführers, daß er auch den Rückzug anordnet, wenn das Zurückverlegen der Entscheidung den Umstanden nach angemessen erscheint.

Wir kommen jetzt zu dem zweiten Stadium der Frage, wenn nämlich der Gegner auf jede frühzeitige Offensive verzichtet und im nördlichen Böhmen den Angriff erwartet, allenfalls durch kurze Vorbewegung eines Heerteils den Sachsen den Rückzug erleichtert.

Moltke nimmt für diesen Fall das allgemeine Vorrücken der drei preußischen Heere am 25. Mobilmachungstage an. Ist ein österreichisches Korps zur Unterstützung der Sachsen vorgerückt, so wird der Versuch zu machen sein, diese feindliche Heeresgruppe durch die preußische Armee des rechten Flügels bis auf das linke Moldauufer und in Richtung auf Linz abzudrängen. Die Görlitzer Armee wird sich alsdann in der Gegend von Königgrätz mit der schlesischen vereinigen und die österreichische Streitmacht im östlichen Böhmen aufsuchen. Diese wird schwerlich stark genug sein, um die Entscheidung anzunehmen und daher auf Olmütz weichen, so daß die Straße nach Wien offen liegt. Moltke nennt die so für die Preußen eingetretene Lage eine solche auf innerer Linie, und das ist sie auch zweifellos. Nur wird man sich gegenwärtig halten müssen, daß sie nicht auf dem Wege entstanden ist, den man sonst mit dem Begriff der Operation auf innerer Linie zu verbinden gewohnt war, d. h. nicht aus einer Massenversammlung heraus, die sich zu abwechselnden Schlagen nach rechts und links vorübergehend teilt oder ihren Schwerpunkt verschiebt.[131]

Gehen die Sachsen ohne Aufenthalt nach Böhmen zurück, so richten sich Moltkes Entwürfe sowohl auf eine Hauptschlacht in der Gegend von Jung-Bunzlau oder Prag, — im letzteren Falle tunlichst mit der Front gegen Westen, — wie auf eine solche in der Gegend von Königgrätz, wobei der Feind hinter der Elbe, auf deren linkem Ufer zwischen Josephstadt und Königgrätz stehend gedacht wird;

---

[131] Nr. 38 II Ba.

endlich auch auf eine Schlacht bei Pardubitz. Schon in diesen frühzeitigen Entwürfen findet sich der Gedanke, in den beiden letzteren Fällen die aus Schlesien kommende Armee auf dem linken Elbufer zu belassen, also in die Entscheidungsschlacht aus einer Aufstellung heraus einzutreten, bei welcher ein Fluß mit zwei Festungen die beiden Hauptteile der preußischen Heeresmassen trennt. Ich hebe dies ganz besonders hervor, weil es nach älterer Lehre als ein großes Wagnis erscheint. Moltke hat sich aber später im Generalstabswerk über 1866 noch einmal ganz ausdrücklich dahin ausgesprochen, daß ein solches Operieren zu beiden Seiten eines recht ansehnlichen Flußabschnitts durchaus in seiner Absicht lag.[132]

Die preußische Mobilmachung war nicht mit einem Male, sondern nach und nach im Laufe von 8 Tagen ausgesprochen worden und, von dem letzten bezüglichen Befehle an gerechnet, war der 6. Juni der 25. Mobilmachungstag. Er verstrich ohne die Kriegserklärung und von diesem Tage ab rollte die Zeit zu Gunsten des Feindes. Je weiter der Beginn der Operationen sich hinausschob, um so größer mußte nach Moltkes Annahme die österreichische Streitmacht im nördlichen Böhmen werden, umsomehr mußte man also damit rechnen, in den Pässen der Grenzgebirge und am jenseitigen Fuß derselben auf ernsten Widerstand zu stoßen. Moltke änderte gleichwohl nichts an seinen Absichten; das Überschreiten der Gebirge in breiter Front blieb immer das beste Mittel, um alle Kräfte so bald als möglich zur Geltung zu bringen.

Nun aber kamen wichtige Nachrichten von jenseits der Grenzen; es zeigte sich, daß der Schwerpunkt der gegnerischen Aufstellung nicht in Böhmen, sondern bei Olmütz lag. Die nächste Schlußfolgerung war naturgemäß die, daß der Feind den Vormarsch von dort aus nach Schlesien beabsichtige. Daraufhin wurde der linke Flügel (II. Armee) verstärkt und nach Südosten verschoben, die Mitte (I. Armee) und der rechte Flügel (Elbarmee) folgten der Bewegung an der sächsischen Grenze entlang, so daß die bisherigen Seitenabstände erhalten blieben. Wenn der Feind mit einer Heeresstärke in Schlesien einbrach, welcher die II. Armee nicht gewachsen war, so sollte diese langsam fechtend zurückgehen und bei der I. Aufnahme finden; die Elbarmee aber sollte sogleich in Sachsen einrücken, gegebenenfalls

---

[132] Nr. 38 II B b u. 45. Generalstabsw. 1866 S. 239/42.

nach Böhmen vordringen. War die II. Armee stark genug, um dem Stoß zu begegnen, so sollte die preußische Hauptmacht vereinigt durch Böhmen auf Wien marschieren und damit die Initiative an sich reißen.[133]

Die österreichische Offensive unterblieb und am 16. Juni schlug endlich die Stunde zum Handeln. Die Elbarmee, die am weitesten zurückstand, eröffnete die Bewegung, dann trat die I., zuletzt die II. Armee den Vormarsch nach Böhmen an. Wenn der Feind jetzt noch nach Schlesien hineinging, so wäre es ein Luftstoß geworden. Die um diese Zeit eingehenden Nachrichten ließen aber erkennen, daß die Österreicher im Begriff waren, aus der einheitlichen Sammelstellung in Mähren nach Böhmen aufzubrechen, und daraufhin wurde den preußischen Heeren die allgemeine Richtung nach Gitschin gegeben.

Diese konzentrische Bewegung verlief nicht ganz so, wie Moltke sie sich gedacht hatte. Die I. Armee ging in zu schmaler Front vor, hielt sich mit ihrem linken Flügel nicht an das Gebirge,[134] und ließ sich außerdem durch eine geschickte Bewegung ihres unmittelbaren Gegners, des Kronprinzen von Sachsen, vorübergehend mit ihrer Gesamtkraft aus der Marschrichtung auf Gitschin ablenken. Dadurch entstand bei der II. Armee eine immerhin ernste Lage, und es wäre menschlich sehr begreiflich gewesen, wenn diese Krisis bei der Oberleitung das Bedürfnis nach unmittelbarem Zusammenschluß aller Kräfte gesteigert hätte. Das Oberkommando der II. Armee vertrat auch ganz ausdrücklich den Standpunkt älterer Lehre, die nach ganz enger Vereinigung strebt. Moltke aber hält die Bewegung des Kronprinzen an, sobald nicht mehr als Tagesmarschentfernung zwischen beiden Heeren liegt. Er wahrt sich dadurch die Freiheit des Schlagens aus zwei Fronten für verschiedene, noch immer möglich erscheinende Fälle. Und so entsteht die Entscheidungsschlacht von Königgrätz durch Anmarsch aus zwei verschiedenen Richtungen mit Vereinigung auf dem Schlachtfelde. Es ist nicht uninteressant, von der Kritik Kenntnis zu nehmen, die Wilhelm Rüstow, ein entschieden geistvoller Vertreter der alten Schule, an der Schlachtanlage von Königgrätz geübt hat. Nach seiner Ansicht war der Kronprinz am

---

[133] Nr. 91.
[134] Nr. 129.

Tage vor der Schlacht dicht an den linken Flügel des Prinzen Friedrich Karl heranzuziehen und mit derselben Front aufzustellen: am Schlachttage aber war der rechte Flügel derart zu verstärken, daß sein machtvolles Vordringen auf Königgrätz die Entscheidung zu bringen vermochte.[135] Also eine Frontalschlacht mit verstärktem rechtem Flügel, allenfalls ein Ansatz zur Umfassung des feindlichen linken Flügels aus der frontalen Versammlung heraus. Ich muß es dem Kenner der Schlacht bei Königgrätz überlassen, sich auszumalen, ob mit dieser Schlachtdisposition nach Napoleonischem Vorbilde Größeres zu erreichen war, als am 3. Juli 1866 erreicht worden ist.

Aus dem Fortgang des Feldzugs gegen Österreich hebe ich noch die folgende Lage hervor, in der sich Moltkes Eigentümlichkeit gleichfalls mit besonderer Deutlichkeit zeigt. Als nach der Entscheidungsschlacht der Feind auf Olmütz zurückging, folgte ihm nur die II. Armee, die Hauptmasse der Preußen marschierte auf Wien. Die II. Armee erhielt die Weisung, den Feind nicht in seinem verschanzten Lager anzugreifen, sondern nur seinem etwaigen Wiedervorgehen entgegenzutreten.[136] War ihr der Gegner zu stark, so sollte sie aber nicht auf die beiden anderen Armeen zurückgehen, sondern auf die Grafschaft Glatz und sollte gegebenenfalls den Feind auch dorthin nachziehen. Die Bewegung der Hauptmasse auf Wien wurde alsdann durch diese Vorgänge nicht unmittelbar berührt und konnte voraussichtlich ruhig fortgesetzt werden. Wurde aber doch die Umkehr nötig, dann hätte man auch den Feind wieder zwischen zwei Feuern gehabt und konnte durch die Größe des Erfolges an dieser Stelle wieder ausgleichen, was man nach der anderen Richtung hin an Zeit verlor.[137]

Der Krieg gegen Frankreich war die allererste Aufgabe gewesen, mit der sich Moltke als Chef des Generalstabes beschäftigt hat. Ich übergehe seine älteren Arbeiten von 1857 und 1858, weil sie noch auf sehr allgemeinen und unsicheren politischen Voraussetzungen beruhen, und wende mich gleich zu den Vorarbeiten von 1859, als durch die Neujahrsansprache Napoleons III. der Krieg um die Befreiung Italiens von der deutschen Fremdherrschaft in hohem Grade

---

[135] Rüstow, Strategie und Taktik der neuesten Zeit I 278 u. 282.
[136] Nr. 170.
[137] Vergl. hierüber auch Verdy, Studien über den Krieg, III. 1. 161

wahrscheinlich geworden war. Moltke erwägt anfänglich die verschiedensten Fälle, sowohl den, daß die Franzosen die belgische Neutralität anerkennen, wie den anderen, daß sie es für vorteilhaft erachten, den kürzesten Weg nach dem Niederrhein durch Belgien zu wählen; und endlich, daß Belgien und Holland gewillt und bereit sind, mit Deutschland vereint zum Kampf gegen Frankreich zu schreiten. Zuletzt, als der Krieg in Italien bereits ausgebrochen war, konnte nur noch der erste Fall, der der Neutralität Belgiens, als möglich erscheinen.[138] Frankreich hatte eine starke Hälfte seines Heeres für Italien bestimmt, um dort einen entscheidenden Schlag zu führen. Österreich war — bei der Unmöglichkeit, seine Ostgrenze ganz zu entblößen — aller Wahrscheinlichkeit nach nicht imstande, mit bedeutenden Kräften am Rhein aufzutreten. Der Krieg gegen Frankreich war andererseits in Deutschland sehr volkstümlich und Preußen durfte daher auf die Mitwirkung der vier deutschen Bundeskorps mit Sicherheit rechnen.

Es führten damals von der Elbe aus bereits zwei Eisenbahnlinien nach dem Unterrhein und zwei nach dem Main; jedoch konnte man für die Versammlung des preußischen Heeres daraus doch nur drei gleichzeitig verwertbare Transportstraßen bilden. Da man für den Abtransport eines Armee-Korps (mit allen Kolonnen und Trains) auf der eingleisigen Bahn damals noch 14 Tage, auf der zweigleisigen 10 Tage für erforderlich hielt, so war für alle Truppen, die unter 30—40 Meilen von der Aufmarschlinie entfernt waren, der Fußmarsch zweckmäßiger als die Eisenbahnbeförderung, und bei Abwägung aller Umstände ergab sich, daß der Aufmarsch im allgemeinen nicht über den Rhein hinaus verlegt werden durfte. Die beiden norddeutschen Bundeskorps mußten sich ihm ganz unmittelbar anschließen; von den beiden süddeutschen war zu wünschen, daß sie auf eine getrennte Ausstellung am Oberrhein verzichteten, weil bei der Stärke der französischen Oberrheinlinie ein kräftiges Vorgehen dort wohl kaum zu ermöglichen war.

Nach Zurücklassung des preußischen I. Armee-Korps zu eventueller Verwendung an der Ostgrenze würde dann ein Gesamtheer von zwölf Armee-Korps oder über 400 000 Mann zusammengekommen sein, zu dem voraussichtlich auch noch ein österreichisches Kavalle-

---

[138] Moltke. Mil. Korr.. 1859, Nr. 17 (19. 5. 59).

rie-Korps hinzugetreten wäre. Das war eine sehr bedeutende Macht, der Frankreich keine ebenbürtige mehr gegenüberzustellen vermochte. Es war also selbstverständlich sofort der strategische Angriff ins Auge zu fassen. Nun ist es hochinteressant, den Erwägungen Moltkes über die Frage des eigentlichen Kriegsziels zu folgen. Er ist keineswegs der Meinung, die von vielen Militärs immer als die allein richtige hingestellt wird, daß man im Kriege stets nach dem Äußersten streben müsse. Er will sich vielmehr durchaus nach den verfügbaren Mitteln richten. Er erörtert hier das Streben nach dem Äußersten, um es zu verwerfen.

„Die Operation auf Paris — so meint er — nimmt zum Ziel den Umsturz des französischen Kaisertums und setzt voraus die einheitliche Leitung oder wenigstens das übereinstimmende Handeln aller deutschen Heere von Köln bis Mailand. Dabei ist zu erwägen, daß die Interessen Preußens und Österreichs zusammengehen, so lange sie auf gesonderten Kriegsschauplätzen kämpfen, daß aber ihre Rivalität sich fühlbar machen wird, sobald sie unmittelbar kooperieren sollen. Es ist nötig, aber sehr schwierig, von der Mosel und vom Ticino aus gleichzeitig vor Paris zu erscheinen. Die französischen Heere müssen zuvor geschlagen, der Wille des französischen Volkes gebrochen sein, um schließlich die befestigte Hauptstadt anzugreifen.

„Wie schwer auch dann dieser Angriff bleibt, wie mißlich ein Zurückweichen werden müßte, soll hier nicht ausgeführt werden. Gelingt das Unternehmen, so würde dadurch die Napoleonische Regierung allerdings wohl gestürzt werden. Wollte man aber dann Frankreich irgendeine Dynastie oder eine Regierungsform aufdringen, so dürfte man, — abgesehen von den endlosen Verwicklungen, welche die Pflicht, diese Regierung zu stützen, herbeiführt, — keinesfalls damit anfangen, ihr eine Provinz abzufordern. Keine neue Regierung, die mit einer Abtretung von französischem Gebiet begönne, wird sich in Frankreich zu behaupten vermögen.

„Anders stellen sich die Verhältnisse, wenn wir den Landesteil, den wir behalten wollen, beim endlichen Friedensschluß wirklich inne haben, d. h. wenn wir ihn besetzt halten, seine Festungen erobert haben und zu seiner Behauptung mit einem Heere bereitstehen.

„Der Marsch auf Paris kann sich im Laufe des Feldzugs als möglich, ja selbst zur Beendigung des Krieges als notwendig erweisen. Diese Operation wird aber mit weit größerer Aussicht auf Erfolg unternommen werden, wenn wir sie auf die obere Mosel als auf den Rhein basieren und über die Hilfsquellen des Landes zwischen beiden Strömen verfügen.

„Hiernach scheint mir die dauernde Besitznahme von Lothringen und Elsaß das beschränktere, aber unmittelbare Kriegsobjekt zu sein, der Marsch auf Paris nur die weitere Eventualität. Auf den ersteren Zweck müßten schon jetzt alle Schritte hingelenkt sein, für denselben alle Mittel in Bereitschaft gesetzt und alle Verabredungen getroffen werden."

Ich erinnere an meine früheren Ausführungen über die Absichten, welche Clausewitz für den Ausbau seines Werkes gehegt hat, und über den Angriff mit beschränktem Ziel. Wir sehen, daß Moltke auch hier völlig auf dem grundsätzlichen Standpunkte des großen Kriegsphilosophen steht, und daß er ganz ähnliche Absichten verfolgt, wie Clausewitz im Jahre 1831, wenn auch das unmittelbare Kriegsobjekt ein anderes ist. Die Macht Deutschlands ist noch nicht einheitlich und stark genug, um die Niederwerfung Frankreichs zu planen. Bis die Österreicher vom Ticino her auf etwa hundert Meilen Entfernung vor Paris erscheinen können, vergeht eine viel zu lange Zeit, die der Politik auf unserem vielgestaltigen Kontinent völlig unübersehbare Verschiebungen gestattet. Ohne Österreich ist man aber trotz der stattlichen Heeresziffer, die ich oben angeführt habe, doch nicht stark genug, um den Fall der befestigten Hauptstadt zu erzwingen. Man denke nur daran, daß die Hälfte des preußischen Feldheeres damals noch aus Landwehr bestand.[139]

Das beschränkte Ziel, das Moltke nur für möglich hielt, gedachte er aber mit voller Kraft zu erstreben. Die Gesamtmacht soll in vier Heere zerfallen. Eine Armee von drei Korps bildet sich vorgeschoben an der schmalen preußischen Grenze gegen Frankreich, auf Luxemburg und Saarlouis gestützt; sie sichert den Aufmarsch. Von Mainz aus rückt eine zweite Armee von vier Korps in der Richtung auf Saarlouis und Saarbrücken, bzw. Saargemünd vor. Die süddeutsche Armee, zwei starke Korps, kommt von Germersheim über Pirmasens und Hagenau an den linken Flügel heran. Endlich schließt eine Reserve-Armee von drei Korps von der Gegend von Köln her

---

[139] Nach II 86 der Militärischen Schriften Kaiser Wilhelms I war damals erst der dritte Teil der Landwehr-Infanterie mit dem Zündnadelgewehr bewaffnet.

auf den rechten Flügel auf. Nach zwei Skizzen der Vormarschlinien von Moltkes Hand rechnet er augenscheinlich darauf, die vereinigte Macht des Feindes spätestens hinter der Seille nordöstlich von Nancy zur Schlacht bereit zu finden.[140] Von dem rechten Flügel-Heere ist ein Armee-Korps in der Gegend von Diedenhofen verblieben, Hauptkräfte auf dem linken Moselufer. Von der Reserve-Armee, deren Marschlinien von Trier aus mit denen des rechten Flügels zusammenfallen, ist mindestens ein Korps gegen Metz stehend zu denken. Die vordere Linie des Heeres am Vorabend der Schlacht zeigt sechs Korps von drei verschiedenen Armeen mit zur Umfassung bereiter Doppelfront von mehr als vier Meilen Länge. Als Reserven sind dann noch ein bis zwei Korps der Reserve-Armee hinter dem rechten Flügel, ein bis zwei Korps der mittleren Armee hinter der Mitte verfügbar. Das Ganze zeigt also die uns bereits bekannten charakteristischen Züge: Operation mit mehreren selbständigen Heeren, die zur Schlacht zusammenschließen und zugleich Front wie Flanke des Gegners umfassend anpacken.

Es wird aus dem vorstehenden sofort klar, daß die preußische Hilfe für Österreich nicht ohne Bedenken war. Preußen forderte mit Recht den vollen und unbeschränkten Oberbefehl über die gesamte, am Rhein aufzustellende Macht. Und wenn der Prinzregent von Preußen an der Spitze von 12 deutschen Armee Korps entscheidende Siege auf französischem Boden errang, wenn er gar Metz und Straßburg dem deutschen Volke wiedergewann, so mußte sein Einfluß in Deutschland unter allen Umständen ein solcher werden, daß eine Revision der deutschen Bundesverfassung nicht mehr zu vermeiden war. So zog Österreich es vor, nach zwei ernsten Niederlagen in Italien die Lombardei aufzugeben und Frieden mit Frankreich zu schließen.

Für Preußen tritt die Kriegsvorbereitung gegen das zweite Kaiserreich nunmehr in eine ganz neue Phase. Napoleon III. hatte bis jetzt Erfolg auf Erfolg errungen; es lag nahe, daß er, wie einst der Oheim, auf den Krieg gegen Österreich alsbald den gegen Preußen folgen lassen werde, der ihm die Rheingrenze in Aussicht stellte. Österreich war erschöpft und verstimmt, das übrige Deutschland geneigt, Preußens Haltung in dem Konflikt von 1859 ungünstig zu beurteilen.

---

[140] Skizze I und II zu S. 112

Preußen hatte also damit zu rechnen, daß es die Last eines künftigen Krieges gegen Frankreich nahezu allein zu tragen haben werde. Die französischen Friedensgarnisonen, zumal der Kavallerie und Artillerie, lagen damals im allgemeinen ziemlich nahe an der Nord- und Ostgrenze; die Truppen nahmen erheblich weniger Urlauber in ihre Reihen auf als bei uns in Preußen, das französische Eisenbahnnetz war endlich der Versammlung sehr günstig. Moltke geht daher in den Jahren 1860—1863[141] davon aus, daß Frankreich erheblich früher im Felde zu erscheinen vermag und daß man daher gezwungen ist, ihm die Initiative zu überlassen.

Es war politisch wohl denkbar, daß es Napoleon gelingen könne, Preußen völlig zu vereinzeln, den deutschen Bund zur Neutralität zu veranlassen. Aber die französisch-deutsche Grenze zwischen Luxemburg und Bayern war nur 8 Meilen lang und der Marsch durch diesen strategischen Engpaß führte geradenwegs auf eine der stärksten Verteidigungslinien der Welt, auf die preußische Rheinfront. Auf der anderen Seite war Straßburg ein Ausfalltor gegen Deutschland, dessen hohe Bedeutung in früheren Zeiten reichlich erprobt war. Die französische Strategie hatte ein großes Interesse daran, hier vorzubrechen, und ein solches Vorgehen war sicher zu erwarten, sobald Frankreich auch nur einigermaßen auf süddeutsche Sympathien oder doch wenigstens auf eine gewisse Neigung der Süddeutschen zu untätigem Zuschauen rechnen durfte.

Längere Zeit hindurch hat Moltke außerdem auch noch auf französischen Durchmarsch durch Belgien gerechnet. Sein Grund hierfür lag in der Erwägung, daß Frankreichs Streben nach der Rheingrenze auch Belgien in seinem Bestande bedrohte und daß Belgien daher unzweifelhaft gut daran getan haben würde, in diesem Streite zu Gunsten Preußens Partei zu nehmen. Der Gedanke war an sich berechtigt, aber die belgische Regierung war schwerlich stark genug, um eine so kräftige Politik zu treiben, und für Frankreich war es doch sicherer, eine Neutralität zu achten, die sich der besonderen Gunst von England erfreute.

So erwartet Moltke ein starkes französisches Heer des rechten Flügels, das von Straßburg aus den deutschen Boden betritt, das Hauptheer durch die Pfalz auf den Mittelrhein vordringend, ein

---

[141] Mil. Korr. 1870/71 Nr. 3, 4, 5.

schwaches Heer des linken Flügels mit der Richtung von Metz auf Trier.

Diesem letzteren Angriff gegenüber will Moltke das rheinische Armee-Korps bei Trier versammeln. Er prüft eingehend den Willisenschen Gedanken eines großen verschanzten Lagers bei Trier, erkennt an, daß ein solches manche Vorzüge haben würde, findet aber als Hauptfehler den, der allen Grenzplätzen eigen ist, daß es immer schwer bleibt, rechtzeitig die nötigen Truppenmassen in kriegsfertigem Zustande dort aufzustellen.[142] Da er im allgemeinen der Meinung ist, daß der Ausbau des Bahnnetzes für die Kriegführung von größerer Bedeutung sei, als die Anlage von Befestigungen[143] so verzichtet er auf einen neuen Waffenplatz in jener Gegend und verweist das dort versammelte Korps auf den Rückzug vor überlegenen Kräften.

Die ersten verfügbaren Armee-Korps aus dem Innern sollen in der uns bereits bekannten Flankenstellung am Main versammelt werden, und Moltke rühmt die große Bedeutung dieser Stellung in Verbindung mit Mainz, von welchem Platze er sagt, daß er „im Kriege gegen Westen Schild und Schwert für Preußen zugleich ist".[144]

Ist hier für die Sicherheit ausreichend gesorgt, so hat sich eine weitere Armee an der Mosel zwischen Trier und Koblenz zu bilden, und je nach Umständen werden drei Fälle vorgesehen: daß die Mosel-Armee doppelt so stark ist wie die Main-Armee, daß beide gleich stark sind, daß die Main-Armee zur Haupt-Armee wird und das Korps an der Mosel ohne Unterstützung bleibt. Daß in den beiden ersten Fällen der Mosel-Armee eine offensive Aufgabe gegen die Flanke des Feindes zugedacht ist, braucht kaum erst gesagt zu werden.

In Betreff der Süddeutschen rechnet Moltke einerseits damit, daß sie sich auf Ulm stützen und die Anlehnung an Österreich suchen, andererseits läßt er doch auch die Hoffnung nicht ganz fallen, daß sie bereit sind, sich am Neckar der preußischen Aufstellung anzuschließen. In letzterem Fall wird es wichtig, daß die französische Hauptarmee nicht etwa mit raschem Rheinübergang dazu gelangt, sich

---

[142] Nr. 4 (S. 40).
[143] Nr. 8 (Schreiben vom 15. 5. 67).
[144] Nr. 4 (S. 37).

zwischen die Süddeutschen und die Main-Armee hineinzuschieben. Daher kann die Main-Armee veranlaßt werden, aus ihrer Flankenstellung herauszutreten und die Rheinstrecke Mannheim—Mainz unmittelbar zu verteidigen.

Es wird aber auch der Fall vorgesehen, daß Frankreich sich doch zum Marsch durch Belgien entschließt. Dann wird die Mosel-Armee zur Unterrhein-Armee, welche den Strom frontal verteidigt, und die Main-Armee geht auf dem linken Rheinufer über die Mosel hinüber, in die Flanke des feindlichen Angriffs hinein.

Sollte endlich der Feind zögern, zum Angriff zu schreiten, so rücken die deutschen Heere von Mosel und Main allmählich bis an die Saar und die pfälzisch-französische Grenze vor und stehen dann hier bereit, den Krieg nach Frankreich zu tragen.

Der nächste Entwurf Moltkes für einen Krieg gegen Frankreich ist vom 8. August 1866, als vor dem Abschluß des Friedens mit Österreich das bewaffnete Eingreifen Napoleons III. möglich erschien.[145] Er ist von ganz besonderer Großartigkeit und Kühnheit, und wenn Bismarck in seinen „Gedanken und Erinnerungen" sich gegen die Anschauung ausgesprochen hat, die diesem Entwurf zu Grunde liegt, so hat er in diesem Falle der Meinungsverschiedenheit sicherlich nicht Recht gehabt.

Moltke rechnet darauf, daß die französische Einmischung sofort die Süddeutschen auf die preußische Seite führen werde. Diese Hoffnung sticht zwar sehr auffallend von der kühlen Vorsicht ab, mit der er in früheren Jahren über die Wirksamkeit des deutschen Nationalgefühls geurteilt hatte, sie entsprach aber doch durchaus dem damaligen Zustand der deutschen Volksseele. Ich entsinne mich noch lebhaft, mit welchen Empfindungen ich am 22. oder 23. Juli 1866 in dem kleinen Badeorte Pyrawarth, einen Tagemarsch nördlich von Wien, in einer bayrischen Zeitung die klare und bündige Erklärung las, wenn der Franzose sich jetzt einmischen wolle, dann standen die beiden Gegner von der fränkischen Saale sofort Arm an Arm nebeneinander am Rhein. Und daß dieses Gefühl auch in den süddeutschen Kabinetten wirksam war, das haben die Bündnisverträge deutlich dargetan, die um die Mitte des August zwischen Preußen und den süddeutschen Staaten in aller Stille abgeschlossen worden sind.

---

[145] M. K. 1870/71, Nr. 6.

Da Österreich sich im Süden noch gegen Italien wehren muß, hält Moltke vier Armee-Korps im nördlichen Böhmen für völlig genügend, um hinter der Elbe eine nachhaltige Verteidigung gegen die Österreicher durchzuführen. Die stärkere Hälfte der preußischen Heeresmacht aber will er auf vier Schienenwegen durch Nord- und Süddeutschland nach dem Rhein führen, und da zur Zeit am Main bereits 90 000 Mann Preußen und Norddeutsche stehen, und die Süddeutschen mit 80 000 Mann heranschließen können, so rechnet er darauf, bis zum 9. September über 300 000 Mann am Rhein verfügbar zu haben. Es ist die erste großartige Ausnutzung der Eisenbahnen als innere Linie, die jemals geplant wurde, und schon aus diesem Grunde unserer Beachtung besonders würdig.

Bismarck meint, es wäre ihm in jenen Nikolsburger Tagen, als er Moltke zuerst über diesen Gegenstand befragte, lieber gewesen, wenn Moltke vor allem den Kampf mit den Österreichern durch Fortsetzung des Angriffs völlig zu Ende hätte bringen wollen, um sich dann erst gegen Frankreich zu wenden. Dabei denkt er sich das französische Eingreifen mit freilich nur geringen Kräften, dagegen so frühzeitig, daß es den Süddeutschen noch zu Hilfe kommen konnte, ehe in ihrem besonderen Kampfe die Entscheidung gefallen war. Wer den Mainfeldzug genau kennt, wird wissen, daß es dazu in der letzten Juliwoche bereits zu spät war. Moltke konnte das damals in Nikolsburg allerdings noch nicht so genau übersehen, aber sein sicherer Takt des Urteils ließ ihn das Richtige empfinden. Und darum wollte er, im Vertrauen auf die eben erprobte Tüchtigkeit des preußischen Heeres und auf das noch in Kraft befindliche Bündnis mit Italien, sofort auch die französische Frage gründlich lösen. Es liegt eine Kraft und ein Selbstvertrauen in diesem Kriegsplan, die ihm einen Platz in der Reihe der kühnsten Entwürfe aus alten und neuen Zeiten jedenfalls sichern.

Nachdem im Norddeutschen Bunde die verfügbare Streitmacht auf 13 volle Armeekorps gewachsen und nachdem eine wesentliche Vervollkommnung des Bahnnetzes herbeigeführt war, kann Moltke mit größerer Sicherheit darauf ausgehen, den Krieg gegen Frankreich durchaus offensiv zu führen. Zur Beobachtung von Österreich rechnet er drei Armee-Korps ab, zu denen einige Landwehr-Divisionen hinzutreten sollen. Sie müssen sich in Sachsen bzw. Schlesien aufstellen und gegebenenfalls das feindliche Vordringen nach Möglichkeit verzögern, auch den ernsten Angriff von der Elbe her gegen die Flanke der Österreicher nicht scheuen. Äußersten Falles bleibt ihnen nichts übrig, als unter die Kanonen von Magdeburg zu weichen. „Wenn wirklich Österreich Schlesien, die Marken und die Hauptstadt besetzt hatte, unser schwaches Defensionsheer aber, ohne gänzlich geschlagen zu sein, ausgewichen wäre, so ist noch nichts zu unserem Nachteil definitiv entschieden."[146] Denn wenn ein solcher Fall überhaupt eintrat, so konnte es bei der Langsamkeit, der österreichischen Kriegsvorbereitung nur nach Ablauf einer langen Frist geschehen, innerhalb deren wir mit Sicherheit auf entscheidende Erfolge gegen Frankreich hoffen durften. Alsdann mußte diesem Gegner ein vorteilhafter Friede gewährt werden, um über Süddeutschland den Weg donauabwarts ins Herz des Kaiserstaates zu wählen.

Es hängt mit dieser Unsicherheit über die Haltung Österreichs zusammen, daß Moltke auch auf die bayerischen Streitkräfte für die Offensive gegen Frankreich nicht mit Sicherheit zählt. Er nimmt sie für den Fall sehr ausgesprochener Kriegsgelüste bei den Österreichern in defensiver Absicht am Inn stehend an und betrachtet es als immerhin annehmbaren Vorteil, daß sie damit jedenfalls einen Teil der österreichischen Streitkräfte fesseln. Sie konnten dort auch den Bahntransport der von Frankreich heranzuziehenden Heeresmassen wirksam schützen, wenn es im zweiten Akt des Doppelkrieges zum Marsch donauabwärts kam.

An der französischen Grenze wird der Aufmarsch aller verfügbaren Kräfte auf der schmalen Strecke zwischen Mosel und Rhein in Aussicht genommen. Eine rechte Flügel-Armee von zwei Korps nördlich von Saarlouis, zwei Armeen des Zentrums zu je drei Korps auf der Linie Neunkirchen-Zweibrücken, eine linke Flügel-Armee von zwei norddeutschen Armee-Korps und mindestens zwei süddeutschen Divisionen, vielleicht aber auch noch zwei bayrischen Armee-Korps, bei Landau und Germersheim.[147] Geht der Feind während der Versammlung zum Angriff vor, so kommt es zur Defensivschlacht in der Pfalz, bei welcher das Zentrum die Front bildet, der rechten Flügel-Armee die Aufgabe zufällt, dem Feind in die linke Flanke zu fallen. Die linke Flügel-Armee steht zu beiden Seiten des

---

[146] Nr. 16 B (S. 108).
[147] Nr. 7, 16, 18.

Rheins bereit, dem Straßburger Heer der Franzosen da entgegenzutreten, wo es den Anmarsch wählt. Erfolgt der feindliche Vormarsch aber gegen den Unterrhein, so zwingt ihn der deutsche Gegenstoß auf dem linken Rheinufer zur Schlacht mit verwandter Front.

Hat der Feind nicht angegriffen, steht er vielleicht sogar in der stärksten, für ihn möglichen Stellung, nämlich hinter der Mosel, in der Linie Metz-Diedenhofen, so soll die deutsche Offensive mit ihrem starken Zentrum die Richtung auf Pont-à-Mousson wählen. Sie ist die dem Feinde gefährlichste Richtung, weil sie ihm nicht nur den Rückzug nach Süden, sondern in weiterer Folge auch den auf Paris bedroht. Die rechte Flügel-Armee soll diesen Marsch auf Pont-à-Mousson durch Vorrücken gegen Metz decken: die linke Flügel-Armee soll, ganz unabhängig von der Bewegung der Hauptmassen, zunächst durch kräftigen Vorstoß in das Elsaß hinein den dortigen Gegner vertreiben und dann in der Richtung auf Nancy den Anschluß an das Zentrum suchen.

Für die Vorwärtsbewegung des Zentrums sind innerhalb der bayerischen Pfalz nur zwei Straßen vorhanden und Moltke denkt sich die Sache anfänglich so,[148] daß das Zentrum in zwei Heere zu drei Korps gegliedert ist und daß jedes Heer eine Straße zugewiesen erhält, daher in drei Echelons hintereinander marschieren muß. Indem die Marschlängen nach Möglichkeit verkürzt und Nebenwege benutzt werden, indem das Tetenkorps jeder Kolonne frühmorgens, das nächste Korps nachmittags nach dem Abkochen antritt, soll das Ganze in der Lage bleiben, wenigstens am zweiten Tage mit allen Kräften zu schlagen. Eine Heeresavantgarde mit starker Kavallerie soll vorausgehen und nötigenfalls den Aufmarsch decken. Stört der Feind die Bewegung von Metz her, so ist das Einschwenken dorthin leicht und führt zum Zusammenwirken mit der Armee des rechten Flügels. Greift der Feind von Süden, aus der Richtung von Nancy her an, so ist vielleicht, bei günstigem Verlauf des Vorstoßes in den Elsaß, schon auf Flankenwirkung durch die Armee des linken Flügels zu rechnen.

Es soll in keiner Weise bestritten werden, daß dieser erste Entwurf des Vormarsches auf Pont-à-Mousson eine ganz außerordentliche Ähnlichkeit mit einer Napoleonischen Massenoperation zeigt. In

---

[148] Nr, 12 (vom 16. 11, 67

einer späteren Bearbeitung[149] sieht die Bewegung allerdings schon wesentlich anders aus. Das Zentrum ist hier in eine Armee vorderer Linie zu vier Korps und in eine Reserve» Armee zu zwei Korps geschieden, welche dahinter folgt: es ist auch von der französischen Grenze an das ausgiebigere Wegenetz so verwertet, daß jetzt drei Kolonnen zu zwei Korps Tiefe vorhanden sind. Aber auch so ist die Ähnlichkeit mit der Napoleonischen Operationsmethode nicht wegzustreiten. Sie lag in den Verhältnissen, in der Enge der ursprünglichen Versammlung, die aber gar nicht anders sein konnte, wenn man einfache Gesichtspunkte zur Richtschnur nahm. Es ist ein Ausnahmefall in Moltkes Augen und darum sagt er selbst ganz ausdrücklich:[150] „Der nächste strategische Aufmarsch, sofern es nicht schon früher zur Schlacht kommt, ist die Linie der Mosel Luneville-Pont-à-Mousson", d. h. erst wenn das Zentrum sich an der Mosel wieder entwickelt hat und wenn die linke Flügel-Armee aus dem Elsaß bis in ihre Nähe herangerückt ist, dann ist der eigentlich beabsichtigte strategische Aufmarsch erreicht.

Die Ähnlichkeit mit der Napoleonischen Operation ist also eine durchaus äußerliche. Es liegt hier das gleiche Verhältnis vor, wie bei dem in letzter Zeit so oft erörterten Beispiel von 1805, wo die Napoleonische Operation nach dem Urteil mancher Schriftsteller so durchaus den Charakter einer Moltkeschen Heeresbewegung tragen soll. Wenn man die Marschlinien der französischen Korps aus dem weiten Kreisbogen Straßburg—Mannheim— Würzburg— Bamberg gegen die kurze Linie Donauwörth — Ingolstadt ansieht, so zeigen sie allerdings einige Ähnlichkeit mit den preußischen Marschlinien aus dem Bogen Torgau—Görlitz— Neisse nach der Gegend von Gilschin und Josephstadt. Es ist aber dabei ein sehr wesentlicher Umstand nicht zu übersehen. Wenn Moltke in unseren Tagen eine Gesamtheeresmasse von derselben Bataillonszahl, also von mindestens um die Hälfte höherer Kopfzahl und mit etwa fünf- bis sechsmal so großem Apparat an Geschütz und Fuhrwerk in derselben Weise auf dem Bogen Straßburg—Mannheim—Würzburg—Bamberg stehen hätte, wie Napoleons „Große Armee" am 24. September 1805 tatsächlich stand, — also ehe Ney aus der Gegend von

---

[149] Nr. 20 (vom 6. 5. 70).
[150] Nr. 20 (S. 132).

Hagenau rheinabwärts abmarschiert war —, und wenn es ihm obläge, sie gegen einen Feind anzusetzen, den man auf dem rechten Ufer der Iller weiß, so würde er schwerlich den starken rechten Flügel vom Oberrhein auf den Umweg über Stuttgart verweisen. Er würde wahrscheinlich auf den engen Zusammenschluß der Gesamtmasse in der Flanke des Feindes freiwillig verzichten, würde vielmehr eine Armee des rechten Flügels auf dem nächsten Wege über den Schwarzwald und die obere Donau gegen die Front des Feindes an der Iller entsenden und nur die stärkere Armee des linken Flügels auf dem Weg in die Flanke belassen.[151]

Ich darf bei Besprechung des Aufmarschs gegen Frankreich nicht unterlassen, ganz ausdrücklich mitzuteilen, daß Moltke die Aufstellung in der Pfalz wiederholt als eine solche auf innerer Linie zwischen den beiden natürlichen Aufmarschzentren des Gegners Metz und Straßburg bezeichnet hat. Das Bild ist für den Aufmarsch selbst durchaus richtig, für die folgenden Operationen aber paßt es weniger. Von dem zu Napoleonischer Zeit charakteristischen Hin- und Herschieben derselben Streitkräfte, um nacheinander verschiedene Teile des Gegners zu schlagen, davon ist in diesem Falle so gut wie gar nicht die Rede. Das hat sich bei der Durchführung im Jahre 1870 deutlich gezeigt. Aus Besorgnis vor einem strategischen Überfall, den der Feind mit immobilen Kräften ausführen könnte, war die Ausschiffung des Zentrums an den Rhein zurückverlegt worden und der Beginn der allgemeinen Offensive dadurch wesentlich verzögert. Nun hatte aber Bayern hocherfreulicher Weise sofort seine gesamte Kriegsmacht gegen Frankreich zur Verfügung gestellt und die linke Flügelarmee (III.) hatte dadurch eine bedeutende Stärke erreicht. Moltke wünschte daraufhin, daß diese Armee sobald als irgendmöglich in das Elsaß aufbreche und ihren Strauß mit dem dortigen Gegner bereits ausfechte, während das Zentrum noch im Vormarsch durch die Pfalz begriffen war. Wie der Kronprinz seine Aufgabe lösen wolle, das hat ihm die höchste Heeresleitung völlig überlassen; es wurde ihm durchaus nicht etwa das Abdrängen des Feindes von

---

[151] Da mir die obige Ansicht, als ich sie zuerst aussprach, lebhaft bestritten wurde, so ist es mir eine Genugtuung, daß ich mich zu ihrer Unterstützung auf den General u. d. Goltz berufen kann. Er ist gleichfalls der Meinung, daß Moltke die kürzesten Wege vom Rhein und Main aus sowohl gegen die Front wie gegen die Flanke des Feindes benutzt haben würde. (Krieg- und Heerführung, S. 83.)

der Verbindung mit der französischen Hauptmacht ausdrücklich zur Pflicht gemacht, wie es dem Wesen der Operation auf innerer Linie entsprechen würde. Dagegen schreibt Moltke an Blumenthal, den Stabschef des Kronprinzen: „Es scheint danach" — auf französischer Seite — „die Defensive in fester Stellung mit allen verfügbaren Kräften hinter der Saar beabsichtigt zu sein. Der frontale Angriff der II. Armee" — welcher die Reserve-Armee einverleibt worden war — „wird dann wesentlich durch das Vorgehen der III. Armee unterstützt werden, welches, um möglichst viel Straßen zu benutzen, in solcher Breite zu erfolgen hätte, wie die Nähe des Feindes es gestattet. ... Das gleichzeitige Eingreifen aller drei Armeen in

die Entscheidungsschlacht ist das erstrebte Ziel und werden dafür von hier aus die Bewegungen zu regeln gesucht werden."[152]

Da nun Moltke um dieselbe Zeit an den Oberkommandierenden der I. Armee schreibt, daß er den Angriff gegen die feindliche linke Flanke zu richten haben werde,[153] so haben wir Gelegenheit, uns sein ganzes strategisches Glaubensbekenntnis an diesem Beispiele klar zu machen. Er hat das südliche Abdrängen der feindlichen Heeresgruppe im Elsaß nicht ausdrücklich gefordert, weil er ganz im allgemeinen den Feind am liebsten nach seiner Nordgrenze hin gedrängt sehen möchte. Fällt die Schlacht im Elsaß trotzdem so aus, daß der geschlagene Gegner nach Süden oder Südwesten entweichen kann, so ist die III. Armee stark genug, um sich zu teilen, d. h. nunmehr wirklich auf innerer Linie zu handeln, oder um durch Verbreiterung ihrer Front dafür zu sorgen, daß sie in der Schlacht an der Saar zur Mitwirkung kommt. Wirft die III. Armee das im Elsaß geschlagene Heer aber derartig auf das Haupteer an der Saar zurück, daß sie selbst südlich umfassend folgen kann, so wird sich die Hauptschlacht als doppelte Umfassung gestalten.

Und auf dem anderen Flügel soll die I. Armee mit südlicher Front gegen die linke Flanke des Feindes angesetzt werden, obgleich das Zurückwerfen desselben nach Süden strategisch gar nicht erstrebt wird. Die taktische Notwendigkeit, den Feind zu umfassen, steht eben höher als jener strategische Gesichtspunkt; erst muß man überhaupt siegen, dann erst kann es sich um die Ausnutzung des Sieges

---

[152] Nr. 101
[153] Nr. 107.

handeln.

Moltke hat bald nach dem großen Kriege in einem kurzen Aufsatz „über Strategie" in überzeugender Weise dargetan, wie unendlich verfehlt es wäre, wenn man im Laufe der Ereignisse "nach einend starren System handeln und die Forderungen des Augenblicks darüber übersehen wollte. Entsprechend der Clausewitzschen Erklärung, daß die Strategie der Gebrauch des Gefechts zum Zweck des Krieges sei, fordert er, daß der Stratege sich den Erfolg eines jeden Gefechts aneigne und auf ihm weiter baue, auch wenn er sich die Sache vorher anders gedacht hatte. „Die Strategie ist ein System der Aushilfen. Sie ist mehr als Wissenschaft, ist die Übertragung des Wissens auf das praktische Leben, die Fortbildung des ursprünglich leitenden Gedankens entsprechend den sich stets verändernden Verhältnissen, ist die Kunst des Handelns unter dem Druck der schwierigsten Bedingungen."

Danach hat er selbst in musterhafter Weise und mit der vornehmen Ruhe des Philosophen gehandelt, auch wenn seine Pläne durch Fehler und Mißgriffe der Unterführungen empfindlich gestört würden. So oft er aber mit einiger Freiheit die Grundlinien neuer Operationen zu ziehen hatte, tritt auch seine Grundanschauung sogleich wieder hervor. Wir sehen das nach den Schluchten bei Metz an dem breit angeordneten Vormarsch der III. und IV. Armee von der Mosel zur Marne. Der Versuch Mac Mahons, den rechten deutschen Flügel zu umgehen und das darauf folgende Ausweichen dieses Gegners erzwingen vorübergehend auf deutscher Seite die allerengste Heeresversammlung. Aber auch aus ihr wird alsbald wieder der Übergang zur doppelten Umfassung gefunden, die bei Sedan zur allergroßartigsten Gefangennahme eines Heeres in freiem Felde geführt hat, von der die Geschichte weiß: Als nach dem Falle von Metz die II. Armee für die Kämpfe an der Loire frei geworden ist, möchte Moltke sie am liebsten in den Rücken der feindlichen Loire-Armee senden, obgleich für deren frontale Bekämpfung nur verhältnismäßig geringe Kräfte verfügbar sind, und er entschließt sich nur schwer, diesem zeitweise gefährlichsten Feinde gegenüber auf den Kampf aus zwei Fronten zu verzichten. Noch im letzten Abschnitt des Feldzugs mutet er dem Korps Werder mit voller. Entschlossenheit zu, daß es den Kampf gegen dreifache Überlegenheit annehme und sendet die zur Hilfe verfügbare Streitmacht auf nächstem Wege in den

Rücken des Feindes hinein. Und dabei war ein solches Verfahren durchaus nicht etwa der einzige Ausweg in schwieriger Lage. Wenn man dem Grundsatz der Massenbildung in erster Linie folgen wollte, so hatte die direkte Unterstützung Werders durch Truppenverschiebung auf der Eisenbahn sehr wohl in Frage kommen können.

Nachdem wir Moltkes Denkart und Verfahren beim Entwurfe großer Kriegsoperationen an einer langen Reihe von Beispielen kennen gelernt haben, wird uns der Wortlaut der Grundsätze von besonderer Wichtigkeit sein, die er über diesen Gegenstand in der „Instruktion für die höheren Truppenführer" vom Jahre 1869 niedergelegt hat:[154]

„Die Handhabung großer Heereskörper ist im Frieden nicht zu erlernen. Man ist auf das Studium nur einzelner Faktoren, so namentlich des Terrains, und auf die Erfahrung aus früheren Feldzügen beschränkt. Aber das Fortschreiten der Technik, erleichterte Kommunikation, neue Bewaffnung, kurz völlig veränderte Umstände lassen die Mittel, durch welche früher der Sieg errungen wurde, und selbst die von den größten Feldherrn aufgestellten Regeln vielfach als unanwendbar auf die Gegenwart erscheinen.

„Die Lehren der Strategie gehen wenig über die ersten Vordersätze des gesunden Verstandes hinaus; man darf sie kaum eine Wissenschaft nennen; ihr Wert liegt fast ganz in der konkreten Anwendung. Es gilt mit richtigem Takt die in jedem Moment sich anders gestaltende Situation aufzufassen und danach das Einfachste und Natürlichste mit Festigkeit und Umsicht zu tun. So wird der Krieg zur Kunst, einer solchen freilich, der viele Wissenschaften dienen. Diese letzteren machen bei weitem noch nicht den Feldherr«, aber wo sie demselben fehlen, müssen sie durch Andere ersetzt werden-

„Sehr große Truppenansammlungen sind an sich eine Kalamität. Die auf einem Punkte konzentrierte Armee kann schwer ernährt, niemals untergebracht werden; sie vermag nicht zu marschieren, nicht zu operieren, sie kann auf die Dauer überhaupt nicht existieren, sie vermag nur zu schlagen.

„Ohne einen ganz bestimmten Zweck und anders als für die Entscheidung alle Kräfte zusammen zu fassen, ist daher ein Fehler. Für diese Entscheidung freilich kann man niemals zu stark sein und dafür

---

[154] Taktisch-strategische Aufsätze S. 172/3., 182/3., 210/1.

ist die Heranziehung auch des letzten Bataillons auf das Schlachtfeld unbedingt geboten. Wer aber erst an den Feind heran will, darf nicht konzentriert auf einer oder wenigen Straßen vorgehen wollen.

„Für die Operationen so lange wie irgend möglich in der Trennung zu beharren, für die Entscheidung rechtzeitig versammelt zu sein, ist die Aufgabe der Führung großer Massen.

„Keine Berechnung von Raum und Zeit gewährleistet den Erfolg, wo Zufälligkeiten, Irrtümer und Täuschungen einen Teil der Faktoren ausmachen. Unsicherheit und Gefahren des Mißlingens begleiten jeden Schritt zu diesem Ziel und nur unter nicht völliger Ungunst des Geschicks wird es erreicht werden; aber im Kriege ist alles unsicher, nichts gefahrlos, und schwerlich wird man auf anderem Wege zu großen Resultaten gelangen

„Vergegenwärtigt man sich, daß ein preußisches Armee-Korps, mit seinen sämtlichen Trains in einer Kolonne formiert, die Tiefe von ungefähr vier Meilen hat, daß bei der Bewegung diese normale Ausdehnung sich sehr bald verlängert und auf schlechten Wegen bei ungünstiger Witterung oder durch partielle Stockungen leicht auf das Doppelte anwächst, daß also die Tete der Kolonne schon in dem neuen Biwak angelangt sein wird, bevor die Queue das alte verlassen hat, so ergibt sich, daß an einem Tage auf einer Straße nur höchstens ein solches Armee-Korps fortbewegt werden kann.

„Allerdings wird man, wenn es zum Gefecht geht, die irgend entbehrlichen Trains zurücklassen, aber auch der eigentlich fechtende Teil des Korps nimmt, in einer Kolonne formiert, immer noch die Tiefe von 2 1/2 Meilen, also die Ausdehnung eines gewöhnlichen Tagemarsches ein und es kann die Tete erst nach Verlauf mehrerer Stunden durch die Queue unterstützt werden.

„Es ist daher ein Irrtum zu glauben, daß man konzentriert sei, wenn man alles oder viel auf einer Straße marschieren läßt. Man verliert in der Tiefe mehr, als man in der Front gewinnt, denn zwei Divisionen, welche in der Entfernung von 1 bis 1 1/2 Meilen nebeneinander marschieren, werden sich leichter und besser unterstützen, als wenn sie unmittelbar folgen. Von selbst leuchtet sonach ein, wie wichtig es für größere Heeresabteilungen ist, wenn irgendmöglich in mehr als einer Kolonne zu marschieren. Die Kräfte der Truppen werden dadurch außerordentlich geschont, ihre Unterbringung und Verpflegung wesentlich erleichtert.

„Dieses Verfahren wird aber selbstverständlich begrenzt durch die Zahl der vorhandenen Wege und durch die Notwendigkeit gegenseitiger Unterstützung. Nicht überall wird man viele Straßen finden, die einigermaßen parallel nach demselben Zielpunkt führen; auch dürfen die Kolonnen durch Terrainhindernisse nicht vollständig am Zusammenwirken gehindert sein, wenn vorherzusehen ist, daß ein solches notwendig werden kann.

„Natürlich vermindert sich die Zahl der parallelen Straßen in dem Maße, wie der Raum sich verengt, von welchem der Marsch angetreten werden soll. Die auf einem Punkte versammelte Armee kann überhaupt nur noch querfeldein bewegt werden; um zu marschieren, muß sie sich erst wieder trennen, sei es in der Breite oder in der Tiefe, was angesichts des Feindes gleich gefährlich ist. Will man also operieren, so muß die Trennung der einzelnen Heerteile aufrecht erhalten werden ...

„Aus dem früher Gesagten ist zu entnehmen, daß von einem bloß frontalen Angriff wenig Erfolg, leicht aber große Verluste zu gewärtigen sind.[155] Man wird sich also gegen die Flügel der feindlichen Stellung zu wenden haben.

„Soll dies mit ungeteilter Kraft geschehen, so genügt dazu bei kleineren Abteilungen allerdings schon eine geringe Änderung der Marschdirektion; denn eine Division z. B. kann, selbst unter Begünstigung des Terrains, kaum eine Viertelmeile Front besetzen. Armeen von über 100 000 Mann hingegen nehmen mehr als eine Meile Raum ein; eine Umgehung ihrer Front wird zum Tagemarsch, verschiebt die Waffenentscheidung also auf den folgenden Tag, gewährt dem Gegner Zeit, sich ihr zu entziehen und gefährdet in der Regel die eigenen Verbindungen, indem sie die feindlichen bedrohen will.

„Ein anderes Mittel besteht darin, den Feind mit einem Teil unserer Kräfte in der Front festzuhalten, mit einem anderen seinen Flügel zu umfassen. Es ist dann aber nötig, daß wir der feindlichen Front

---

[155] Im Abschnitt „Taktisches, Infanterie und Jäger" spricht Moltke es aus, daß die Infanterie sich in der Front für unangreifbar ansehen dürfe. Bereits in einer sehr viel früheren Arbeit (Bemerkungen vom April 1861 über den Einfluß der verbesserten Feuerwaffen) hat er die freie Ebene mit dem unüberwindlichen Hindernis eines sechs Fuß tiefen Wassergrabens verglichen und am Schluß seine Ansicht dahin zusammengefaßt, daß die Offensive die Ebene vermeiden, der Frontalangriff zur Umgehung oder Umfassung werden müsse

gegenüber stark genug bleiben, um nicht überwältigt zu werden, bevor der Flankenangriff wirksam wird. Auch müssen wir in der Front tätig genug sein, um zu verhindern, daß er sich nicht auf unseren Flankenangriff mit Überlegenheit werfen kann. Unter allen Umständen liegt für uns darin eine Teilung der Kräfte.

„Die moralische Wirkung eines Flankenangriffs wird, schon allein durch das Feuer, auf kleinere Abteilungen bedeutender sein als auf Armeen. Andererseits aber vermögen diese letzteren wegen der größeren Schwierigkeit ihrer Bewegung sich nicht so leicht den Folgen eines gelingenden Flankenangriffs zu entziehen.

„War die Armee schon vor der Schlacht konzentriert an den Gegner herangerückt, so bedingt jede neue Trennung behufs Umfassung oder Umgehung des Feindes einen Flankenmarsch im Bereich seiner taktischen Wirkungssphäre.

„Will man sich auf ein solches, immer bedenkliches Verfahren nicht einlassen, so bleibt nur eine Verstärkung desjenigen Flügels übrig, durch welchen der gegenüberstehende feindliche überwältigt werden soll, was aber im wesentlichen doch nur auf einen Frontalangriff herauskommt. Derselbe kann indes gelingen, wenn man einen Teil der Reserven im Zentrum und auf dem entgegengesetzten Flügel zu entbehren vermag.

„Ungleich günstiger gestalten sich die Verhältnisse, wenn am Schlachttage die Streitkräfte von getrennten Punkten aus gegen das Schlachtfeld selbst konzentriert werden können; wenn die Operationen also derartig geleitet wurden, daß von verschiedenen Seiten aus ein letzter kurzer Marsch gleichzeitig gegen Front und Flanke des Gegners führt. Dann hat die Strategie das Beste geleistet, was sie zu erreichen vermag, und große Resultate müssen die Folge sein."

Das ist Moltkes strategische Lehre, wie er sie seinem allerhöchsten Kriegsherrn unterbreitet hatte, damit sie zur bindenden Richtschnur für die Führer des Heeres in ernsten Tagen gemacht werde. Und ich meine, es ist kein weiterer Streit mehr darüber möglich, daß sie zu Napoleons Taten und Worten in wirklichem Gegensatz steht. Ich wiederhole den Hinweis auf Jorck von Wartenburgs Buch über Napoleon, wo in jedem einzelnen Kapitel aufs neue der Nachweis geführt ist, daß sein Held in der Massenbewegung auf einer Operationslinie und in dem Massendruck auf eine Stelle der feindlichen Linie den Kern aller kriegerischen Weisheit sah. Ganz gewiß hat der große Praktiker in dem unendlich wechselvollen Verlauf seiner vierzehn Kriegsjahre auch zwei oder dreimal die zufällig gewordenen Umstände in der Art benutzt, daß er unmittelbar aus der Operation heraus sein Schlachtfeld mit der Absicht der Umfassung aus zwei Anmarschrichtungen betrat. Aber das waren für ihn Ausnahmen. Und was für ihn Ausnahme war, ist für Moltke die Regel geworden, was ihm Regel war, ist für Moltke die Ausnahme!

IX Verschiedene neue Lehrschriften

Ehe ich den Ausbau schildere, den Moltkes Lehre in neuester Zeit erfahren hat, muß ich einen Rundblick auf die strategische Literatur in der zweiten Hälfte des 19. Jahrhunderts richten. Man wolle sich dabei gegenwärtig halten, daß die Veröffentlichung der Moltkeschen Operations-Entwürfe erst im letzten Jahrzehnt des abgelaufenen Jahrhunderts stattgefunden hat, die Instruktion für die höheren Truppenführer sogar erst am hundertsten Geburtstag unseres großen Strategen bekannt geworden ist. Bis dahin war man im weiteren Kreise bei der Beurteilung Moltkes auf die Tatsachen angewiesen und die Erfahrung ist alt, daß verschiedene Beurteiler sich die Tatsachen mitunter in sehr verschiedener Weise auslegen können. Hatte doch Heinrich von Bülow in Bonapartes ersten Feldzügen eine Bestätigung seiner Lehre gefunden.

Bei diesem Überblick muß ich mich aber sehr kurz fassen, weil ich sonst Gefahr laufe, in einer Fülle von Einzelheiten der Strategie zu versinken und meinen Hauptgesichtspunkt, den Entwicklungsgang der Leitgedanken, außer Acht zu lassen.

Da steht denn der Zeit nach Wilhelm Rüstow an der Spitze, der 1857 ein Werk über „die Feldherrnkunst des 19. Jahrhunderts" herausgab und ihm 1872 eine weitere Schrift über „Strategie und Taktik der neuesten Zeit" folgen ließ. Rüstow ist eigentlich ein unbedingter Anhänger des Jomini-Willisenschen Systems. Da er aber die geistige Bedeutung von Clausewitz voll zu würdigen weiß, so hat er das lebhafte Bestreben, alle Widersprüche zwischen beiden Richtungen zu beseitigen und die Übereinstimmung stark hervorzuheben. In dem erstgenannten Buche vertritt Rüstow mit einer gewissen Leidenschaft den Satz, daß die neuen gezogenen Waffen — Vorderlader — eine Veränderung in der Kriegskunst nicht herbeiführen werden und nicht herbeiführen dürfen, nicht einmal in der Taktik, geschweige denn in der Strategie. Die Strategie müsse ewig so bleiben, wie Napoleon sie gestaltet hat. In dem späteren Werk gesteht er schon zu, daß einige Verschiebungen in der Anwendung der taktischen Formen nicht zu vermeiden sind, für die Strategie bleibt er auf dem alten Standpunkte stehen. Bei Betrachtung der Ereignisse von 1866 lobt er die österreichische Versammlungsstellung bei Olmütz und kann den preußischen konzentrischen Angriff nur als Anpassung an die besonderen Umstände billigen. Er verwirft ganz ausdrücklich den Gedanken, daß die Operation auf innerer Linie etwas von ihrer Bedeutung verloren, die Form der Umfassung auf dem Kriegstheater in unserer Zeit etwas gewonnen habe. „Die Operation auf innerer Linie ist anerkanntermaßen die fruchtbarste, welche gedacht werden kann, diejenige, welche selbst einer Mindermacht gestattet, der Übermacht Herr zu werden. In ihr offenbart sich am entschiedensten der Geist der Kriegskunst.[156] Daß Rüstow die Schlachtanlage von Königgrätz bestimmt verwirft und eine Parallelschlacht mit verstärktem rechten Flügel (Flügelschlacht) dafür vorschlägt, habe ich schon früher erzählt.

1869 hatte der Russe Leer ein Werk veröffentlicht, welches den Titel „Positive Strategie" führt, obgleich der Verfasser ein ganz besonderes Gewicht darauf legt, daß positive Regeln auf diesem Gebiete sehr schwer aufzustellen seien und daß die historische Betrachtung in der Vorbildung für den Feldherrnberuf das Beste tun müsse. Man sollte meinen, daß Leer, der in der deutschen Literatur gut Bescheid weiß, von dem vorangestellten Gesichtspunkte aus eine besondere Hinneigung für Clausewitz empfinden müsse. Er erklärt unseren deutschen Kriegsphilosophen aber für „zu nebelhaft" und folgt im allgemeinen den theoretischen Anschauungen Jominis, wenn ihm auch die unbedingte Überlegenheit der inneren Linie nicht in ganz der gleichen Weise sicher erscheint. 1882 folgt Blume mit einer Studie „Strategie", zu der ihm seine kriegsgeschichtlichen Vorträge an unserer Kriegsakademie die Veranlassung gegeben haben.

Ich habe schon früher gelegentlich erwähnt, daß Blume in Bezug auf die Lehre von der Verteidigung in einem gewissen Gegensatz zu Clausewitz steht. In der Hauptsache fußt er aber doch auf dem Werke „Vom Kriege" und hält vor allem dessen so ungemein wichtigen Hauptgesichtspunkt fest, daß die Theorie mehr Betrachtung als Lehre sein müsse. Blume hat die Kriege von 1866 und 1870/71 im großen Hauptquartier mitgemacht, ist mit der Moltkeschen Denkweise wohl vertraut und bringt sie zum Ausdruck, ohne die vorher erörterte Seite derselben, die gegenwärtig so viel umstritten wird, gerade besonders zu betonen. In Bezug auf die strategische Verteidigung befürwortet

---

[156] Strategie und Taktik der neuesten Zeit I. 108

er allerdings die Vereinigung der Streitkräfte in einer Zentralstellung, um von ihr aus auf innerer Linie zu operieren. Die Operation auf innerer Linie hat aber heutzutage auch für die Verteidigung den größten Teil ihrer früheren Bedeutung verloren und wer in eine Zentralstellung zusammenrückt, der fordert in hohem Grade die Gefahr heraus, eingeschlossen zu werden.

W. v. Scherffs Hauptwerk „Von der Kriegführung", erschienen 1883, ist ein höchst eigenartiges Buch. Der Verfasser kennt Clausewitz sehr genau, denn er hat dessen Werk „Vom Kriege" für die Sammelausgabe „Militärische Klassiker" mit Anmerkungen versehen. Wie er in diesen Anmerkungen bereits vielfach die Gedanken von Clausewitz bekämpft, so nimmt er in der Vorrede seiner eigenen Kriegstheorie Gelegenheit, besonders hervorzuheben, daß man bei jenem Schriftsteller „doch vor allem nur dasjenige findet, was man vom Kriege nicht lehren kann." Scherff will im Gegensatz dazu nicht nur Betrachtung, sondern ganz positive Lehre und Vorschrift geben, und dieser Grundabsicht entspricht es, daß er sich mit seiner Gesamtanschauung vom Kriege hauptsächlich an Jomini und noch mehr an Willisen anlehnt.

Aber freilich tritt die Besonderheit Scherffs trotz dieser Anlehnung sehr deutlich hervor. Sie zeigt sich schon darin, daß er die überlieferte Stoffeinteilung in Strategie und Taktik verwirft, weil sich diese Begriffe nicht streng genug unterscheiden lassen, daß er aber verschiedene neue Gegensätze in die Theorie einführt, deren Notwendigkeit und Nützlichkeit wieder von anderer Seite mit guten Gründen angefochten werden kann. Ich vermeide ihre Aufzählung, weil ich dem Leser versprochen habe, ihn vor neuen Begriffen nach Möglichkeit zu bewahren. Scherffs ganze Lehre baut sich auf dem Grundgedanken auf, „daß für die Handhabung der Massen für den endlichen Operationszweck, für den strategisch-taktischen Sieg in der Schlacht, der große Korse das bis jetzt noch unerreichte Vorbild ist und bleiben muß." Und demgemäß empfiehlt er: „alle Kräfte stets möglichst zusammenzuhalten und auf eine Zerlegung nur insoweit einzugehen, als es ihre Erhaltung und Entfaltung zu eigener Wirksamkeit absolut erheischt, oder eine Gewähr dafür vorhanden ist, durch dieses Mittel den Gegner wirklich täuschen zu können. Nur eine tatsächlich vorhandene bedeutende numerische Überlegenheit würde den Luxus der Trennung ohne Nachteil erlauben."[157]

Scherff sieht in der Aufrechterhaltung einer engen Truppenversammlung einen ausgesprochenen Vorteil, im höheren Grade des Versammeltseins eine Überlegenheit über den Gegner, in der Trennung der Kräfte einen mitunter nicht zu umgehenden Nachteil, der nur bei besonders guter Führung durch die Vorteile des umfassenden Anmarschs auf das Schlachtfeld ausgeglichen werden kann. Bei dieser Grundtendenz, die Heeresmassen in altnapoleonischer Weise versammelt an das Schlachtfeld heranzuführen, legt er ein ganz besonderes Gewicht darauf, daß die Schlacht nicht in ein gleichmäßiges frontales Abringen der Kräfte ausarten dürfe. Vielmehr müsse grundsätzlich der eine Flügel immer nur hinhaltend (demonstrativ) fechten, während der andere mit verstärkter Kraft die Entscheidung sucht. Falls die Anmarschrichtung das Heer nicht bereits auf einen Flügel des Feindes geführt und damit die Umfassung gesichert hat, soll der Entscheidungsflügel die taktische Umfassung versuchen. Ich habe schon früher darauf hingewiesen, daß es bei der Tragweite der heutigen Feuerwaffen ungemein schwierig, für große Heereskörper sogar unmöglich geworden ist, eine solche Bewegung noch dann auszuführen, wenn man bereits nahe am Feinde steht. Was Clausewitz noch mit vollem Rechte für möglich und erlaubt ansehen konnte, das ist heute untunlich, es sei denn, daß ganz eigenartige Geländeverhältnisse die Umfassung aus nächster Nähe begünstigen sollten.

Die aus versammelter Heeresaufstellung heraus durch besondere Schlachtdisposition herbeigeführte Flügelschlacht im obigen Sinne, das ist es, was nach Scherffs Lehre grundsätzlich angestrebt werden soll. Nach seiner Meinung sind nicht nur die Schlachten Friedrichs des Großen, sondern auch diejenigen Napoleons vorwiegend als Flügelschlachten geschlagen worden, eine Ansicht, der ich, wie meine Leser wissen, in Bezug auf Napoleon nicht beistimmen kann. Sie ist mindestens dahin einzuschränken, daß im Laufe von Napoleons Feldherrnlaufbahn der Gedanke des Zentrumsdurchbruchs immer mächtiger hervorgetreten ist. Friedrich ist dagegen unzweifelhaft ein Hauptvertreter der Flügelschlacht, und es ist sehr charakteristisch für Scherffs ganze Denkweise, daß er nach Schilderung des Zusammenwirkens der drei Waffen im Kampfe ganz ausdrücklich sagt, das so

---

[157] S. 330 und 632.

gewonnene Bild sei „nichts anderes, als die auf heutige Verhältnisse angepaßte Wiedergabe der Friedericianischen Schlacht."[158] Für die Scherffsche Lehre von der heute notwendigen Taktik trifft das in der Tat zu. Gerade so wie damals die Schlachtordnung des Angreifers außerhalb Kanonenschußweite in mehreren Treffen aufgebaut und dann einheitlich gleichzeitig in einer einzigen Bewegung bis in den Feind hinein geführt wurde, so will Scherff es auch heute noch machen. Nur ist das vorderste Treffen nicht aus geschlossenen dreigliedrigen Linien zusammengesetzt, sondern aus Schützenlinien, und die Zahl der Treffen ist erheblich vermehrt; nur wird das Pelotonfeuer im Avancieren, bei dem die einzelnen Züge abwechselnd stehen blieben und Salven abgaben, durch das in gleicher Regelmäßigkeit abwechselnde Feuer im Liegen der sprungweise vorgehenden Schützen ersetzt; nur wird von vornherein auf eine fortwährende Unterstützung und Verstärkung der vordersten Linie aus den Reservoirs der nachfolgenden Abteilungen gerechnet. Der Grundgedanke ist aber völlig der gleiche, nämlich der, daß alles Feuer im Angriff nicht sowohl dazu bestimmt sei, den Feind niederzukämpfen, als vielmehr ein Hilfsmittel, um der zum Gebrauch ihres Bajonetts voranschreitenden Truppe das Ertragen der unvermeidlichen Verluste etwas zu erleichtern, ein Versuch der Selbsttäuschung, um die moralische Kraft der Mannschaften zu starken. Scherff ist ganz ebenso überzeugt davon, daß das Feuer der Verteidigung immer überlegen bleiben wird, wie man im 18. Jahrhundert von dieser Tatsache überzeugt war, und darum legt er auf die Schnelligkeit in der Durchführung des Gesamtangriffs ebenso das Hauptgewicht, wie das zur Zeit Friedrichs des Großen geschah. Es ist sehr interessant, die eingehende Abhandlung Scherffs „Von der Durchführung des Gefechtes" zu lesen. Er entwickelt zahlreiche Möglichkeiten, wie man die Gefechtsgestalt mehr oder weniger kunstgerecht bestimmen kann; wie man die verschiedene Aufgabe der beiden eigenen Flügel — Entscheidungskampf oder hinhaltenden Kampf — nach strategischen und taktischen Gesichtspunkten feststellt, wie man diese verschiedenen Aufgaben sogar im Laufe des Kampfes und nach Maßgabe des feindlichen Verhaltens zu wechseln vermag, und wie sich der Rollentausch zwischen beiden Heeren vollziehen wird, wenn der zuerst

---

[158] S. 329.

Angegriffene seinerseits mit dem einen oder dem anderen seiner Flügel zum Gegenstoß schreitet. Das alles könnte seine Berechtigung haben, wenn man den Angriff so auszuführen vermöchte, wie Scherff das annimmt. Aber — ich mache nicht den Versuch, den Abgrund zu verdecken, der zwischen Scherffs und meiner Auffassung klafft,— die ganze Erörterung hat den großen Fehler, daß die Vollziehung des Angriffs in der vorgeschlagenen Form durch die heutigen Feuerwirkungen der Verteidigung völlig unmöglich gemacht wird. Diese Frage ist schon so oft und so gründlich verhandelt worden, daß ich hier nicht länger dabei zu verweilen brauche. Heutzutage ist auch im Angriff das Gewehr nicht mehr dazu da, um als Schaft für das Bajonett zu dienen, sondern um sich mit ihm eine wirkliche Feuerüberlegenheit über den Gegner zu erringen. Dazu gehört in der Regel und zumal in der rangierten Schlacht ein lange anhaltendes Preisschießen aus einer Feuerstellung gegen die andere, und die schwere Aufgabe des Angriffs ist es alsdann, seine Infanterie so gedeckt wie irgendmöglich in solche Stellungen hineinzubringen, aus denen sie ein ruhiges, gezieltes Feuer gegen den Verteidiger zu richten vermag. Der Scherffsche Normalangriff ist aber nach meiner Überzeugung unmöglich — und mit ihm fällt die ganze taktische und strategische Lehre, die in dem Werke „Von der Kriegführung" entwickelt ist.

Den Belgier Fix und die Franzosen Berthaut und Jung, die in den achtziger Jahren über Strategie geschrieben haben, darf ich als eine ziemlich einheitliche Gruppe zusammenfassen, welche sich durchaus auf Jomini gründet. Die beiden ersteren kennen anscheinend außer ihm nur noch den Erzherzog Karl und nur Jung hat Clausewitz gelesen. Berthaut lehnt sich stellenweise gegen den gemeinschaftlichen Lehrmeister auf, indem er sich in sehr verständiger Weise über die Unmasse der technischen Ausdrücke ausspricht, mit der manche Schriftsteller ihre Arbeiten allzusehr würzen und dadurch unverdaulich machen. Aber diese Regung der Selbständigkeit geht doch nicht allzuweit.

Jung hat zwar richtig erkannt, daß der deutsche Generalstab eine gewisse Neigung für die umfassende Form (ordre en équerre) hat, für Moltke besitzt er aber kein Verständnis. Er sieht in unserem leitenden Strategen nur den geduldigen Rechner und hartnäckigen Arbeiter, dessen Ruhm nicht in seinen strategischen Entwürfen, sondern nur in der Ausbildung des Generalstabs beruhe. Da wir Deutschen durch Elmsewitz dahin erzogen sind, daß im Kriege alles einfach ist. so beanspruchen wir gar nicht, daß unsere Gegner eine ungewöhnliche Tiefe in Moltkes Gedanken finden. Ob es aber zweckmäßig von ihrer Seite gehandelt ist, eine Persönlichkeit, die so große Erfolge erzielt hat, in systematischer Weise geringzuschätzen, das ist eine andere Frage. Und es liegt allerdings System in dieser Stellungnahme. Jung wird in seiner Ablehnung Moltkes noch bei weitem übertroffen durch Lewal, der in den achtziger Jahren kommandierender General des 17. französischen Armee-Korps gewesen ist. Er hat aus Anlaß von Moltkes Tod eine Schrift voll leidenschaftlichen Hasses und mit unglaublich fehlerhaftem Urteil über Moltke veröffentlicht, die darum in hohem Grade befremden muß, weil Lewa! zweifellos ein sehr unterrichteter Mann ist. Er vermißt an Moltke die Inspiration, die Kühnheit, den Lichtblick des Geistes, nennt ihn einen merkwürdigen Spezialisten, der das Maschinenmäßige in der Truppenführung sehr hoch gebracht habe; er findet, daß Moltke — man höre und staune! — jede selbständige Regung bei den Unterführern mit unerbittlicher Strenge brach. Moltkes Erfolge sind nach Lewal allein bedingt durch die Fehler der Feinde, auch hat er sich französischer Gedanken mit einigem Geschick zu bedienen verstanden.

Ich erwähne dies alles hauptsächlich darum, weil wir uns mit einem Werke Lewals beschäftigen müssen, das in den Jahren 1893 und 1895 erschienen ist und in zwei selbständigen Teilen die Titel „Stratégie de marche" und „Stratégie de combat" führt. Es gehört zu den merkwürdigsten Leistungen aufbauender Gedankenarbeit auf strategischem Gebiete, ist von besonderer Einheit und Geschlossenheit und kann eben darum im höchsten Maße gefährlich für solche Leser werden, denen eine eigene ausgiebige Erfahrung in der praktischen Truppenführung und eine umfangreiche Kenntnis der Kriegsgeschichte noch fehlt oder die im allgemeinen geneigt sind, sich durch folgerichtige Schlüsse leicht blenden zu lassen. Auf dem Gebiete des Krieges ist die Logik ganz gewiß ebensowenig zu entbehren, wie anderwärts, aber neben der Spekulation muß in jedem Augenblick die kritische Prüfung an der Hand der Erfahrung hergehen, sonst muß man auf Irrwege geraten.

Lewal kennt zwar unseren Clausewitz gut, seine geistige Schulung hat er aber naturgemäß von Jomini empfangen und an den

Grundgedanken Jominis über die Einheit der kriegerischen Handlung hält er fest, wenn er sich auch nach einer wichtigen Seite hin auf eigene Füße gestellt hat.

Trotz meiner Abneigung gegen die Vielheit der technischen Ausdrücke auf unserem Gebiet bekenne ich, daß Lewal der Sache einen guten Dienst erwiesen hat, indem er den Begriff der Umgehung, beziehungsweise Umfassung in drei Unterarten gliedert, nämlich: mouvement enveloppant, mouvement tournant und mouvement débordant.[159] Die erstere Form, die doppelte Umfassung, wird von ihm trotz ihrer gelegentlichen Erfolge, unter denen Ulm und Sedan obenanstehen, ganz unbedingt verworfen. Die zweite Form, die einseitige Umfassung, bei welcher ein selbst-ständig operierender Heerkörper aus eigener Anmarschrichtung sich gegen die Flanke des Feindes wendet und erst auf dem Schlachtfelde den Anschluß an den zum Frontalkampf bestimmten Heerteil gewinnt, ist nach Lewals Meinung sehr verführerisch, aber schwer auszuführen, weil die umgehende Armee-Abteilung weder zu früh noch zu spät erscheinen dürfe und auch alle modernen Mittel der Verständigung nach seiner Meinung nicht ausreichen, um die Rechtzeitigkeit völlig zu verbürgen. Alle operations isolées ou séparées seien zu verwerfen. Napoleons derartige Unternehmungen seien außer bei Auerstädt niemals geglückt. Es sei durchaus nötig, sich fortwährend vor dem Streben nach Ausdehnung der Front und nach immer weiter ausgreifender Umfassung zu hüten.[160]

Es bleibt also nur die Überflügelung, die in der Verlängerung der Kampflinie nach rechts oder nach links und im Herumbiegen derselben um den feindlichen Flügel besteht. Es soll also aus der Front heraus ein Offensivhaken gebildet werden, der aber in enger Verbindung mit der Front bleiben muß und unter keinen Umständen durch eine Lücke von ihr getrennt sein darf, welche das Eindringen des Feindes begünstigte. Denn nach Lewals Ansicht führt das Anwachsen der Heeresstärken und die Gewalt des Feuers dazu, daß man heutzutage noch gedrängter operieren müsse als früher,[161] und die Furcht vor etwaigen Lücken in der Schlachtlinie ist bei ihm so aus-

---

[159] 8tratégie de combat, II 31.
[160] II 182.
[161] II 39.

gebildet, daß sie durchaus an die Zeiten der Lineartaktik erinnert. Sie entspricht in keiner Weise der Tatsache, daß wir mit unseren weittragenden Feuerwaffen auch große Lücken zwischen zwei Truppenteilen in einer Weise beherrschen können, von der man früher keine Vorstellung hatte.

Die Selbständigkeit Lewals gegenüber Jomini zeigt sich nun darin, daß er die tiefen Marschkolonnen, das Hintereinanderfolgen mehrerer Armee»Korps auf einer Straße, vollständig verwirft.[162] Was er gegen die Bewegung großer Truppenmassen auf einer und derselben Straße anführt, ist durchaus zutreffend, und selbst seine Ausführungen über die schweren Unzuträglichkeiten, die aus der Marschlänge des einzelnen Armee-Korps erwachsen, sind bedingt richtig. Auch bei uns gilt der Grundsatz, wenn irgend möglich schon das einzelne Armee-Korps divisionsweise auf verschiedenen Straßen marschieren zu lassen, um den Truppen Marsch und Unterkunft zu erleichtern und sie zugleich in eine größere Gefechtsbereitschaft zu versetzen. Für die Operationen großer Heere bleibt das Armee-Korps darum doch die strategische Marscheinheit, die an einem Tage auf einer Straße aus einer versammelten Aufstellung in die andere, auf Tagesmarschentfernung vor- oder zurückliegende übergehen kann.

Aber Lewa! verwirft auch die Divistons-Marschkolonnen noch als zu lang, er findet ihre Entwicklung zum Gefecht viel zu zeitraubend und besteht für alle Operationen in der Nähe des Feindes, d. h. für einen Krieg zwischen Frankreich und Deutschland vom ersten Anfange an auf Kolonnen von nur Brigadelänge. Und zwar soll jede Division grundsätzlich in ein Bündel (faisceau) von drei Kolonnen gegliedert sein, deren eine die Artillerie und das gesamte Fuhrwerk oder den größten Teil desselben umfaßt, während die beiden anderen aus je einer Infanterie-Brigade mit wenig oder gar keinem Fuhrwerk bestehen. Zählt ein Armee-Korps nur zwei Infanterie-Divisionen, so soll die Korps-Artillerie mit den sonstigen Spezialformationen des Korps die eigentliche Marschstraße benutzen, je eine Division rechts und links davon auf Nebenwegen, beziehungsweise über freies Feld marschieren. Besteht das Korps aus drei Divisionen — und Lewal fordert ganz allgemein, daß alle Armee-Korps im Kriege sofort durch Neuformationen auf die Stärke von drei Divisionen zu 12 Bataillo-

---

[162] Stratégie de marche, Kap. 11 und ff.

nen gebracht werden, und berechnet, da er auch die Kompagnie von 250 auf 300 Köpfe erhöhen will, die Gesamtstärke seines Armee-Korps auf 60 000 Kombattanten[163] — so marschieren die Kolonnenbündel von zwei Divisionen (6 Kolonnen) auf der einen Seite der Korpsstraße und die Gesamtzahl der Kolonnen des Armee-Korps wächst auf zehn.

Und nun kommt eine wichtige Hauptforderung: die Frontbreite des Armee-Korps in der Operation darf niemals 6 km überschreiten, denn das ist die Front, welche ein Armee-Korps von 60 000 Mann mit voller Sicherheit im Gefecht behaupten kann. Es ergibt das 10 Mann auf den Meter Frontlänge, ein echt-napoleonisches Maß. Die Kolonnenwege für die drei Divisions-Kolonnen-Bündel eines jeden Armee-Korps müssen also in einem Abstande von 2—4 km zu beiden Seiten der dem Korps zu» geteilten Marschstraße gefunden werden, Lewal hat sein Armee-Korps bei den Herbstübungen mehrfach in dieser Form (mit zwei Divisionslolonnenbündeln) operieren lassen und erzählt ferner, daß dies Verfahren auch bei großen Manövern in der Nähe von Paris im Jahre 1894 mehrere Tage hintereinander mit Erfolg angewendet worden sei. Er gibt die Karte einer stark welligen Hügellandschaft aus dem Zentrum Frankreichs (Departement Indre) mit relativen Höhen von 40—70 m, in welche er für ein Korps zu zwei Divisionen die erforderlichen sechs Marschlinien auf höchstens 3 km Abstand von einer Hauptstraße eingetragen hat. Die zu benutzenden Neben- und Feldwege sind grün, die über freies Feld zurückzulegenden Strecken rot bezeichnet, und es soll nicht bestritten werden, daß das Rot neben dem Grün durchaus zurücktritt. Welche Anstrengungen aber durch den Zickzackkurs der Kolonnenwege, durch den häufigen Wechsel im Marsche bergauf und bergab über zum Teil recht beträchtliche Böschungen, sowie durch das häufige Überschreiten von Wasserläufen ohne Brücken bedingt werden müssen, selbst wenn die Witterung eine durchaus günstige ist, das kann der Sachverständige aus dieser Skizze gleichfalls sofort ersehen, Lewal bestreitet auch gar nicht, daß die Sache sehr anstrengend sei; er hält aber diese Anstrengung für unvermeidlich und meint auch, daß bei eng-geschlossenem Vorgehen eines ganzen Heeres eine Verkürzung der Tagesleistung gewährt werden könne. Zudem falle jede seitliche

---

[163] S. 122 und ff.

Bewegung im Interesse der Unterkunft und Verpflegung fort, da heutige Heeresmassen ganz grundsätzlich aus ihren Verpflegungskolonnen ernährt werden müßten, diese Art der Verpflegung aber wieder außerordentlich erleichtert sei, wenn man die dem Korps überwiesene Hauptstraße nahezu völlig von allen Truppenteilen freihalte, so daß die Trains mit aller Bequemlichkeit und Schnelligkeit bis dicht an die vorderste Linie der Truppen gelangen können. Dieser letztere Vorteil ist seiner Anordnung nicht abzustreiten, und er würde auch dann noch gelten, wenn sich die Kolonnenwege der Divisionen sämtlich als ungeeignet für den schwereren Teil der Truppenbagagen ergeben und dieser daher auch auf die Hauptstraße verwiesen werden muß. Aber — doch ich will die Skizze der Lewalschen Strategie zunächst völlig zu Ende führen; ich werde dann kaum nötig haben, sie in ihren einzelnen Teilen zu widerlegen!

Die Armee zu vier Armee-Korps (12 Divisionen, 240 000 Kombattanten) marschiert grundsätzlich dicht geschlossen auf einem Raum von 4.6, also 24 km Front; die vier Armeen Frankreichs, deren eine zu fünf Korps, zusammen über eine Million Streiter, bewegen sich ebenfalls geschlossen auf einem Räume von 17.6 oder 102 km Front. Die Wegeverhältnisse im Osten Frankreichs sind derartig, daß man für jedes Armee-Korps dabei eine chaussierte Straße mit Sicherheit findet. Die deutsch-französische Grenze ist freilich nahezu dreimal so lang als diese Heeresfront, aber man darf auch nicht vergessen, daß nach Lewal vor allem die Zersplitterung der Streitkräfte zu vermeiden ist, und demjenigen, der von diesem Satze so recht durchdrungen ist. sind augenscheinlich eine Million Krieger immerhin nur eine beschränkte Zahl. Von den vier Armeen nebeneinander wird die II. oder III. zur armée centrale ou directrice[164] und sie soll zweckmäßigerweise fünf Korps stark sein. Die unmittelbar neben ihr befindlichen Heere heißen Flügel-Armeen und müssen sich während der Bewegung korpsweise so nach außen abstaffeln, daß das äußerste Korps um 9 km, nicht mehr und nicht weniger, hinter der Zentral-Armee zurückbleibt. Die vierte Armee, nach Umständen Nr. I oder Nr. IV wird zur Reserve-Armee und folgt gleichfalls korpsweise gestaffelt. Das Ganze nimmt also in der Bewegung die Form eines Keils oder eines stumpfen Winkels an. Steht die Schlacht unmittelbar

---

[164] Stratégie de marche S. 241, … de combat ll 181 u. folgende.

bevor, so muß eine weitere Verkürzung der Front durch Zusammenschluß nach der Mitte hin eintreten, indem zunächst jede Armee ein Armee-Korps aus der Frontlinie zurückzieht und diese von 24 auf 18 km vermindert. Die enggeschlossene Schlachtlinie der drei Armeen des Zentrums und beider Flügel darf nicht über 54 km lang sein. Die Schlacht selbst ist ein für allemal Flügelschlacht: Lewal trifft in dieser Überzeugung mit Scherff zusammen, den er augenscheinlich auch kennt.

Um auch die letzten Endergebnisse der Stratégie de combat völlig klar zu machen, will ich eine Skizze zu Hilfe nehmen, bei der die II. Armee als Zentral-Armee gedacht ist. Die Maße sind bei Lewal so genau angegeben, daß sich diese Figur mit Notwendigkeit ergibt. Bei jedem Korps der allervordersten Linie, bei dem die operative Bewegung abgeschlossen ist und das Gefecht beginnt, tritt eine Division als besondere Reserve des Korps hinter die Mitte oder den Flügel zurück:

Die Flügelschlacht kann nun in verschiedener Weise nötig und möglich werden.

a) Die III. Armee überflügelt bzw. schwenkt ganz oder teilweise gegen den rechten feindlichen Flügel ein. Dann rückt die I. Armee in gleiche Höhe mit der II., die IV. marschiert rechts vorwärts hinter die III., wo sie am zweiten Schlachttage verwendbar ist.

d) III. und IV. Armee schwenken schräg nach links ein, die II. setzt die Bewegung des Einschwenkens bis zur Umfassung des linken feindlichen Flügels fort, die I. setzt sich hinter die II., verfügbar am zweiten Tage.

c) Die II. und III. Armee schwenken schräg nach links ein, die IV. umfaßt durch gerades Vorrücken; I. Armee rückt links hinter die IV., verfügbar am dritten Tage.

Nach der anderen Seite des Keils hin ergeben sich ähnliche Verhältnisse; nur werden die Wege der IV. Armee unter allen Umständen so groß, daß sie erst am dritten Tage mitwirken kann.

Es war notwendig, die Lewalsche Strategie so eingehend zu besprechen, weil man mir auf bloße Andeutungen hin wahrscheinlich nicht geglaubt hätte. Ich brauche nunmehr wohl kaum hinzuzufügen, daß ich diese neue Form für die Verwendung dichtester Massen auf engstem Raum nur als vollkommen unbrauchbar für die Praxis ansehen kann. Sie ist allerechtestes Schema, das unbedingt zur Ertödtung des Geistes führen muß. Sie zeigt eine überraschende Ähnlichkeit mit jener Echelonform, in welcher die Epigonen des großen Friedrich den eigentlichen Kern seiner kriegerischen Überlegenheit zu besitzen wähnten und die dann so kläglich zusammenbrach, als ihr die neue Taktik der Franzosen mit ihrer Ausnutzung der Umstände und ihrer Anpassung an das Gelände entgegentrat. Der Lewalsche Riesenkeil müßte selbst vor den Waffen vom Anfang des 19. Jahrhunderts erliegen, sobald nur der Gegner über eine wirklich tüchtige Führerschaft verfügt, welche die Frage des Einzelfalles mit taktischem Verständnis aufzufassen und mit freiem Entschluß zu lösen versteht. Kann eine solche Führerschaft aber außerdem noch die jetzigen Feuerwaffen in Anwendung bringen, dann muß die in starre Form eingezwängte Masse in ihrer Unbehülflichkeit zur leichten Beute für den Gegner werden, auch wenn er mit viel bescheideneren Kopfzahlen zu rechnen gezwungen ist. Ein gewisses Gefühl von der Berechtigung dieses Einwandes hat auch Lewal durchaus. Darum wendet er die Waffe des Spottes gegen uns Deutsche, die wir die Initiative sogar reglementarisieren wollten.[165] Sie sei eine zweischneidige Waffe, die dem obersten Führer ebenso leicht schaden könne, wie sie ihm nützt. Das Bessere sei sehr oft der Feind des Guten, daher halte man sich am besten an die Grenzen, in welchen Napoleon die Initiative zugelassen hat — und diese Grenzen sind freilich recht eng gezogen!

Gleichzeitig mit dem Abschluß des Lewalschen Werks erschien 1895 eine Schrift über „Kriegführung" von Colmar Frhr. v. d. Goltz, deren erweiterte Neuauflage 1901 den Titel „Krieg- und Heerführung" erhielt. Der Verfasser ist durch sein vortreffliches Buch „das Volk in Waffen" in so weiten Kreisen bekannt, daß ich mich hier ganz kurz fassen darf. Trotz mancherlei Verschiedenheit in der Anordnung und Behandlung des Stoffes kann ich von Goltz dasselbe sagen, wie vorher von Blume, daß er auf Clausewitz fußt. Auch der gelegentliche Protest gegen einen Hauptsatz von Clausewitz ändert an dieser Tatsache nichts, weil es vor allem die freie, allem Formenkram abholde Auffassung der Dinge ist, welche die innere Verwandtschaft bedingt. Der von Goltz neuerdings hinzugefügte Abschnitt über Heerführung, der den psychologischen Teil der Theorie des Krieges behandelt, ist in diesem Sinne von besonderem Wert.

---

[165] 8tratégie de combat I 132.

Goltz ist in der Wissenschaft zuerst mit der Betonung des charakteristischen Unterschieds zwischen Napoleon und Moltke hervorgetreten, der in dem Gegensatze der Vereinigung vor dem Schlachtfelde und der Vereinigung auf dem Schlachtfelde liegt. Er ist der Meinung, daß beide verschiedene Operationsmethoden auch heute noch nebeneinander bestehen können und bestehen müssen, weil das Moltkesche Verfahren ein Vertrauen auf die sachverständige Selbsttätigkeit der Unterführungen voraussetzt, das nicht überall am Platz wäre. In der Tat hat die Schlacht bei Pharsala am 5. Mai 1897 deutlich gezeigt, daß die türkischen Truppenführer für die Moltkesche Operationsmethode noch nicht reif waren, die ihnen der türkische Generalstab zumutete. Goltz hatte diesen Generalstab erzogen, und wenn er nun die Macht der Verhältnisse so anerkennt, wie er es tut, so ist das gewiß in hohem Maße zu beachten. Aber man kann doch auch mit vollem Rechte darauf antworten, daß deutsche Truppenführer das erforderliche Maß von strategisch-taktischer Bildung und von Entschlußkraft besitzen sollen und auch besitzen, daß der Grund also für uns wegfällt, der anderwärts die Beibehaltung einer Doppelmethode rechtfertigen mag. Will man der Unterführung eine große Freiheit und Selbständigkeit lassen, will man bei der Lösung der schwierigen Fragen des Ernstfalls überall dem Handelnden die Möglichkeit zum entscheidenden Eingriff nach Maßgabe seines Urteils gewähren, so gewinnt die Übereinstimmung in den Grundanschauungen natürlich eine wesentlich gesteigerte Bedeutung. Wenn es 1866 in Böhmen überhaupt einen schwierigen Augenblick für die preußische Operation gegeben hat, so lag das nur daran, daß die, I. Armee nicht völlig im Sinne von Moltke verfuhr, daß ihre Front andauernd zu schmal war und daß sie ihr Verhältnis zur Nachbar-Armee nicht genügend im Auge behielt. Das Operieren mit mehreren Armeen auf demselben Kriegsschauplatz war damals von der Theorie verworfen und so lag der Gedanke an die Pflichten gegen den Nachbar den Handelnden völlig fern. Nachdem jetzt über ein Menschenalter dahingegangen ist, nachdem in Kriegsspielen und auf Generalstabsreisen, sowie in der Stille des Studierzimmers über diese Fragen tief und gründlich nachgedacht worden, würde sich dergleichen schwerlich widerholen. Aber freilich gehört dazu, daß auch die Zweifel völlig durchgekämpft werden, die innerhalb der Theorie zur Zeit noch bestehen.

„Betrachtungen über Heerwesen und Kriegführung" ist der Titel eines Buches, mit welchem der bekannte Militärschriftsteller v. Boguslawski im Jahre 1897 zu der neu aufgetauchten strategischen Frage Stellung genommen hat. Boguslawski hat seinerzeit Jominis Kriegstheorie für die „Militärischen Klassiker" übersetzt und mit Anmerkungen versehen, er ist aber darum nicht etwa zu einem einseitigen Bewunderer dieses Lehrers geworden. Er gesteht bereitwillig zu, daß Jomini schon ein wenig zu einer mechanischen Auffassung der Strategie Napoleons hinneige, und hält sich in seiner Grundanschauung vom Kriege gleichfalls an Clausewitz. Er tritt entschieden für die Berechtigung von Grundsätzen als Anhalt für das praktische Handeln ein und warnt nur vor ihrem Mißbrauche.

In der Streitfrage Napoleon und Moltke gibt er zu, daß Napoleon in der Regel seine Streitkräfte vor der Schlacht zu vereinigen suchte, wenn es ihm auch in mehreren Fällen, wie bei Jena-Auerstädt, bei Pr.-Eylau und Bautzen nicht vollständig gelungen sei. Bei Moltke will er die ihm zugeschriebene Tendenz zur Vereinigung auf dem Schlachtfelds nicht ganz so bestimmt anerkennen. Immerhin sagt er: „Einen durchgehenden charakteristischen Unterschied kann man eigentlich nur in der Entfaltung der Streitkräfte zur Schlacht selbst zwischen den drei von König Wilhelm I. geleiteten Schlachten und einigen großen Schlachten Napoleons, wie Austerlitz, Wagram, Ligny, Belle-Alliance erblicken. Bei Königgrätz und bei Sedan berührte sich die Strategie auf das innigste mit der Taktik, indem sich aus dem Vormarsch der Armeen das Eingreifen in die Schlacht von selbst ergab. Der Befehl zur Schlacht bei Gravelotte ist nur eine Direktive zum Angriff für zwei mögliche Fälle, den Abmarsch Vazaines über Etain und Briey oder seine Stellungnahme vor Metz. Demgemäß erfolgte auch die Entwicklung der Armeen nicht nach einem einheitlichen, im Voraus festgesetzten Plan, sondern mußte den Armee- und Korpsführern viel überlassen bleiben."[166] Boguslawski stellt sich dann auf die Seite von Goltz, der beide Verfahrungsarten als gleichwertig bezeichnet hatte, und wendet sich mit Bestimmtheit gegen die inzwischen aufgetauchte Anschauung, daß die Strategie der Gegenwart ausschließlich auf Moltke begründet werden müsse.

Daß Boguslawski in dieser Weise Stellung nimmt, erklärt sich be-

---

[166] S. 127.

reits vollständig aus dem einen Umstände, daß er auch für die heutige Zeit noch ähnliche Massenbewegungen auf dem Schlachtfelde für möglich und notwendig hält, wie Napoleon sie angewendet hat. Er gibt ein sehr anschauliches Bild der Schlacht bei Wagram und aus ihm entnehme ich hierfür einige Beispiele.

Napoleon hat damals am Vorabend der Schlacht weit über 100 000 Mann auf der Insel Lobau versammelt, welche durch einen halbkreisförmigen Donauarm vom linken Ufer getrennt ist. Der Mittelpunkt dieser Insel ist von der ebenfalls halbkreisförmig umfassenden Aufstellung der Österreicher etwa 4000 in entfernt. Im Jahre 1809 erfolgte die Versammlung der Franzosen also im allgemeinen außerhalb der Reichweite der österreichischen Artillerie, und durch Aufstellung schweren Geschützes aus dem Wiener Arsenal hatte Napoleon des weiteren dafür gesorgt, daß der Gegner ein näheres Herangehen mit seinen Batterien nicht wagte. Boguslawski hält es nun für immerhin möglich, daß auch in heutiger Zeit die Aufstellung von schwerer Artillerie des Feldheeres eine gleiche Sicherheit für die Versammlung auf der Lobau bewirken könne. Meine Ansicht ist die genau entgegengesetzte: wenn der österreichische Halbkreis von 8— 9 km Länge ausgiebig mit heutiger Feldartillerie besetzt ist, deren Schrapnelschuß die Mitte der Insel unter einem vernichtenden Feuer hält und selbst ihre entferntesten Teile mit den Brücken nach dem rechten Ufer noch in empfindlichster Weise zudeckt, dann ist die Versammlung der französischen Armee auf der Lobau völlig unmöglich. Selbstverständlich unter der Voraussetzung, daß der Feind die Versammlung bemerkt, wie es damals der Fall war.

Nachdem Erzherzog Karl auf den Versuch der unmittelbaren Verhinderung des Flußübergangs verzichtet hat und über eine Meile weit auf dem linken Ufer zurückgegangen ist, bewirkt Napoleon am ersten Schlachttage seinen Aufmarsch auf dem linken Ufer mit etwa 150 000 Mann auf einer Frontlinie von 6000 m Länge (25 Mann auf den Meter). Demnächst zieht er seine Truppen gleichzeitig zur Schlacht auseinander. Das fächerartige Auseinanderziehen auf der Ebene des Marschfeldes beginnt auf etwa 7—8000 m von den allernächsten österreichischen Batterien und muß von der wesentlich höher gelegenen österreichischen Stellung aus vollkommen zu sehen gewesen sein. Die eng massierten Korps legten damals in der Richtung auf den Feind auf dem rechten Flügel etwas über 5000 m, auf dem linken Flügel — wo die Stellung des Feindes weiter entfernt lag — etwa 7—8000 m zurück, ehe sie in den Geschützbereich der Österreicher eintraten. Boguslawski meint, daß diese Bewegung heutzutage schon etwa 2000 bis 1500 m früher eingestellt werden müßte. Ich bin der Überzeugung, daß eine solche Massenbewegung schon auf der alleräußersten Grenze des feindlichen Schrapnelschusses zum Halten kommen muß, daß sie allerhöchstens den dritten Teil bzw. die Hälfte ihres damaligen Weges zurücklegen kann.

Am zweiten Schlachttage wird das Korps Massena, 25 Bataillone stark, in dichter Massenformation aus dem Zentrum der Schlachtlinie nach dem linken Flügel verschoben und legt auf wenig bedeckter Ebene einen Weg, von 4—5000 m Länge in einem Abstande von 2500 — 3000 m von den österreichischen Linien zurück. „Trotz der für damalige Tragweite sehr bedeutenden Entfernung litt es stark durch das österreichische Geschützfeuer," ... so berichtet Boguslawski und fährt fort: „Nehmen wir wiederum jetzige Bewaffnung an, so hätte Massenas gesamte Artillerie, unter angemessener Bedeckung, Stellung nehmen müssen, um die Infanterie und Kavallerie vor zu großen Verlusten zu schützen. Der Flankenmarsch hätte sich jedenfalls nicht so glatt wie damals vollziehen können, aber unmöglich wäre die Ausführung auch heute nicht." Hier muß ich abermals sagen, sie wäre unmöglich.

Von der Riesen-Sturmphalanx von Wagram habe ich schon früher gesprochen und gehe hier nicht näher auf sie ein.

Boguslawski gibt ferner eine Darstellung der Schlacht bei Gravelotte und erörtert die Möglichkeit, daß Bazaine mit seinen Hauptkräften aus der Aufstellungslinie seines linken Flügels heraus offensiv geworden wäre. Er meint, daß Bazaine vier französische Korps (10 Divisionen) gegen die zwei Korps unseres rechten Flügels vorführen konnte, und gibt als Ausgangsstelle für diesen Angriff eine Linie an, die genau 4000 m lang ist, die aber infolge einiger steiler Hänge sich noch um etwas verkürzt. Macht man sich die Gliederung dieses Angriffs klar, so erkennt man, daß von den etwa 120 Bataillonen höchstens 24 in der vorderen Linie nebeneinander stehen konnten, daß also fünf Treffen von 24 Bataillonen hatten hintereinander stehen müssen. Es wäre das eine Formation, die den Batterien unserer beiden rechten Flügelkorps ein geradezu ideales Ziel geboten haben würde, und ich halte das Gelingen eines derartigen Massenangriffs für heutzutage völlig unmöglich.

Endlich muß ich das Auseinandergehen unserer beiderseitigen Auffassungen auch an einem applikatorischen Beispiele feststellen, mit dem Boguslawski seine Ausführungen schließt und das zur Erläuterung der von ihm vertretenen Grundsätze dienen soll. Eine Armee von vier Korps schreitet zum Angriff auf eine Armee von drei Korps, die in vorzüglicher Stellung steht und einen Flügel unangreifbar an einen See angelehnt hat. Nach meiner Überzeugung müßte die Angriffsarmee grundsätzlich soviel Kräfte wie nur irgend möglich umfassend gegen den angreifbaren Flügel des Verteidigers ansetzen und gegen die starke Front höchstens gleiche Kräfte verwenden. Irgendwelche zwingenden Gründe für ein anderes Verfahren sind nicht angegeben; im Gegenteil, die Lage der feindlichen Rückzugslinie ist eine derartig schräge, daß der umfassende Druck auf jenen freistehenden Flügel dem Feinde den Rückzug nehmen würde, und das spricht erst recht in vorstehendem Sinne. Boguslawski verwendet aber nur ein Korps gegen den freien Flügel des Feindes und hält ein ganzes Reserve-Korps hinter der Front zurück, das zuletzt, nach einigen Wechselfällen der Schlacht, durch Verstärkung des reinen Frontalangriffs die Entscheidung erringt. Breite und Tiefe in den richtigen Einklang zu bringen, ist von jeher eine Hauptaufgabe der Truppenführung gewesen. Die charakteristische Lösung für die Gegenwart ist — natürlich nur im allgemeinen — die tiefe Gliederung bei den kleinen taktischen Einheiten und der breite Aufbau der großen Heereskörper. Nach meiner Ansicht konnte für den vorliegenden Fall das Reserve-Korps keine bessere Verwendung finden, als wenn man es von Hause aus dem Umfassungsflügel zuteilte. Durch vorläufiges gestaffeltes Zurückhalten etwa einer Division hätte sich der damit wesentlich verstärkte Angriff gegen die feindliche Flanke dann selbst wieder vor dem Umfaßtwerden zu schützen gehabt.

Ein weiteres Eingehen auf dieses Beispiel würde vielleicht noch mehr Punkte der Meinungsverschiedenheit liefern; ich beschränke mich aber auf die eine Seite, die durch die bisherigen Erörterungen nahegelegt war.

Und nun muß ich zum Abschluß dieses Kapitels noch erwähnen, daß v. Verdy du Vernois, der hochangesehene Vertreter der applikatorischen Lehrmethode, seit einigen Jahren mit einem größeren Werke über Strategie beschäftigt ist, das nach Maßgabe der bis jetzt vorliegenden Hefte ganz auf Clausewitz und Moltke aufgebaut werden soll. Ich greife hier nur die Sätze heraus, in welche Verdy seine Ansicht über den Gegensatz von Napoleon und Moltke zusammenfaßt:[167]

„Theoretisch neigt Napoleon mehr zur Anwendung konzentrierter Märsche, Moltke dagegen zu solchen in einer gewissen Trennung: praktisch hat ein jeder von beiden sein Prinzip vorwiegend zur Ausführung gebracht, aber sich auch gelegentlich des anderen bedient: volle Übereinstimmung dagegen herrscht zwischen ihnen darin, zur Entscheidung alle Kräfte bereitzustellen

„Für die Ansicht Napoleons, seine Streitkräfte vor der Schlacht zu vereinigen, dienen beinahe sämtliche von ihm gelieferten Schlachten als Belege, während es als ein Moltkesches Prinzip angesehen wird, daß er die höchste Aufgabe der Strategie in der Vereinigung aller Korps auf dem Schlachtfelde selbst erblickt habe, wie dies die Schlacht von Königgrätz zur Anschauung bringt.[168] Rein abstrakt genommen, steht hier eine Ansicht der anderen gegenüber und jedenfalls gelangt man auf diesem Wege nicht zu einer Einheit der Anschauung."

---

[167] Studien über den Krieg, III 1, S. 40 bzw. 18.
[168] Vergl. Kap. VIII, Schluß des Auszugs aus der Instruktion für die höheren Truppenführer. D. V.

X. Der Ausbau der Moltkeschen Lehre durch Schlichting

„Taktische und strategische Grundsätze der Gegenwart", so hat General v. Schlichtung ein dreibändiges Werk genannt, das er in den Jahren 1897—1898 herausgab. Es hat großes Aufsehen erregt und einen stellenweise sehr lebhaft geführten Streit hervorgerufen, der noch nicht beendet ist. Ich lasse die taktische Seite hier so weit wie irgendmöglich außer Betracht und halte mich nur an den strategischen Stoff.

Da besteht die erste Aufgabe, die Schlichting sich gestellt, in der eingehenden Erörterung und Begründung des Unterschieds zwischen Moltke und Napoleon und in dem Nachweise, daß man von einer eigenen strategischen Lehre Moltkes zu sprechen berechtigt ist. Die Instruktion für die höheren Truppenführer war damals noch nicht veröffentlicht, ihre Gedanken konnten also nur insoweit herangezogen werden, als sie sich in gleicher oder ähnlicher Gestalt auch in anderen, nicht geheimen Schriften fanden, oder als sie durch die häufige mündliche Wiederholung von Seiten Moltkes mehr oder weniger zum Gemeingut des Generalstabes geworden waren. Gleichwohl hat Schlichting das Bild Moltkes als Feldherr in klaren und leicht verständlichen Zügen hingestellt und hat in überzeugender Weise dargetan, wie Moltke, der begabteste Schüler von Clausewitz, ohne jede Willkür durch den Einfluß der Verhältnisse zu der Eigenart gelangen mußte, die ihn auszeichnet. Indem Clausewitz schon die Geschehnisse seiner Zeit wesentlich tiefer auffaßte, als Jomini es getan, hatte er eine Lehre geschaffen, welche die Keime der späteren Entwicklung in sich trug. Aber — ich hoffe es deutlich gezeigt zu haben — aus dem Schranken seiner Zeit konnte auch ein Clausewitz nicht heraus, und erst als die großen technischen Veränderungen des 19. Jahrhunderts vorlagen, trat das Bedürfnis hervor, die überlieferte Operationslehre auf ihre Anwendbarkeit für die Gegenwart zu prüfen, wie es Moltke mit Erfolg getan hat. Ich würde mich wiederholen, wenn ich diese Seite von Schlichtings Werk eingehender beleuchten wollte: ich wende mich daher sofort zu seinem Ausbau der Moltkeschen Lehre.

Der erste wichtige Punkt, der dabei in die Augen springt, ist die

Unterscheidung von Begegnungsgefecht und geplantem Angriff. Diese Unterscheidung ist durch das Exerzier-Reglement für die Infanterie von 1888 zuerst in die Dienstsprache des deutschen Heeres eingeführt worden: Schlichting aber war Mitglied der Kommission, welche das Reglement bearbeitet hat, und der Abschnitt über den Angriff ist von ihm entworfen.

Die neue Unterscheidung hat viel Anfechtung erfahren und muß noch immer gegen die Abneigung zahlreicher Vertreter des Alten kämpfen. Der neue Begriff des Begegnungsgefechts ist auch von vornherein schon etwas anderes als das frühere „Rencontre". Die frühere Zeit verstand unter diesem Begriff eine Zufallsschlacht, eine mehr oder weniger unangenehme Überraschung, bei der man in erster Linie bestrebt sein mußte, sich vor Mißgeschick zu hüten und vor dem Überranntwerden zu schützen. Die neue Auffassung freut sich der Gelegenheit, im Begegnungsverfahren zu schlagen. Sie geht von der ungeheuren Steigerung der Feuerwirkungen und von der Schwierigkeit aus, über deckungslose Flachen gegen einen in Stellung befindlichen Feind vorzuschreiten. Sie weist daher auf die ungewöhnlichen Vorteile hin, die sich uns bieten, sofern wir den Feind in einem Zustande treffen, in welchem seine Feuerfronten noch nicht gebildet und zweckentsprechend an günstigen Stellen eingerichtet sind, also wenn er gleichfalls noch in der Marschbewegung begriffen ist, wie wir selbst. Dann empfiehlt es sich, rasch zu handeln, jeden Vorteil des Augenblicks wahrzunehmen, mit Kühnheit zu Verfahren und wo möglich den Aufmarsch des Gegners gar nicht zur Vollendung kommen zu lassen. Dabei müssen selbstverständlich auch die Unterführer an jeder Stelle selbständig handeln, denn nur so ist die Gunst des Augenblicks auszunützen, und jedes Anfragen und Warten auf Befehle führt zur Versäumnis. Andererseits darf aber auch die Selbsttätigkeit der Unterführungen nicht über ein vernünftiges Maß hinausgehen, sie muß die Absichten der Oberleitung zu erkennen suchen und sich in zweifelhaften Fällen davor hüten, ihr vorzugreifen. In der Regel wird der höhere Führer in kürzester Frist zur Stelle sein, und es wird sich nur darum handeln, seinen leitenden Gedanken schnell und mit Geschick aufzufassen. Läßt sein Befehl gelegentlich auf sich warten, so soll die Unterführung inzwischen kein tollkühnes Spiel treiben.

Es ist begreiflich, daß auf diesem Gebiete eine gewisse Meinungsverschiedenheit herrschen kann. Schlichtung vertritt die Ansicht, daß die Initiative unserer preußisch-deutschen Führerschaft aller Grade eine Hauptquelle unserer großen Erfolge auf den Gefechts- und Schlachtfeldern von 1866 und 1870/71 gewesen ist, und er möchte diesen Geist in jeder Weise genährt und gepflegt sehen und nur durch Erhöhung der taktischen Einsicht und Bildung zur Beseitigung der nicht zu bestreitenden Gefahren solcher Selbständigkeit gelangen. Verständige Kühnheit soll erzogen werden, die sich der hohen Vorteile raschen Handelns und dreisten Wagens bewußt ist, die aber auch mit richtigem Blick zu erkennen weiß, wie man das Gelände am besten zur Deckung ausnützt und wann es Zeit ist, den Feind in eigene Feuergarben hineinlaufen zu lassen. Solche verständige Kühnheit wird ganz wesentlich gefördert, wenn der einzelne Führer volles Vertrauen darauf hat, daß die Nachbarn und die von rückwärts auf das Schlachtfeld folgenden Kameraden ihn nach besten Kräften und mit gleichem Verständnis für die Sachlage unterstützen werden, und so wird auch aus diesem Grunde die Erziehung zu sachverständigem Urteil und raschem Entschluß eine Sache von hoher Bedeutung.

Schlichting, entwickelt in seinen „Taktischen und strategischen Grundsätzen der Gegenwart" die Gesetze des Begegnungskampfes. Ich übergehe hierbei alle rein taktischen Gegenstände, — wie z. B. das anfängliche Bedürfnis nach Gewinnung einer Stellung oder die Notwendigkeit, neben allem Streben nach vorwärts doch auch Vorsicht walten zu lassen und die verfügbar werdende Truppe immer erst einzusetzen, wenn neue Kräfte als Reserve nahe sind, — ich wende mich gleich zu der wichtigen Frage der Aufmärsche. Sie ist in doppeltem Sinne eine strategische, einmal weil sie den Übergang aus der Operation zum Kampf betrifft, dann weil die Art des Aufmarsches das Mittel werden kann und muß, um verschiedene Einzelgefechte zu einer Einheit zu verbinden. Der Aufmarsch hat in bestimmten Lagen nach beiden Seiten, unter anderen Umständen nur nach einer Seite hin zu erfolgen. Es richtet sich das danach, ob der betreffende Truppenkörper dem Feinde allein entgegengeht, was im Kriege immer die Ausnahme sein muß, oder ob er sich im Rahmen eines Heeres bewegt, also Nachbarn auf beiden Seiten oder doch auf einer Seite hat. Stoßen zwei Armee-Korps mit 2—3 Meilen Zwischenraum oder zwei Divisionen mit 1—1 1/2 Meilen Zwischenraum gleichzeitig auf den Feind, so entstehen in unvermeidlicher Weise zwei getrennte taktische Einzelhandlungen: es liegt aber auf der Hand, daß sie viel eher in Übereinstimmung zu bringen sind, daß sie sich wechselseitig besser unterstützen, wenn beide Heerteile ihren Aufmarsch, soweit wie irgendmöglich, nach der Seite des Nachbars hin bewirken. Handelt es sich um drei Heerteile nebeneinander, so wird der mittelste sich nach beiden Seiten hin zu entwickeln haben und nur für die Flügel bleibt die Aufgabe bestehen, den Aufmarsch einseitig nach innen zu bewirken. Dagegen kann der einseitige Aufmarsch nach außen erforderlich oder ratsam werden, sobald der Zwischenraum zwischen zwei Kolonnen nach Maßgabe des Wegenetzes erheblich geringer ist, als ich vorstehend angegeben habe. Bei der Entscheidung über diese Fragen macht es keinen wesentlichen Unterschied, ob man sich selbst angegriffen sieht und auf Unterstützung des Nachbars rechnen, daher auch ihm das Eingreifen erleichtern muß, oder ob man in der Lage ist, selbst dem Nachbar Hilfe zu bringen. Wohl aber ist es von Bedeutung, ob auf derselben Straße noch ein anderer Heerteil nachfolgt, von welchem ein Eingreifen in unseren Kampf mit Sicherheit zu erwarten ist. Die Art des Aufmarsches ob nach rechts und links, oder nur nach rechts, bzw. nur nach links, muß ganz im allgemeinen den Bedürfnissen des höheren Verbandes, in dem man steht, ebenso Rechnung tragen, wie den nächsten Anforderungen des Augenblicks bei der eigenen Truppe. Erlauben es die örtlichen Verhältnisse und der Feind, so wird man zuweilen bei den Aufmärschen großen Vorteil von der Anordnung haben, daß man den zuerst eintreffenden Truppen die entferntesten Ziele mit den weitesten Wegen anweist und den Truppenbedarf an der Marschstraße selbst aus den zuletzt ankommenden Teilen der Kolonne deckt.

Ich kann Schlichtings Betrachtungen über die Natur des Begegnungskampfes hier nicht in größerer Ausführlichkeit wiedergeben; für die Zwecke dieser Arbeit muß der Nachweis genügen, daß es auch hier wirklich eine Reihe von Grundsätzen gibt, daß das Handeln im Einzelfall nicht völlig der Improvisation anheimzufallen braucht.

Der Gegensatz zum Begegnungsverfahren ist der geplante Angriff. Seine Eigenart zeigt sich ganz besonders dann, wenn man sich den Verteidiger in vorbereiteter, durch Feldbefestigungen verstärkter Stellung denkt. Alsdann ist für den Angreifer ruhige Überlegung und Prüfung der Umstände dringend geboten, damit er nicht in ungenügender Verfassung in den Bereich der aufs höchste gesteigerten Feuerwirkung des Verteidigers hineingerate. Dem Angriff muß der Aufmarsch aller Kräfte und eingehende Erkundung der Verteidigungsstellung vorhergehen. Dann folgt die Entwicklung der Artillerie und starker Infanteriekräfte in geeigneten Feuerstellungen, aus denen heraus man den Gegner in andauerndem Feuerkampf niederringen will. Die Art und Weise, wie diese Feuerstellungen erreicht und bezogen werden, richtet sich ganz nach dem Gelände und kann von der größten Mannigfaltigkeit sein. Sind geeignete Feuerstellungen mit ausreichender Deckung nicht vorhanden, so wird es nötig, sie unter dem Schutz der Dunkelheit mit dem Spaten herzustellen. Aus seinen Deckungen heraus muß der Angreifer seine Waffen mit höchster Geschicklichkeit nachhaltig und in lange andauerndem Kampfe gebrauchen, ehe er darauf rechnen darf, die Feuerüberlegenheit zu erringen. Erst wenn sie errungen ist, wenn deutlich erkennbar wird, daß die Kraft des Feindes gebrochen ist, erst dann darf der Sturm folgen, der letzte Akt des häufig mehrtägigen Kampfes.

Jahrhundertelang hatte man sich den Schlachtenangriff im Grunde immer als einen einzigen, einheitlich-gleichzeitigen Akt gedacht, der nach vorangegangenem Aufmarsch in einer ununterbrochenen Gesamtbewegung vom Aufmarschfelde bis in den Feind hinein führt und dessen Einzelglieder vorderster Linie sich unterwegs nur so wenig wie irgendmöglich mit Feuern auf halten. Jetzt ist der Angriff in zwei Hauptformen zerlegt und damit ist ein außerordentlich großer Vorteil errungen, weil der Vielseitigkeit des Ernstfalles damit in früher ungeahnter Weise Rechnung getragen wird. Natürlich stehen Übergangsformen zwischen den beiden typischen Erscheinungen und es kann sogar der Fall eintreten, daß auf einem und demselben Schlachtfelde beide Hauptformen anzuwenden sind, daß z. B. eine Armee den Gegner frontal nach den Grundsätzen des geplanten Angriffs bekämpft, die andere beim Eindringen in seine Flanke nach den Grundsätzen des Begegnungskampfes verfährt (Königgrätz). Es ist ferner sehr wohl möglich, daß die gesteigerten Feuerwirkungen der neuesten Zeit auch uns erheblich mehr Vorsicht im Begegnungskampfe auferlegen, als wir 1870 oder gar 1866 angewendet haben, und es ist andererseits zu hoffen, daß wir nicht allemal zur Spatenarbeit bei Nacht zu greifen brauchen, wenn wir auf eine entwickelte

Front des Feindes in guter Stellung stoßen. Schlichting hat den Kampf der Infanterie, der Königin des Schlachtfeldes, einmal einen Proteus genannt, und es ist die schöne Aufgabe der Führungskunst, je nach den Verhältnissen des Einzelfalls die Gestalt zu bestimmen, die er annehmen soll. Zwischen zwei grundverschiedenen Hauptrichtungen muß sie sich dabei zuerst entscheiden, dann wird sich die weitere Anpassung leichter finden.

Ich wende mich zu Schlichtings Erörterungen über Ausdehnung und Gliederung bei den Heeresoperationen und erinnere zunächst an das Ergebnis einer schon bei früherer Gelegenheit angestellten Betrachtung, daß Jominis carré stratégique und die operative Kreuzform von Clausewitz für die Gegenwart nicht mehr passen. Schlichting zeigt, daß die Heeresavantgarde nur noch eine außerordentlich seltene Ausnahme sein kann, daß Reserven beziehungsweise solche Kräfte, für die in vorderer Linie kein Platz mehr ist, ganz grundsätzlich nicht mehr hinter die Mitte, sondern hinter den am meisten bedrohten Flügel des Heeres, unter Umständen hinter beide Flügel desselben gehören. Als Seitenabstand zwischen den Armee-Korps behält für Heere von mäßiger Stärke die Tagesmarschentfernung ihre aus der alt-napoleonischen Zeit überlieferte Bedeutung, weil sie Unterkunft und Verpflegung begünstigt und den Zusammenschluß nach der Mitte im Laufe eines Tages ermöglicht. Für auf beiden Seiten angelehnte Korps wird dabei eine Zerlegung in zwei Marschkolonnen, wenn sie irgendmöglich ist. auch dringend erwünscht sein, wobei diese Teilkolonnen auf halbe Tagesmarschentfernung auseinander bleiben. Bei den Flügelkorps wird die Heeresleitung in der Regel ein unmittelbares Interesse daran haben, sie in einer Kolonne zu wissen, weil sich dadurch ohne weiteres die Reserve auf dem Flügel ergibt. Bei der Heeresflanke drohender ernster Gefahr wird aber das Nachfolgen eines Reservekorps auf vollen Tagesabstand vermehrte Sicherheit bieten, weil alsdann sofort zwei ganze Armeekorps für das Herstellen einer neuen Front zur Verfügung stehen. Im ganzen ist leicht zu erkennen, wie groß der Unterschied gegen früher sein muß: damals die Hauptmassen des Heeres in der Mitte, die Flügel weniger stark, jetzt umgekehrt die Mitte in verhältnismäßig dünner Linie, die Flügel von besonderer Fülle der Kraft.

Schlichting untersucht die Wechselwirkung mehrerer Armeen auf einem Kriegstheater, die einheitliche Bewegung nach einem Ziel, die divergierende Bewegung nach verschiedenen Zielen, die konzentrische Operation und das dauernde Verharren in der Trennung. Unsere beiden großen Kriege haben für jede dieser Erscheinungsformen lehrreiche Beispiele gegeben. 1866 zeigt in glänzender Weise die konzentrische Operation, die mit der Umfassungsschlacht bei Königgrätz endet. Schlichting legt aber ein besonderes Gewicht darauf, in mehrfacher Wiederholung ausdrücklich zu betonen, daß der konzentrische Vormarsch an sich noch durchaus nicht das immer zuverlässige Mittel liefert, um den Feind in der Schlacht zwischen zwei Feuer zu nehmen. Er kann es nur dann, wenn der Feind seinerseits die Neigung hat, konzentrisch zusammen zu laufen. Als Moltke Sitschin als Vereinigungspunkt hinstellte, war die Aussicht noch nicht vorhanden, daß man den Gegner auf dem rechten Elbufer umfassend angreifen könne. Der Punkt gab nur die Richtung an, in welcher die beiden Heere sich gegenseitig nähern sollten. Als Moltke dann aber die II. Armee — gegen die Meinung ihres Oberkommandos — auf dem linken Elbufer festhielt, da schwebte ihm allerdings der Gedanke des Angriffs auf zwei Fronten vor, und zwar gegen die starke Stellung Josephstadt-Königgrätz hinter der Elbe, in der er den Feind vermutete. Und daß er sich diese Möglichkeit offen gehalten hatte, das hat ihm nachher die günstige Schlachtform vom 3. Juli, gewährt.

Der Krieg von 1870/71 beginnt mit dem divergierenden Vorgehen verschiedener Heere nach verschiedenen Zielen, zeigt nach den Kämpfen um Metz die einheitliche Bewegung zweier Heere (III. u. IV.) nach einem Ziel, zuletzt, als die Bezwingung von Paris zur Hauptaufgabe geworden ist und der Feind von mehreren Seiten zum Entsatze herandringt, das dauernde Verharren in der Trennung auf einem und demselben Kriegstheater. Mit Recht zeigt Schlichting, daß sich diese Erscheinungen eben wegen der Vielheit der Heere nicht mehr mit den Begriffen der älteren Lehre decken, daß im ersten und dritten Falle zwar gewisse Ähnlichkeiten mit der Operation auf innerer Linie vorliegen, wie der zweite Fall in gewissem Sinne auf ein Vorgehen mit einem Heere auf einer Operationslinie hinausläuft, daß die Unterschiede aber sehr groß sind und eine veränderte theoretische Behandlung bedingen.

Es tritt das in besonderem Maße bei der operativen Schwenkung hervor, der Schlichting einen eigenen Abschnitt gewidmet hat. Er knüpft an die Schwenkung an, welche die III. und IV. Armee im

Sedanfeldzuge ausführen mußten, als Mac Mahon um den rechten Flügel der Deutschen herum nach Metz marschieren wollte. Es ist nicht zu leugnen, daß das Jominische carré stratégique oder die Clausewitzsche Normalformation für ein vorrückendes Heer zur Ausführung einer operativen Schwenkung sehr viel besser geeignet waren, als die breite Bewegungsform heutiger Zeit. Bei jenen genügte das Herumschwenken jedes einzelnen Heerteils für sich auf seiner augenblicklichen Stelle, um dem Ganzen auch nach der Flanke hin sofort die gleiche Gestalt zu geben, die es vorher nach der Front hin besaß. So einfach ist die Sache jetzt nicht, selbst wenn sich auf der bedrohten Seite bereits eine Reserve befindet. Es kann da erheblich länger dauern, bis eine allen Anforderungen entsprechende Front zur Verfügung steht. Moltke hatte 1870 die auf dem rechten Flügel befindliche Armee (IV.) beim Vormarsch im allgemeinen um einen Tagemarsch zurückgehalten, weil er beim Zusammenstoß mit vorgenommenem linken Flügel zu schlagen und den Feind nach Norden zu drängen gedachte. Diese Anordnung erwies sich als in hohem Grade vorteilhaft für die Schwenkung und mußte zu weiteren Betrachtungen anregen. Schlichting hat in einfacher und überzeugender Weise zuerst gezeigt, wie man bei derartigen Heeresbewegungen je nach Umständen in verschiedener Weise den Bedürfnissen des Augenblicks entsprechen kann, wie man dabei auch nicht davor zurückschrecken darf, zu sonst ungewöhnlichen Maßregeln zu greifen. Auch Rückwärtsbewegungen einzelner Teile dürfen bei der operativen Schwenkung nicht gescheut werden, wenn die Gesamthandlung dadurch beschleunigt und der Erfolg in höherem Maße sichergestellt wird. Eine ganz besonders schwierige Angelegenheit ist die Regelung des Verhaltens der Trains und Kolonnen. Sie sollen nicht im Wege und doch verfügbar sein. Auch für diese wichtige Führungsaufgabe haben sich einige praktisch brauchbare Regeln feststellen lassen.

Wenn man von dem Gesichtspunkte ausgeht, daß die gewaltige Steigerung der Feuerwirkungen eine erhöhte Bedeutung der umfassenden Form zur Folge hat, so muß es selbstverständlich in solchen Fällen, wo man das Gesetz vom Feinde erhält, in besonderem Maße wichtig werden, daß man sich nicht umfassen läßt. Das ist eine unbedingte, nicht abzuweisende Folgerung, die aber dem überlieferten Empfinden durchaus widerspricht. So oft das „Rückwärtskonzentrieren" auch mit Spott erwähnt worden ist, der Grundgedanke des Massebildens, des Aneinanderschließens hat nicht nur in der ersten Hälfte des 19. Jahrhunderts die Rückzugsbewegungen beherrscht, er reicht auch noch bis in die neuesten Zeiten hinein. Schlichting ist auch hier wieder der erste Schriftsteller, der deutlich nachweist, daß man gut tut, beim notwendig gewordenen Zurückgehen ein „begrenzt exzentrisches" Verfahren einzuschlagen. Muß man vor Eintritt der Entscheidung vor dem überlegenen Gegner zurückweichen, so kommt es darauf an, sich nicht unmittelbar an die nächste befreundete Kraft heranzuziehen oder gar gerade auf ihre Front zu weichen, sondern sich seitlich mit angemessenem Abstand daneben zu setzen. Dadurch wird zum mindesten verhindert, daß der Feind die allzu enge Versammlung der vereinigten Heerteile durch Umfassung in ernste Gefahr bringen kann; vielleicht aber führt es dazu, daß wir demnächst unsererseits umfassend gegen den nachfolgenden Gegner vorgehen können. Ist die Entscheidung bereits erfolgt, wenn der Rückzug angetreten werden soll, d. h. sind wir geschlagen, so ist die Aufgabe, eine einigermaßen ausreichende Operationsfront wiederzugewinnen, in der Regel sehr schwer; in ihrer Erfüllung unter Verwertung geeigneter Geländeabschnitte liegt dann aber sicher das eigentliche Heil des Heeres.

Ein weiterer hochwichtiger Gedanke, den Schlichting in die Kriegslehre eingeführt hat, ist der, daß in der Defensivschlacht der Platz der Reserve nicht nur nicht hinter der Mitte sein darf, daß sogar eine Aufstellung dicht hinter oder neben dem Flügel nicht genügt, daß vielmehr ein beträchtlicher Seitenabstand hinzutreten muß, wenn der Zweck erfüllt werden soll. Welche ganz anderen Aussichten auf ein mögliches Gelingen waren für Benedek am 3. Juli 1866 vorhanden, sofern er eine starke Heeresreserve soweit links seitwärts herausgestaffelt hatte, daß sie auf dem rechten Ufer der Bistritz flankierend zum Angriff gegen die Elbarmee schreiten konnte! Stellt man sich zugleich vor, daß der rechte österreichische Flügel auf dem richtigen Fleck, auf der starken Höhe von Horenowes aufgestellt war und daß sein Einschwenken in die Front verhindert wurde, dann konnte das Zurückwerfen der Elbarmee auf das preußische Zentrum unter Friedrich Karl sehr wohl die Geschicke des Tages wenden.

Und wie ganz anders hätte Bazaine seine Schlacht vom 18. August 1870 gestalten können, wenn ihm eine starke Heeresreserve so weit rechts rückwärts bereit stand, daß sie die erschöpften Linien der Garde aufzurollen vermochte, ehe die ganze Kraft der Sachsen verfügbar war! In großen Verhältnissen muß ein solcher Seitenabstand der Hauptreserve sich auf halben oder ganzen Tagesmarschabstand steigern. Aber damit ist die neuere Lehre von der Defensivschlacht noch nicht erschöpft. Diese letztere muß immer ein besonderes Kunstwerk bleiben, das — wenn möglich in noch höherem Grade als die Angriffsschlacht, — sich den Verhältnissen und zumal dem Gelände anpaßt. Wenn am Tage von Königgrätz die vorangegangenen Ereignisse nun einmal zu jener ungemein engen Heeresversammlung der Österreicher in der Gegend geführt hatten, wo damals ihr rechter Flügel und ihr Zentrum focht, wenn da durch die Bildung eines nach links detachierten Offensivflügels an der unteren Bistritz erschwert war, so konnte man auch die Offensivtätigkeit auf den rechten Flügel verlegen, indem eine starke Armee-Abteilung unserem Kronprinzen entgegenrückte und ihn im Marsche angriff. Nur eines ist heutzutage ganz sicherlich nicht mehr ratsam, nämlich die Offensivtätigkeit in der Verteidigungsschlacht auf ein einfaches Vorbrechen der durch Reserven verstärkten Front anzulegen, wie Benedek es sich damals vorgenommen hatte. Wo man sich selbst freie Flächen dazu ausgesucht hat, um die eigenen Feuerwaffen aufs höchste auszunutzen und das feindliche Vorgehen unmöglich zu machen, da wird schwerlich der geeignete Boden zum Gegenangriff sein. Planmäßige Arbeitsteilung unter verschiedene Glieder des Heeres oder Heerteils, das ist der eigentliche Grundsatz, zu dem Schlichting, für die taktische Verteidigung gelangt, und darum ist die Aufrechterhaltung einer angemessenen Breite der Operation für defensive Lagen ebenso wichtig wie für offensive.

Es ist schon vorher gezeigt worden, wie bei Anerkennung moderner Operationsgrundsätze auf beiden Seiten es keineswegs sicher ist, daß man auf äußeren Operationslinien wirklich zur Umfassungsschlacht gelangt. Verfährt der Gegner auch so, daß er unzeitige oder übertriebene Massenversammlung scheut, dann fällt der Erfolg nicht einfach dem konzentrischen Anmarsch zu. Dafür wird sich dem geschickten Angreifer mitunter die Gelegenheit bieten, unter sorgfältiger Benutzung vorhandener Geländevorteile den Durchbruch durch eine der operativen Lücken zwischen zwei Heerteilen des Gegners zu versuchen. Hat man auf der einen Seite einen Geländeabschnitt von angemessener Starke, der auch die Feuerwirkungen wirklich trennt, so kann man auch heute noch nach dieser Seite hin sich abwehrend verhalten und nach der anderen die Entscheidung suchen.

„Diese Abhandlung ist" — so sagt Schlichting - „hiermit zu dem alten Gegensatz gelangt, welcher zwei Formen liefert. Der Erfolg kann gelingen in der Umfassung oder dem Durchbruch. Aber die Anwendbarkeit solcher Effekte ist gegen Napoleonische Zeit eine gewaltig, geradezu umwälzend andere geworden. Napoleon hielt noch bei Wachau für möglich, das Zentrum der versammelten Verbündeten zu durchbrechen und noch dazu unter Zuhilfenahme von Kavalleriemassen. Auch hatte nicht viel zu einem Erfolge gefehlt; eine wenigstens augenblickliche Fassungslosigkeit des überlegen Angreifers wurde noch immer erzielt. Dagegen wolle man sich nun den Galliffetschen Versuch bei Sedan vergegenwärtigen, um sich des Unterschieds bewußt zu bleiben, welcher zwischen damals und heute bei Durchbruchsversuchen besteht. Eine einmal bewirkte taktische Vereinigung feindlicher Teile läßt sich nicht mehr durchbrechen, sie sei in ihrem Mittelpunkte auch noch so dünn. Die taktische Umfassung hat vermöge der Bewaffnung und der Größe der Heeresmassen dazu viel zu sehr das Übergewicht erlangt. Der Durchbruch muß, sei es auch kurz vor dem Schlachtfelds, durchaus ein noch strategischer sein, d. h. befähigen, den einen feindlichen Teil zu schlagen, während der andere abgehalten ist oder wird, bei diesen Verrichtungen mit seinen Waffenwirkungen einzugreifen. Der Tagesmarschabstand bezeichnet wohl das Minimum der Entfernung, welches dabei Sicherung nach der anderen Seite schafft, wenn nicht äußerst günstige Geländeobjekte zur andauernden Trennung der feindlichen Teile nötigen. Es dürfte einleuchten, daß in diesem Sinne einer Division bei etwa gleichwertiger feindlicher Kraft der Durchbruch eher gelingen kann, als dem Korps. Je mehr der Raumanspruch der Kampfgrößen anwächst, desto schwieriger wird das Durchbruchsunternehmen. Am ersten Tage konnte Ducrot bei Champigny noch Raum gewinnen, am zweiten nicht mehr und am dritten erlahmte er und war geschlagen. Er war und blieb der beiderseits Umfaßte, und unter solchen Umständen hätte man ihm schließlich die Front sogar freimachen können. Der fortgesetzte Kampf hätte dennoch zu seiner Vernichtung geführt, da er im Ringen gegen beiderseitige Umfassung die Front verkehren mußte, um zur Ablösung von der Festung im Rückzuge zu schlagen. Durchbruchsversuche erscheinen auf rein taktischem Gebiete für die Zukunft nahezu ausgeschlossen; nur auf dem strategischen bewahren sie Bedeutung. Der übertriebenen Ausdehnung einer Operation setzen sie die Schranke in richtiger Benutzung der kürzeren Linien auf innerer Seite. Erkennbar aber bleibt, daß dieser Gesichtspunkt erst in die zweite Linie tritt, da seine Verwertung von Fehlern des Feindes abhängt.[169]

Und nun will ich noch die Sätze hier wiedergeben, in denen Schlichting die für unsere Zeit gebotene Methode des Übergangs aus der Operation zur Schlacht zusammenfaßt:

„1. Die Schlacht hat aus den Operationslinien, die an den Feind heranführen, möglichst direkt zu entstehen, denn damit ergeben sich die einheitlich gegliederten Kampfordnungen und die kürzesten Wege.

2. Der Übertritt vom Marsch zu Gefecht hat im Angriffsverfahren überall da, wo nicht vorbereitete Stellung der Bewegung entgegentritt, ohne Absatz zu erfolgen, weil der vorgängige Aufmarsch in großen Verhältnissen allein eine Tagesleistung in Anspruch nimmt. Eine solche grundsätzliche Zurückhaltung ist nur gegen vorbereitete Stellung geboten.

3. Auch für die Defensivschlacht ist eine gleiche Wahrung der Operationsfreiheit erforderlich. Sämtliche Kräfte von Hause aus an Geländeobjekte mit ihrem Widerstande zu binden, ist ein Fehler.

4. Im Beginn der Schlacht müssen die Abstände der einzelnen Heerteile voneinander innerhalb der Grenzen schwacher Tagesmärsche liegen, sonst ist ihr Zusammenwirken beim Kampfe ausgeschlossen.

5. Der Unterfeldherr trifft auf seiner begrenzten Front die Entschlüsse selbständig nach den Direktiven des Oberkommandos, der Lage zum Feinde und zum Nachbar, nach Maßgabe des Geländes, denn nur noch auf diesem Wege ist einheitliches Zusammenwirken aller Teile möglich. Bei der Bewaffnung unserer Tage darf jedes Geländeobjekt nur noch nach seiner vollen Eigenart taktisch behandelt werden.

6. Der letztere Grundsatz findet sinngemäße Anwendung bis in die untersten Teilführungen.

---

[169] II, 16.

7. Je vorbereiteter man einen Feind bereits aufmarschiert in Stellung findet, desto mehr bedarf es einer Angriffsdisposition einheitlicher Form von oberster Stelle. Hier also werden Aufmarsch und Kampfeinsatz gesonderte Akte.[170]

Damit habe ich die verschiedenen Richtungen gezeigt, nach welchen hin Schlichting die Moltkesche Lehre ausgebaut hat und diese Skizze kann für den Zweck dieses Buches genügen. Natürlich mußte Schlichting, wenn er die taktischen und strategischen Grundsätze der Gegenwart entwickeln wollte, eine erheblich größere Zahl von Gegenständen in seine Erörterung hineinziehen. Er hat sich dabei im allgemeinen so verhalten, daß er das Clausewitzsche Gedankensystem zum Ausgangspunkte nahm und an ihm überall festhielt, wo es sich mit den veränderten Verhältnissen der Gegenwart verträgt, daß er andernfalls die gebotenen Abwandlungen deutlich bezeichnete. Wie durchaus unbegründet die Sorge ist, daß die Lehren von Clausewitz den Offensivgeist schwächen könnten, das zeigt sich auch hier wieder in der deutlichsten Weise. Denn Schlichtings Schriften sind von dem allerentschiedensten Offensivgeiste erfüllt. Daher stammt nicht nur seine Vorliebe für den Begegnungskampf, der uns vor einem Menschenalter zu so vielen glänzenden Erfolgen geführt hat. Auch wenn er vor dem blinden Drauflosstürmen gegen entwickelte Fronten warnt und eingehend die aus dem Festungskriege entnommenen Mittel befürwortet, mit denen man einer starken Stellung zu Leibe gehen soll, so geschieht das nur, um den Triumph des Angriffs über die Verteidigung sicher zu stellen. Die passive Defensive, die Stellungsreiterei, erklärt er immer wieder als die mindestwertige Form des kriegerischen Tuns und gestattet ihr einen Platz in der Theorie nur im Rahmen einer größeren Handlung, bei der die Offensive an anderer Stelle oder aus anderer Richtung die positive Aufgabe löst.

Schlichtings taktische und strategische Grundsätze fußen auf den Erscheinungen unserer großen Kriege und auf den letzten Erfahrungen der Russen an der Donau und im Balkan. Sie haben aber durch die neuesten Ereignisse in Südafrika eine glänzende Bestätigung erhalten.

Wie ganz anders wären die Dinge in Natal verlaufen, wenn Gene-

---

[170] II., 94.

ral White das Rückwärts-Konzentrieren unterlassen hätte, wenn er die Brigade von Glencoe nicht nach Ladysmith heranzog, wenn er sie vielmehr in angemessener Entfernung seitwärts stehen ließ, um demnächst mit zwei Heeresgliedern in breiter Front und unter Vermeidung von Entscheidungskämpfen, aber in steter Fühlung mit dem Feinde hinter die Tugela-Linie zurückzugehen.

Ich entnehme diesen Gedanken einer bisher noch ungedruckten Arbeit von Schlichting. Er ist an sich von verblüffender Einfachheit; wer aber an Napoleonischen Vorbildern hängt, wird nicht leicht auf ihn kommen. Verfolgt man den Gedanken weiter, so ergibt sich, daß General White durchaus keiner Verstärkung bedurfte. Er konnte, sofern es nötig wurde, bis an das Meer zurückgehen, wo jede Gefahr für ihn völlig aufhörte, und wenn er die Hauptkräfte der Buren bis hierhin nach sich zog, so machten sie einen völligen Luftstoß und fehlten auf dem entscheidenden Kriegsschauplätze, wo dann die Engländer um so leichteres Spiel gehabt hätten.

Die Kritik hat schon häufig darauf hingewiesen, daß Buller und Methuen für die volle Bedeutung der Umfassung augenscheinlich kein Verständnis hatten und daß ihr rein frontales Vorgehen fast unbegreiflich bleibt. Die Schlichtingsche Arbeit, von der ich eben sprach, beschäftigt sich ganz besonders mit den verschiedenen Mitteln und Wegen, die sich den beiden Generalen darboten, um den rein frontalen Angriff entbehrlich zu machen. Aber wie ganz anders hätte sich selbst das rein frontale Vorgehen der Engländer gestalten können, wenn es nach Schlichtings Grundsätzen für den Angriff auf vorbereitete Stellung erfolgte! Die panikartigen Rückschläge, zu denen der veraltete Sturmangriff führte, hätte man sich bei sorgfältiger Vorbereitung und allmählichem Heranarbeiten mit Hilfe des Spatens jedenfalls erspart.

Es ist gleichfalls schon öfters anerkannt worden, daß Lord Roberts seinen verhältnismäßig schnellen Erfolg in allererster Linie dem Grundsatz der operativen Umfassung aus geteiltem Anmarsch verdankt. Das ist wahrlich kein Zufall, es zeigt sich darin, daß jede Zeit ihre eigenen Gesetze hat, die zu erkennen die Pflicht der Führung ist.

Und ganz kurz muß ich auch noch erwähnen, daß die passive Stellungsreiterei der Buren trotz aller zeitweiligen Erfolge ihrem Schicksal nicht entgehen konnte. Darüber sind freilich die Vertreter aller Richtungen einig; Schlichting aber gehört zu den Männern, die in eindringlichster Weise die hohe Bedeutung dieser Erkenntnis betont haben. —

Ein ganz besonderer Wert von Schlichtings Schriften liegt darin, daß er seine reichen Erfahrungen auf dem Gebiet der Truppenausbildung in ihnen niedergelegt hat. Ich habe als Regimentskommandeur in seinem Armee-Korps gestanden und ich denke noch heute mit aufrichtiger Bewunderung an die geistvolle Art zurück, in der er zu lehren wußte, an sein nie ermüdendes Bestreben, wirklich zu überzeugen, nicht etwa kategorische Vorschriften hinzustellen, an seine Achtung vor entgegenstehenden Ansichten, wenn sie mit Gründen von einigem Wert vorgetragen und verteidigt wurden. Ich weiß einen Fall, daß er einem Stabsoffizier noch in später Mitternacht einige Seiten schrieb, um die im Laufe des Tages zweimal geführte Erörterung über einen taktischen Gegenstand noch vor seiner Abreise zum Abschluß zu bringen. Erziehung zur Selbsttätigkeit auf allen Stufen der Truppenführung, das ist der Grundton seines Wirkens gewesen. Nichts war ihm unsympathischer, als wenn ein Vorgesetzter den Wirkungskreis seiner Untergebenen ohne Not beschränkte, wenn die freie geistige Tätigkeit irgendwie geknebelt wurde, um äußerlicher Rücksichten willen. In der Förderung und Belebung aller geistigen Kräfte, die in den Kämpfen des Schlachtfeldes so entscheidend mitsprechen, sah er die hauptsächlichste Aufgabe der Friedenserziehung, das werden mit mir viele Hunderte von erfahrenen Männern freudig bezeugen, die unter ihm in Führerstellen gestanden haben. Es ist daher ein ganz vergeblicher Versuch, wenn Gegner seiner Lehrmeinung den Vorwurf gegen ihn erheben, daß er nur ein neues Schema zu schaffen bestrebt gewesen sei. Wie ein Schema wirklich aussteht, das habe ich in diesen Blättern deutlich gezeigt. Schlichting aber kann sich damit trösten, daß ein anderer und mit gleicher Lebhaftigkeit gegen ihn erhobener Vorwurf in ihm den Feind jeder Ordnung auf dem Schlachtfelds, den Organisator einer wüsten Anarchie sieht, dessen Schule es dem Feldherrn unmöglich mache, mit seinem Willen durchzudringen bis in die letzten Glieder des Heeres. Keiner von beiden Vorwürfen trifft zu, sie find aber geeignet, sich gegenseitig zu widerlegen.

Schlichtings Ratschlage für den Betrieb unserer Ausbildung liegen außerhalb des Rahmens dieser Arbeit. Nur auf eine seiner Gedankenreihen muß ich zum Schluß wenigstens kurz hinweisen. Er führt aus, daß die Moltkesche Operationsweise allerdings in Kriegsspielen und taktischen Arbeiten, bei Übungsritten und auf Generalstabsreisen allmählich zu vollkommener Herrschaft gelangt ist, daß sie aber auf dem hochwichtigen Gebiete der großen Truppenübungen immer noch mit ernsten Schwierigkeiten zu ringen hat. Es ist leider eine sich sehr oft wiederholende Tatsache, daß auf dem Manöverfelde nicht die für die Gegenwart gebotene, sondern die altnapoleonische Operationsweise zum Siege führt. Da mag die Instruktion für die höheren Truppenführer noch so deutlich darauf hinweisen, daß für zwei nebeneinander befindliche Divisionen ein Zwischenraum von 1—11/2 Meilen durchaus angemessen sei: wer sich im Frieden danach richtet, der setzt sich der Gefahr aus, geschlagen zu werden. Der Grund ist sehr einfach der, daß alle Gefechte im Manöver viel zu rasch verlaufen, daß also die einzelne Division, die auf überlegenen Feind stößt, alsbald völlig überwunden wird, ehe sie von der Nachbardivision Unterstützung erhält, daß diese Nachbardivision aus ihrem strategisch richtig bemessenen Abstand heraus zu spät eintrifft. Daher muß mit Notwendigkeit im Manöver derjenige siegen, der sich über die Vorschrift hinwegsetzt und seine Truppen enger versammelt hält, und derjenige unterliegen, der nach den operativ richtigen Grundsätzen handelt.

Schon Clausewitz rechnete damit, daß eine Division auch ohne alle besonderen Geländevorteile imstande sei, einer bedeutenden Überlegenheit mehrere Stunden lang zu widerstehen, ehe sich das Gefecht zu ihren Ungunsten entscheidet. Bei heutigen Feuerwirkungen muß man ihre Widerstandskraft noch ganz erheblich höher veranschlagen, sofern sich die Division nur einigermaßen richtig benimmt und sich nicht allzu leicht einkesseln läßt. Wer darüber noch irgendwie im Zweifel gewesen ist, dem mußte der Burenkrieg Klarheit verschaffen. Die meisten Angriffe waren dort ja so überaus fehlerhaft angelegt, daß sie überhaupt nicht zum Ziele gelangten und vor der reinen Defensive ohne jeden aktiven Zusatz völlig zusammenbrachen. Wo aber Angriffe überhaupt erfolgreich waren, da haben sie ganz bedeutender Zeiträume bedurft, um die Arbeit zu leisten.

Wir müssen bei unseren Manövern allmählich dahin gelangen, daß die Feuerwirkung der Verteidigung in wirklich fachgemäßer Weise eingeschätzt wird, so daß sich der Angriff gezwungen sieht, das Gelände mit der im Ernstfall unbedingt nötigen Umsicht zu benutzen und den eigenen Feuerlinien die erforderliche Zeit zur Herbeiführung der Feuerüberlegenheit zu gewähren. So wie das geschieht, ist auch die richtige Operationsweise völlig gesichert und die verderbliche Vorliebe für übertrieben enge Versammlung gerade der großen Truppenkörper wird alsbald verschwinden. Dann wird ein gefährlicher Dualismus in unserer Gesamtausbildung sein Ende erreichen und in der deutschen Führerschaft jene Übereinstimmung der Grundanschauungen eintreten, die es im Ernstfalle erst möglich macht, dem Einzelnen einen großen Spielraum zu lassen und damit die geistigen Kräfte vieler nützlich zu verwerten.

Schlußwort

Nachdem ich meinen Überblick über das gesamte strategische Denken eines ganzen Jahrhunderts beendet habe, bleibt mir noch übrig, einige Worte über den gewählten Titel zu sagen.

Daß die Strategie in ihrer Ausübung eine Kunst ist, darüber ist kein Zweifel möglich. Kann man aber von einer Wissenschaft der Strategie überhaupt reden?

Ich will mich bei der Beantwortung dieser Frage nicht an die Männer halten, die sich durch umfassende Arbeiten von lehrhaftem Charakter bereits in entschieden bejahendem Sinne ausgesprochen haben, sondern ausschließlich an die beiden großen Praktiker der hier betrachteten Epoche.

In den Memoiren des Marschall Gouvion St. Cyr wird berichtet, daß Napoleon in der ersten Septemberwoche des Jahres 1813 eine sehr bedeutende Äußerung tat. Seine Unterführer hatten damals bereits allerlei verhängnisvolles Mißgeschick erlitten und der sonst so wenig nachsichtige Kriegsfürst besprach die Schwierigkeiten der Truppenführungskunst in sehr ruhiger Weise und setzte hinzu: wenn er eines Tages die Zeit dazu hätte, so wolle er ein Buch schreiben, worin er die Grundsätze der Kriegskunst auf eine so genaue Art und Weise entwickeln werde, daß sie für alle Militärs faßlich seien und daß man sie lernen könne, wie man eine beliebige Wissenschaft lernt. St. Cyr verweist dabei auf eine Stelle in dem schon vor seinen Erinnerungen veröffentlichten Mémorial de St. Helène von Las Cases, welche von einem gleichen Gedankengange aus späterer Zeit (1816) berichtet. Danach hatte der Kaiser von den größten Feldherrn der Vergangenheit gesprochen und betont, daß sie sich nach den Regeln und natürlichen Grundsätzen der Kunst gerichtet hätten, daß ihre Erwägungen richtig waren, weil Mittel und Zweck, Anstrengungen und Hindernisse in einem vernünftigen Einklang standen. Sie hätten nicht aufgehört, aus dem Kriege eine wahre Wissenschaft zu machen, und darum seien sie Muster und darin seien sie nachzuahmen. „Man hat meine größten Taten dem Glück zugeschrieben und man wird nicht ermangeln, mein Mißgeschick meinen Fehlern zuzuschreiben. Aber wenn ich meine Feldzüge schildere, so wird man erstaunt sein, zu sehen, daß in beiden Fällen und ein- wie allemal mein Verstand und meine Fähigkeiten im Einklang mit den Grundsätzen waren."

Das verheißene Lehrbuch hat nun Napoleon trotz der unfreiwilligen Muße nicht geschrieben, wohl aber hat er in seinen zahlreichen Bemerkungen zu anderen Schriften, die er las, seinen theoretischen Standpunkt in sehr klarer und bestimmter Weise zum Ausdruck gebracht. Und nach Maßgabe dieser Bemerkungen hat er auch auf St. Helena eine ganze Reihe von Grundsätzen als durchaus feststehend und dauernd gültig angesehen, das Zuwiderhandeln gegen sie aber als Fehler betrachtet, — nicht anders als wie er vorher in seiner praktischen Feldherrntätigkeit das Wort „Grundsatz der Kriegskunst" oft und gern gebraucht hat. Alles, was Napoleon als Grundsatz bezeichnet, stimmt nun voll und ganz mit der Jominischen Lehre überein, und ich möchte glauben, daß er den Entwurf einer eigenen Lehrschrift schon aus dem Grunde unterlassen haben wird, weil ihm Jomini damit zuvorgekommen war.

Unter den erwähnten Bemerkungen verdient besondere Beachtung die Note VII zum Lehrbuche des General Rogniat. Dieser zeitgenössische Schriftsteller hatte einen Unterschied zwischen den Invasionskriegen der neuesten Zeit und der methodischen Kriegführung früherer Perioden gemacht und dabei allerdings eine gewisse Vorliebe für damals bereits veraltete Anschauungen gezeigt. Napoleon verwirft nun mit Lebhaftigkeit den Gedanken, daß seine Feldzüge etwa nicht methodisch geführt worden seien. „Jeder Angriffskrieg ist ein Invasionskrieg — so sagt er — jeder gut geführte Krieg ist ein methodischer Krieg." Zum Beweise dieses Satzes entrollt er ein flüchtiges Bild der Feldzüge Alexanders, Hannibals, Caesars, Turennes und der vierzehn Feldzüge, die er selbst geleitet hat. Der durchgehende Gedanke bei dieser Skizze ist der, daß es auf festes Zusammenhalten aller Kräfte zu einheitlichem Handeln ankomme, und als Gegenstück zu dem Bilde verweist er in erster Linie auf den französischen Feldzug in Deutschland vom Jahre 1796, wo Jourdan und Moreau mit getrennten Heeren den unteren und den oberen Rhein überschritten hatten, und bezeichnet ihn als einen Krieg, „der nach falschen, jeder Methode widersprechenden Grundsätzen geführt ist." Und diese Äußerung stimmt genau überein mit einer andern aus Napoleons Bemerkungen zum siebenjährigen Kriege, wo er Friedrichs des Großen geteilten Einmarsch in Böhmen im Jahre 1757 ganz unbedingt als fehlerhaft verwirft, weil es ein Grundsatz sei, „daß die Vereinigung der verschiedenen Armee-Korps niemals nahe am Feinde stattfinden dürfe."

Es kann also gar kein Zweifel darüber sein, daß der vielerfahrene Feldherr nicht ein bloßer Improvisator war, der ohne jeden Apparat wissenschaftlicher Schulbegriffe jede einzelne Frage nur nach den Verhältnissen des Augenblicks rein schöpferisch löste, daß er vielmehr eine ganz bestimmte, ihm eigentümliche Methode des Handelns allerdings besaß. Wohl aber war er sich dessen bewußt, daß im Kriege alles relativ ist, daß es mitunter selbst fraglich wird, ob 2.2 auch 4 ergibt, und darum hat er auch die Bemerkung VII zu Rogniat mit einigen Sätzen geschlossen, welche die höchst positive Fassung seiner Äußerung zu St. Cyr wieder einigermaßen abschwächen: „die Taktik, die Evolutionen, die Ingenieur- und Artillerie-Wissenschaft lassen sich nach Lehrbüchern lernen, wie die Geometrie; aber die Kenntnis der höheren Kriegführung läßt sich nur durch das Studium der Geschichte der Kriege und die Schlachten großer Feldherrn und durch die Erfahrung erwerben. Es gibt durchaus keine knappen bestimmten Regeln, alles hängt von dem Charakter ab, den die Natur dem Feldherrn gegeben hat, von seinen hervorragenden Eigenschaften, von seinen Mängeln, von der Natur der Truppen, der Waffentechnik, der Jahreszeit und von tausend Umständen, welche bewirken, daß sich die Sachen nie ähnlich sehen."

Von Moltke kennen meine Leser bereits das Wort, das er in der Instruktion für die höheren Truppenführer gesagt hat: „Die Lehren der Strategie gehen wenig über die ersten Vordersätze des gesunden Verstandes hinaus, man darf sie kaum eine Wissenschaft nennen: ihr Wert liegt fast ganz in der konkreten Anwendung." Wie Moltke diesen Satz verstanden wissen will, das geht aus einer Äußerung hervor, die er fast ein Jahrzehnt später bei Besprechung einer taktischen Übungsaufgabe getan hat: „Wenn man solche Fragen, wie die hier gegebenen, beantworten will, so sucht man gern nach bestimmten Regeln und Lehrsätzen. Solche können aber nur durch die Wissenschaft geboten werden und diese ist für uns die Strategie. Die Strategie ist aber nicht ebenso beschaffen wie die abstrakten Wissenschaften. Diese haben ihre feststehenden bestimmten Wahrheiten, auf denen man weiter bauen, aus denen man weiter folgern kann. Das Quadrat der Hypotenuse ist stets gleich der Summe der Quadrate beider Katheten; das bleibt immer wahr, mag das rechtwinklige Dreieck groß sein oder klein, mag es seine Spitze nach Osten oder nach Westen kehren. Man liest nun viel in theoretischen Büchern über die Vorteile des „Operierens auf der inneren Linie." Trotzdem wird man sich doch in jedem einzelnen Falle fragen müssen, was gerade am vorteilhaftesten ist. Wir standen in unserer letzten Aufgabe auch auf der inneren Linie und wußten des Feindes Schwäche bei M.; dennoch ist es keinem der Herren eingefallen, über den Fluß gegen M. vorzugehen. Die Strategie ist die Anwendung des gesunden Menschenverstandes auf die Kriegführung. In ihrer Ausführung liegt die Schwierigkeit; denn wir sind abhängig von unendlich vielen Faktoren, wie Wind und Wetter, Nebel, falschen Nachrichten usw. Führt uns daher die theoretische Wissenschaft allein niemals zum Siege, so dürfen wir sie auch nicht ganz unbeachtet lassen. Sehr richtig sagt General v. Willisen: „Vom Wissen zum Können ist immer ein Sprung, aber doch einer vom Wissen aus und nicht vom Nichtwissen."

Soviel über die Berechtigung des Begriffs strategische Wissenschaft!

Daß es sich nun aber im Laufe des 19. Jahrhunderts um eine ganz erhebliche Entwicklung auf diesem Gebiete gehandelt hat, das haben diese Blätter wohl bewiesen. Ich gehe nicht näher auf die Frage ein, wie vieles in der Wissenschaft der Strategie wohl ewig sein kann; ein großer Teil dessen, was für die Gegenwart gültig ist, wird aber sicher dem Wechsel unterworfen sein! Prophezeiungen sind immer eine eigene Sache. Wer aber wird bezweifeln wollen, daß z. B. ein lenkbares Luftschiff als brauchbares Instrument der Kriegführung eine gewaltige Änderung in Taktik und Strategie hervorbringen müßte!

Und darum ist es so überaus wichtig, daß die geistige Arbeit nie nachläßt, daß das Prüfen und Erwägen nie ruht, daß niemals ein Zustand eintritt, in dem wir uns einbilden, unsere äußere oder innere Vorbereitung für den Kampf sei abgeschlossen.

Was vor hundert Jahren Preußen ins Verderben gestürzt hat, das war in erster Linie doch die selbstzufriedene Überzeugung, daß die Erben von Friedrichs Ruhm immer noch turmhoch über allen anderen stehen müßten. Von solcher Verblendung sind wir heute, Gott sei Dank, gar weit entfernt, und an redlichem und unermüdlichem Streben fehlt es im deutschen Heere nicht. So lange so viel geistige Kräfte lebendig wirken, darf man wohl auf eine glückliche Fortentwicklung hoffen.

Editorische Notiz:

Der Text der vorliegenden Edition folgt der Ausgabe:
Rudolf Karl Fritz von Caemmerer: Die Entwicklung der strategischen Wissenschaft im 19.Jahrhundert.
Wilhelm Baensch Buchdruckerei und Verlagsbuchhandlung, Berlin 1904.

Der Text wurde aus Fraktur übertragen. Die Orthographie wurde an einigen Stellen behutsam modernisiert, grammatikalische Eigenheiten bleiben gewahrt. Die Interpunktion folgt der Druckvorlage.

www.ingramcontent.com/pod-product-compliance
Lightning Source LLC
Chambersburg PA
CBHW052117300426
44116CB00010B/1693